일러스트레이터
CC 2024

H3 한빛미디어
Hanbit Media, Inc.

지은이 빨간고래(박정아)

따뜻한 색감과 이야기가 있는 그림을 그리는 일러스트레이터입니다. 홍익대학교 광고멀티미디어디자인과, 이화여자대학교 일반
대학원 시각정보디자인과를 졸업했습니다. UI 디자이너, 광고 디자이너로 실무를 경험하고 현재는 프리랜서 그림작가로 활동하
고 있습니다. 다수의 기업 콜라보레이션을 진행했습니다. 홍익대학교에서 방학특강으로 일러스트레이터를 강의하고 있으며, 저서
로는 《혼자 해도 프로 작가처럼 잘 그리는 아이패드 드로잉 with 프로크리에이트》, 《맛있는 디자인 포토샵&일러스트레이터 CC
2024》, 《맛있는 디자인 일러스트레이터 CC 2023》, 《나도 그래요》, 《컬러링 앤 더 푸드》 외 18종이 있습니다.

유튜브 www.youtube.com/@redwhale24
인스타그램 www.instagram.com/redwhale
링크트리 linktr.ee/redwhale24

맛있는 디자인 **일러스트레이터 CC 2024**

초판 1쇄 발행 2024년 3월 8일
초판 2쇄 발행 2024년 8월 30일

지은이 빨간고래 / **펴낸이** 전태호
펴낸곳 한빛미디어(주) / **주소** 서울시 서대문구 연희로2길 62 한빛미디어(주) IT출판1부
전화 02-325-5544 / **팩스** 02-336-7124
등록 1999년 6월 24일 제 25100-2017-000058호 / **ISBN** 979-11-6921-210-6 13000

총괄 배윤미 / **책임편집** 장용희 / **기획·편집** 윤신원 / **교정** 박서연
디자인 이아란 / **전산편집** 김희정
영업 김형진, 장경환, 조유미 / **마케팅** 박상용, 한종진, 이행은, 김선아, 고광일, 성화정, 김한솔 / **제작** 박성우, 김정우

이 책에 대한 의견이나 오탈자 및 잘못된 내용은 출판사 홈페이지나 아래 이메일로 알려주십시오.
파본은 구매처에서 교환하실 수 있습니다. 책값은 뒤표지에 표시되어 있습니다.
한빛미디어 홈페이지 www.hanbit.co.kr / 이메일 ask@hanbit.co.kr / 자료실 www.hanbit.co.kr/src/11210

지금 하지 않으면 할 수 없는 일이 있습니다.
책으로 펴내고 싶은 아이디어나 원고를 이메일(writer@hanbit.co.kr)로 보내주세요.
한빛미디어(주)는 여러분의 소중한 경험과 지식을 기다리고 있습니다.

맛있는 _{가장 완벽한} 디자인

맛있는 **디자인** 디자인

일러스트레이터
CC 2024

빨간고래 지음

한빛미디어
Hanbit Media, Inc.

탄탄한 기본기와
실무 예제를 배울 수 있습니다!

제가 이 프로그램을 처음 접했던 것은 오래전 학생이었을 때입니다. 처음에는 메뉴도 너무 많고 복잡하게만 보였습니다. 그때는 일러스트레이터가 넘어야 할 거대한 산처럼 느껴졌습니다. 이 프로그램을 처음 접하는 분들도 어쩌면 저처럼 어렵게 느껴질지도 모르겠습니다.

그러나 일러스트레이터는 기초 기능만 다져두면 무척 쉬운 프로그램이라는 점을 말씀드리고 싶습니다. 일러스트레이터에는 굉장히 많은 기능이 있지만, 모든 기능을 다 외울 필요는 없습니다. 온갖 잡다한 기능을 백과사전식으로 다 외우는 지루한 방식은 굉장히 비효율적이며 절대 추천해 드리지 않습니다. 기초 기능만 제대로 익혀도 웬만한 작업은 충분히 할 수 있습니다.

이 책은 제가 수년간 디자인 실무에서 익히고 다져온 노하우와 다년간 학생들을 가르쳐온 배경을 바탕으로 최대한 빠르고, 정확하고, 쉽게 마스터할 수 있도록 다각도로 고심해서 구성한 책입니다.

첫째, 컴맹도 따라 할 수 있도록 쉬워야 한다.
둘째, 필수 기능을 콕콕 찍어서 빠르게 익힐 수 있어야 한다.
셋째, 혼자서 따라 하더라도 지치지 않도록 재미있어야 한다.
넷째, 실무에 바로 써먹을 수 있도록 실전 노하우가 담겨 있어야 한다.
다섯째, 책을 다 보더라도 항상 옆에 두고 찾아볼 수 있도록 친절한 설명이 있어야 한다.

처음 입문하는 왕초보님들도 이 책의 예제를 하나씩 따라 하다 보면 어느새 프로가 되어 있을 것임을 확신합니다. 이 책이 독자님의 중요한 작업에 날개가 되기를 간절히 바랍니다.

SPECIAL THANKS TO ···

저의 원고를 책으로 만들어주신 장용희 팀장님과 윤신원 에디터님을 비롯하여 한빛미디어의 모든 관계자분께 감사의 인사를 드립니다. 또한 이 책을 믿고 선택해주신 독자님에게도 진심으로 감사합니다. 당신의 열정을 응원합니다.

빨간고래(박정아)

맛있는 디자인 6단계 레시피

간단 실습   **아트보드 확대/**

이번에는 아트보드의 크기를 확대/축소하

01 ❶ [File]-[Open] `Ctrl` + `O` 메누
을 선택합니다. ❸ [Open]을 클릭하

준비 파일 **기본/Chapter 03/패스 그리기5.ai**
핵심 기능 **선 도구, 호 도구**

❷ 선을 클릭

한눈에 실습

주요 기능의 사용법과 활용
과정을 한눈에 살펴보며,
결과를 바로 확인할 수 있습니다.

Start ──①──────②──────③──

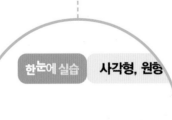

한눈에 실습   **사각형, 원형**

`01` File Edit Object Type Select Effect View Window Help
도형 그리기 t.ai* @ 77.42 % (CMYK/Preview) ×

간단 실습

왕초보도 따라 하기 쉬운 예제로
일러스트레이터 기능을 제대로
익힙니다.

핵심 기능

[한눈에 실습]에서 학습할 기능을
미리 확인합니다. 모르는 부분은
도구 설명과 [간단 실습]에서 복습
합니다.

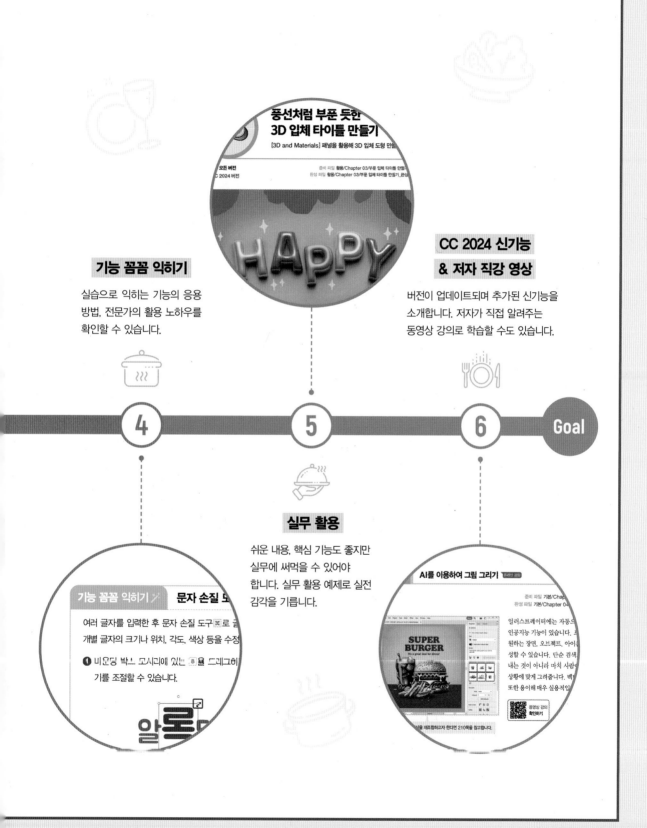

풍선처럼 부푼 듯한
3D 입체 타이틀 만들기

[3D and Materials] 패널을 활용해 3D 입체 도형 만들기

| 모든 버전 | 준비 파일 활용/Chapter 03/부문 입체 타이틀 만들기 |
| CC 2024 버전 | 완성 파일 활용/Chapter 03/부문 입체 타이틀 만들기_완성 |

기능 꼼꼼 익히기

실습으로 익히는 기능의 응용
방법, 전문가의 활용 노하우를
확인할 수 있습니다.

CC 2024 신기능
& 저자 직강 영상

버전이 업데이트되며 추가된 신기능을
소개합니다. 저자가 직접 알려주는
동영상 강의로 학습할 수도 있습니다.

4　**5**　**6**　**Goal**

실무 활용

쉬운 내용, 핵심 기능도 좋지만
실무에 써먹을 수 있어야
합니다. 실무 활용 예제로 실전
감각을 기릅니다.

기능 꼼꼼 익히기　**문자 손질 도**

여러 글자를 입력한 후 문자 손질 도구로 글
개별 글자의 크기나 위치, 각도, 색상 등을 수정

❶ 바운딩 박스 모시리에 있는 을 드래그히
기를 조절할 수 있습니다.

알롱

AI를 이용하여 그림 그리기 [온라인 강의]

준비 파일 기본/Chap
완성 파일 기본/Chapter 04

일러스트레이터에는 자동으
인공지능 기능이 있습니다.
원하는 장면, 오브젝트, 아이
성할 수 있습니다. 단순 검색
내는 것이 아니라 마치 사람
상황에 맞게 그려줍니다. 백
또한 용이해 매우 실용적인

동영상 강의
확인하기

맛있는 디자인의
수준별 3단계 학습 구성

맛있는 디자인은 일러스트레이터를 처음 다뤄보는 왕초보부터 이전 버전을 어느 정도 다뤄본 사람까지 누구나 쉽게 학습할 수 있도록 구성되어 있습니다. 핵심 기능과 응용 기능을 빠르게 학습하고 실무 예제를 활용해 실력을 쌓아보세요.

3단계

일러스트레이터 전문가로 거듭나고 싶어요!

이제는 활용법까지 제대로 배울 타이밍입니다. 일러스트레이터의 고급 활용 기능을 익혀 일러스트레이터 고수로 거듭나야 합니다. 트렌디하고 감각적인 [실무 활용] 예제를 통해 실전 디자인 감각을 키워보세요. 더 나아가 실무 효율을 높이는 CC 2024 신기능을 익힌다면 일러스트레이터 실력이 한층 업그레이드될 것입니다.

▶ **기본편** p.236
▶ **활용편** p.340

2단계

기초부터 체계적인 학습이 필요해요!

기초가 탄탄하면 일러스트레이터 실력은 수직 상승합니다. 간단한 기능 실습으로 기초를 다졌다면 이제는 눈으로만 봐도 이해되는 [한눈에 실습]으로 실력을 다집니다. 입문자의 눈높이에 맞춘 친절한 설명과 구성으로 혼자 실습해도 어렵지 않습니다.

▶ **기본편** p.116

1단계

일러스트레이터는 처음이에요!

일러스트레이터 무료 체험판을 설치하고 기본 화면을 먼저 훑어보세요. 일러스트레이터 화면과 패널, 도구가 눈에 익숙해지면 [간단 실습]을 통해 기본&핵심 기능을 실습해보세요. 기능별 예제를 실습하다 보면 어느새 실력이 쑥쑥 향상됩니다.

▶ **기본편** p.036

⊙ CC 2024 신기능만 빠르게!

일러스트레이터 CC 2024의 신기능을 빠르게 학습하고 싶다면 016쪽에 있는 신기능과 본문의 CC 2024 신기능 팁을 확인해보세요!

예제&완성 파일
다운로드

이 책에서 나오는 모든 예제 소스(준비 파일, 완성 파일)는 홈페이지에서 다운로드할 수 있습니다. 한빛출판네트워크 홈페이지는 검색 사이트에서 **한빛출판네트워크**로 검색하거나 **www.hanbit.co.kr**로 접속합니다.

01 한빛출판네트워크 홈페이지에 접속하고 [부록/예제소스]를 클릭합니다.

02 ❶ 검색란에 **일러스트레이터 2024**를 입력하고 ❷ 검색 버튼을 클릭합니다. ❸《맛있는 디자인 일러스트레이터 CC 2024》가 나타나면 [예제 소스]를 클릭합니다. 바로 다운로드됩니다. 파일의 압축을 해제해 사용합니다.

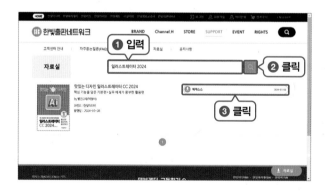

▶ 빠르게 다운로드하기
단축 주소 www.hanbit.co.kr/src/11210으로 접속하면 바로 예제 파일 다운로드 페이지로 이동합니다.

무료 체험판 설치하기

일러스트레이터 CC 2024 정품이 없다면 어도비 홈페이지(https://www.adobe.com/kr/)에 접속한 후 7일 무료 체험판을 다운로드해 설치할 수 있습니다. 무료 체험판은 설치 후 7일 이내에 구독을 취소하지 않으면 자동으로 결제가 진행됩니다.

어도비 회원가입하고 구독 신청하기(7일 무료 체험)

01 어도비 홈페이지에 접속한 후 [무료 체험하기]를 클릭합니다.

> 어도비 홈페이지 메인에 [무료 체험하기]가 나타나지 않는다면 오른쪽 상단의 [도움말 및 지원]–[다운로드 및 설치]를 클릭한 후 [Creative Cloud 모든 앱]의 [무료 체험판]을 클릭합니다.

02 첫 7일간은 무료라는 안내 문구가 나타납니다. ❶ 사용 목적에 맞는 플랜을 선택하고 ❷ [계속]을 클릭합니다.

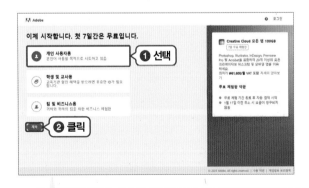

> 일반 취미용이라면 [개인 사용자용]을 선택합니다. 교육 목적이라면 [학생 및 교사용], 회사나 팀(비즈니스)에서 사용한다면 [팀 및 비즈니스용]을 선택합니다. 각 목적에 따라 구독료가 달라집니다.

03 무료 체험판 구독 단계가 네 단계로 진행됩니다. ❶ 본인에게 알맞은 구독 유형을 선택하고 ❷ [계속]을 클릭하며 진행합니다.

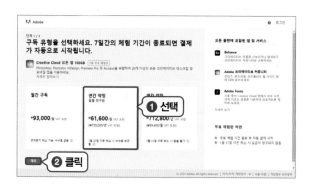

04 어도비에 로그인합니다. ❶ 어도비 계정(이메일 주소)을 입력하고 ❷ 정보 이용 동의에 체크한 후 ❸ [계속]을 클릭합니다. 다음 단계로 암호를 입력하여 어도비에 로그인합니다.

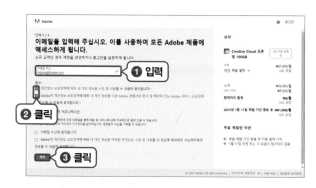

05 결제 정보를 업데이트합니다. ❶ 결제할 카드 정보를 입력하고 ❷ [무료 체험기간 시작]을 클릭합니다. 무료 사용 기간은 7일입니다. 이후 자동으로 결제가 청구됩니다. 결제를 원하지 않는다면 기간 내에 결제를 취소해야 합니다.

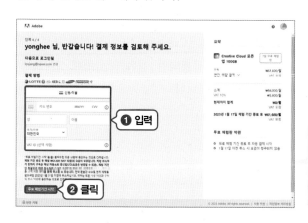

한 개의 카드 정보로는 무료 체험판 혜택을 한 번만 이용할 수 있습니다. 체험판 또는 구독 취소 관련 내용은 어도비 Help(https://help.adobe.com/kr/manage-account/using/cancel-subscription.html)를 참고합니다.

크리에이티브 클라우드 데스크톱 앱 영문판 설치하기

01 크리에이티브 클라우드 앱스 홈페이지(https://creativecloud.adobe.com/apps#)에 접속합니다.

어도비 홈페이지에 로그인되어 있지 않다면 로그인 화면이 나타납니다. 로그인 후 진행합니다.

02 [모든 앱]의 [내 플랜에서 사용 가능]에서 [Creative Cloud]의 [다운로드]를 클릭합니다.

만약 [Creative Cloud]의 [다운로드]가 활성화되지 않았거나 [열기]로 바뀌어 있다면 사용자의 PC 혹은 Mac에 크리에이티브 클라우드 데스크톱 앱이 설치되어 있는 것입니다. 이때는 크리에이티브 클라우드 앱을 실행한 후 업데이트합니다.

03 크리에이티브 클라우드 데스크톱 앱 다운로드가 시작됩니다. 다운로드가 완료되면 설치 파일을 실행합니다.

설치 파일의 다운로드 위치 및 실행 방법은 사용 중인 브라우저마다 다릅니다.

04 [Creative Cloud] 설치 프로그램이 실행되면 [계속]을 클릭해 설치를 진행합니다.

05 크리에이티브 클라우드 데스크톱 앱의 설치가 완료되면 자동으로 실행됩니다. 영문판 설치를 위해 환경 설정을 바꾸겠습니다. 오른쪽 상단의 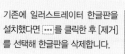를 클릭하고 [환경 설정]을 클릭합니다.

기존에 일러스트레이터 한글판을 설치했다면 ┅ 를 클릭한 후 [제거]를 선택해 한글판을 삭제합니다.

06 ❶ [앱]을 클릭하고 ❷ [설치]–[기본 설치 언어]를 [English (International)]로 선택합니다. ❸ [완료]를 클릭합니다.

07 [파일]–[Creative Cloud 종료] 메뉴를 선택해 크리에이티브 클라우드 데스크톱 앱을 종료합니다.

08 크리에이티브 클라우드 데스크톱 앱을 다시 실행한 후 [시험 사용할 앱]에서 [Illustrator]의 [시험 사용]을 클릭해 설치를 진행합니다. 설치가 완료되면 설치 완료 메시지가 나타납니다.

스터디 그룹과 함께 학습하세요!

한빛미디어에서는 포토샵, 일러스트레이터, 프리미어 프로, 애프터 이펙트를 쉽고 빠르게 학습할 수 있도록 '맛있는 디자인 스터디 그룹'을 운영하고 있습니다. 혼자 학습하기 막막한 분이나 제대로 학습하기를 원하는 분, 신기능을 빠르게 확인하고 싶은 분이라면 맛있는 디자인 스터디 공식 카페를 활용하세요. 6주 커리큘럼에 맞추어 학습 분량을 가이드하고 미션을 제공합니다. 맛있는 디자인 스터디 그룹은 프로그램 학습의 첫걸음부터 기능이 익숙해질 때까지 든든한 서포터가 되어줄 것입니다.

스터디 공식 카페 100% 활용하기

제대로 학습하기

그래픽 프로그램의 핵심 기능만 골라 담아 알차게 익힐 수 있도록 6주 커리큘럼을 제공합니다. 학습 분량과 일정에 맞춰 스터디를 진행하고 과제를 수행해보세요. 어느새 그래픽 프로그램을 다루는 실력이 업그레이드된 것을 확인할 수 있습니다.

막히는 부분 질문하기

학습하다가 막히는 부분이 있다면 [학습 질문] 게시판을 이용하세요. 모르는 부분이나 실습이 제대로 되지 않는 부분을 질문하면 학습 멘토가 빠르고 친절하게 답변해드립니다.

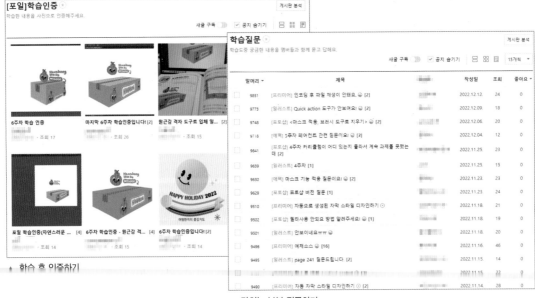

▲ 막히는 부분 질문하기

▲ 맛있는 디자인 스터디 공식 카페(https://cafe.naver.com/matdistudy)

먼저 스터디한 분들이 강력 추천합니다!

- 혼자였다면 작심삼일에서 끝났을 텐데 스터디 덕분에 책 한 권과 왕초보 딱지를 뗄 수 있었어요! _이로미 님

- 처음 공부하는 분들께 맛디 스터디 카페를 강력 추천합니다! 기초부터 실무에 적용할 수 있는 내용까지 뭐 한 가지 부족한 것이 없습니다. _박해인 님

- 혼자인듯 혼자 아닌 스터디 모임에 참여할 수 있어서 좋았습니다. 혼자서 공부 못 하는 분들이라면 부담 갖지 말고 꼭 참여하길 추천합니다! _ 김은솔 님

- 클릭하라는 대로 따라 하면 되니 처음으로 디자인이 쉽고 재밌었어요. 디자인 스터디 꼭 해보고 싶었는데 한빛미디어 덕분에 버킷리스트 하나 이뤘어요! _ 한유진 님

맛있는✕디자인 스터디 그룹은 어떻게 참여하나요?

맛있는 디자인 스터디 카페를 통해 스터디 그룹에 참여할 수 있습니다. 100% 온라인으로 진행되는 스터디입니다. 학습 일정표에 따라 공부하면서 그래픽 프로그램의 핵심만 콕 짚어 완전 정복해보세요! 한빛미디어 홈페이지에서 '메일 수신'에 동의하면 스터디 모집 일정을 메일로 안내해드립니다. 또는 맛있는 디자인 스터디 공식 카페(https://cafe.naver.com/matdistudy)에 가입하고 [카페 공지] 게시판을 확인하세요.

일러스트레이터 CC 2024 신기능

텍스트를 입력하여 그림 그리기 ★AI 신기능

텍스트를 입력하여 원하는 오브젝트, 장면, 아이콘 등을 다양하게 생성할 수 있습니다. AI 기반의 기능으로 단순히 텍스트를 검색해서 이미지를 찾아내는 것이 아니라 마치 사람이 그린 것처럼 주변 상황에 맞게 그려주고 스타일도 다양하며 퀄리티도 좋습니다. ❶ 텅 빈 길 이미지 위에 사각형을 생성한 다음 ❷ [Text to Vector Graphic] 패널에서 **스포츠카**를 입력하고 [Generate]를 클릭하면 ❸ 여러 가지 스포츠카 이미지가 나타납니다. 하나를 선택하면 ❹ 스포츠카가 뚝딱 생성됩니다. 구도, 투시, 톤, 그림체, 색상까지 맞추어서 전체 배경에 어울리게끔 생성됩니다. (334쪽)

목업(Beta)을 사용하여 이미지에 벡터 아트 적용하기 ★AI 신기능

일러스트레이터에서 만든 로고나 아트워크를 제품 사진에 합성해야 할 때가 있습니다. 또는 제품 홍보를 위해 합성 이미지가 필요하거나 굿즈를 제작하기 전에 모형을 만들어야 할 때도 있습니다. 이러한 경우에 일러스트레이터에서 Mockup(모형) 기능을 활용할 수 있으니 매우 편리합니다. AI 기반의 기능이며 비트맵 이미지를 불러와서 손쉽게 목업이 가능합니다. ❶ 벡터 그래픽과 ❷ 캔 이미지를 함께 선택한 다음 ❸ [Object]-[Mockup]-[Make] 메뉴를 클릭하면 벡터 그래픽이 비트맵 이미지 속으로 자연스럽게 합성됩니다. (335쪽)

 +  =

이미지로 된 글자를 다시 쓰기 ★AI 신기능

일러스트레이터에서 글자를 Create Outlines(윤곽선 만들기) 처리하면 글자가 아닌 일반적인 패스가 됩니다. 그래서 수정이 필요하면 글자를 다시 입력해야 했고 폰트, 자간, 행간 등의 수정이 불가능했습니다. 하지만 27.9 버전 이후부터는 수정을 할 수 있게 되었습니다. 비트맵 이미지 안에 있는 텍스트 또한 수정이 가능합니다. 단점으로는 영문만 지원되고 있으며 사용자 환경에 따라 오류가 많이 나타납니다(27.9 베타 버전 기준). 그러나 추후 릴리스되면서 개선될 여지가 있으므로 앞으로 기대해볼 만한 기능입니다. (335쪽)

❶ 선택 도구로 패스화된 글자를 선택하고 [Quick Actions] 패널에서 [Retype]을 클릭하거나 [Type]-[Retype] 메뉴를 클릭하면
❷ [Retype] 패널이 나타납니다. [Retype] 패널에서 원본과 유사한 폰트를 선택하면 텍스트화됩니다.

텍스트를 입력하여 배색을 쉽게 수정하기 ★AI 신기능

사용자가 원하는 색상 테마를 텍스트로 입력하면 자동으로 색상을 수정해줍니다. AI 기반의 기능으로 매우 자연스러우며 여러 가지 타입으로 수정 가능합니다. (210쪽)

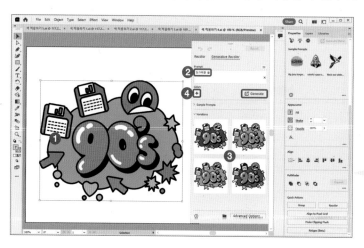

❶ 수정할 오브젝트를 선택하고 [Edit]-[Edit Colors]-[Generative Recolor] 메뉴를 클릭합니다. ❷ [Prompt]에 **싱그러운 숲**을 입력하고 [Generate]를 클릭하면 ❸ 여러 가지 배색을 선택할 수 있습니다. ❹ 색상을 추가하면 추가한 색상을 기준으로 배색을 제안해줍니다.

Smooth로 찌그러진 선을 매끄럽게 수정하기

찌그러진 선을 매끄럽게 수정할 수 있습니다. [Object]-[Path]-[Smooth] 메뉴를 클릭하면 작업 표시줄이 나타납니다. ❶ 왼쪽으로 이동할수록 지그재그 형태가 됩니다. ❷ 오른쪽으로 이동할수록 더 매끄러워집니다. (274쪽)

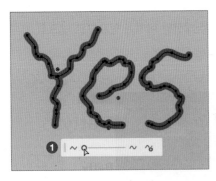
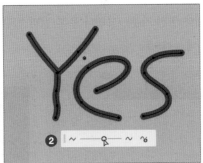

PDF 문서를 일러스트레이터에서 열어서 다른 사람들과 공유하기

일러스트레이터에는 나의 아트보드를 다른 사람들도 볼 수 있도록 하는 ❶ [Share(공유)] 기능이 있습니다. 기존에는 ai 파일만 공유할 수 있었지만 이제는 PDF 파일 공유도 가능해졌습니다. 단, 일러스트레이터에서 저장한 PDF만 가능합니다. 일러스트레이터에서 PDF로 저장을 할 때, [Save Adobe PDF] 대화상자에서 ❷ [Preserve Illustrator Editing Capabilities(일러스트레이터 편집 기능 유지)] 옵션을 꼭 선택해야 합니다.

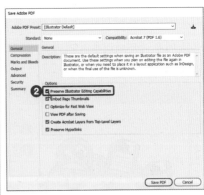

상황별 작업 표시줄

❶ [Window]−[Contextual Task Bar(상황별 작업 표시줄)] 메뉴가 체크되어 있으면 오브젝트를 선택할 때마다 ❷ 작은 바가 나타납니다. 작은 바(작업 표시줄)는 해당 오브젝트에 사용할 만한 기능을 추려서 만들어진 바입니다. 작업을 빠르게 도와줄 수도 있지만 사용자마다 자주 사용하는 기능은 제각각이기 때문에 불필요할 수도 있습니다. ❸ ⋯를 클릭하고 [Hide bar]를 클릭하면 숨길 수 있습니다. 다시 나타나게 하려면 [Window]−[Contextual Task Bar] 메뉴를 체크하면 됩니다.

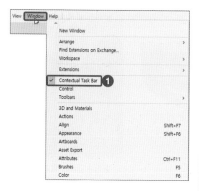
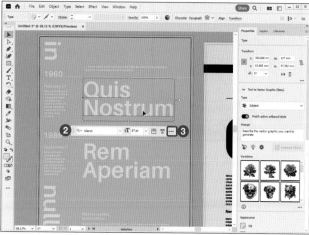

레이어 검색해서 찾기

일러스트레이터에서 작업을 하다 보면 레이어가 점점 많아집니다. 수백 개가 넘을 때도 종종 있습니다. 이럴 때 검색을 하여 원하는 레이어를 찾을 수 있게 되었습니다. [Layers] 패널 상단에 있는 검색창에 찾고 싶은 레이어의 이름을 입력하면 해당 레이어가 선택됩니다.

맛있는 디자인, 미리 맛보기

일러스트레이터를 활용한 디자인_기본편

▲ 원하는 부분만 보이게 하기

▲ 3D 입체 상자 그리기

▲ 끝이 사라지는 효과 표현하기

▲ 자연스러운 선 드로잉하기

▲ 붓으로 그린 듯한 선 느낌 내기

▲ 스케줄러 만들기

▲ 면이 겹쳐 보이는 효과 주기

▲ 이벤트 페이지 만들기

▲ 사진을 그림으로 바꾸기

일러스트레이터를 활용한 디자인_활용편

▲ 일러스트 형태 왜곡하기

▲ 세련된 패턴의 프레젠테이션 표지 만들기

▲ 동세 수정하기

▲ 색상표 만들기

▲ 이벤트 페이지 꾸미기

▲ 빈티지한 스탬프 타이포그래피 만들기

▲ 3D 입체 타이틀 만들기

▲ 역동적인 타이포그래피 만들기

▲ 사인펜으로 그린 듯한 일러스트 그리기

▲ 오브젝트 형태 변형하기

▲ 지그재그 선으로 라벨 디자인하기

▲ 풍선처럼 부푼 3D 입체 타이틀 만들기

▲ 문자 스타일로 메뉴판 만들기

▲ 2단 리플릿 디자인하기

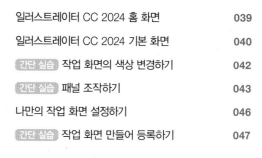

PART 01

기초가 튼튼해지는
일러스트레이터 기본편

CHAPTER 01
일러스트레이터 CC 2024
파헤치기

LESSON 01
반갑다, 일러스트레이터
일러스트레이터는 무엇이고 어디에 쓰이는가

LESSON 02
일러스트레이터, 어떻게 생겼지
일러스트레이터 실행 화면 꼼꼼히 살펴보기

LESSON 03
뚝딱뚝딱, 그림을 그릴 도구 정복하기
일러스트레이터 CC 2024의 다양한 도구 알아두기

LESSON 04
1분 1초를 아끼는
일러스트레이터 특급 활용법
일러스트레이터 단축키 설정하기

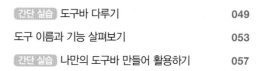

CHAPTER 02
일러스트레이터
맛보기

LESSON 01
일러스트레이터, 이것만은 알고 넘어가자!
일러스트레이터 시작 전 필수 지식 이해하기

CHAPTER 03
이것만 알아도 디자인이 된다

CHAPTER 04
중급 테크닉으로
실력 업그레이드하기

LESSON 01
원하는 부분만 보이게 하기

클리핑 마스크로 불필요한 부분 숨기고
특정 부분만 나타내기

LESSON 02
끝이 사라지는 효과 표현하기

투명 마스크로 패스가 점점 사라지는 효과 표현하기

LESSON 03
3D 입체 상자 그리기

원근감 격자 도구로 입체 일러스트 쉽게 그리기

LESSON 04
사진을 그림으로 바꾸기

Image Trace를 이용하여 비트맵 이미지를
벡터 이미지로 바꾸기

LESSON 05
면이 겹쳐 보이는 효과 주기

[Transparency] 패널로
블렌딩하거나 투명도 조절하기

LESSON 06
자연스러운 선 드로잉하기

연필 도구로 드래그하여 낙서화 그리기

LESSON 07
붓으로 그린 듯한 선 느낌 내기

브러시 도구로 드래그하여 수작업 느낌 내기

LESSON 08
직접 만든 꽃 모양 브러시로
라벨 디자인하기

브러시를 직접 만들어 등록하고 사용하기

PART 02

지금 당장 써먹을 수 있는
일러스트레이터 활용편

CHAPTER 01
실무에서 많이 사용하는
디자인 소스 만들기

CHAPTER 03
다양한 이펙트로
마법 같은 효과 내기

일러스트레이터(Illustrator)는 어도비(Adobe)에서 만든 그래픽 프로그램으로,

벡터 방식을 기반으로 한 프로그램 중

가장 대중적이므로 많은 분야에서 사용되고 있습니다.

일러스트레이터 프로그램이 무엇인지 알아보고

기초 기능을 익히는 것부터 실전 활용 예제를 따라 해보는 것까지

일러스트레이터 정복을 위한 첫걸음을 시작해보겠습니다.

PART 01

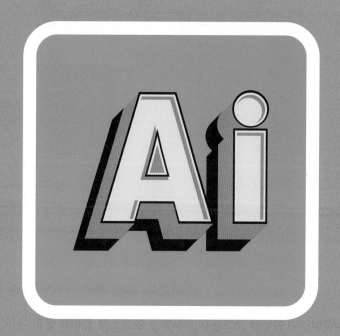

기초가 튼튼해지는
일러스트레이터 기본편

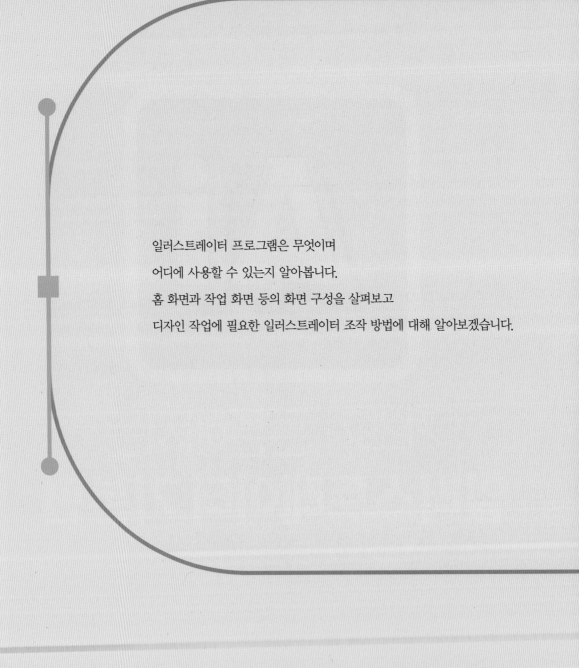

일러스트레이터 프로그램은 무엇이며
어디에 사용할 수 있는지 알아봅니다.
홈 화면과 작업 화면 등의 화면 구성을 살펴보고
디자인 작업에 필요한 일러스트레이터 조작 방법에 대해 알아보겠습니다.

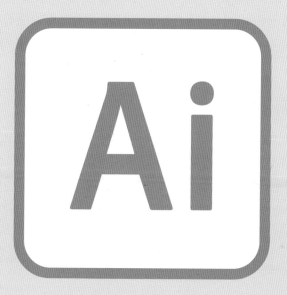

일러스트레이터 CC 2024
파헤치기

반갑다, 일러스트레이터

일러스트레이터는 무엇이고 어디에 쓰이는가

일러스트레이터(Illustrator) 프로그램이 처음 출시될 당시에는 전문가만이 일러스트레이터를 사용했습니다. 하지만 그래픽 편집이 보편화되면서 사용자층이 넓어졌습니다. 드로잉, 편집, 색 보정, 타이포, 패키지 등 다양한 분야의 전문가부터 디자이너가 아닌 사람들까지도 일러스트레이터를 사용하고 있습니다.

일러스트레이터는 어디에 쓰이나요

일러스트레이터는 미국 어도비에서 개발한, 벡터 방식으로 이미지를 만드는 프로그램입니다. 쉽게 말해 우리가 일러스트레이터에서 선을 그리면 컴퓨터는 점과 점 사이를 잇는 좌푯값을 자동으로 계산하여 화면에 보여줍니다. 이렇게 벡터 방식으로 그린 그림은 크기를 확대하거나 축소해도 깨지지 않고 선명하게 보입니다. 따라서 정밀하고 매끄럽게 작업해야 할 때 주로 사용합니다. 일러스트레이터가 사용되는 분야를 살펴보겠습니다.

캐릭터 디자인

우리가 알고 있는 캐릭터 대부분이 일러스트레이터로 만들어졌다 해도 과언이 아닙니다. 벡터 방식의 특성상 형태를 수정하는 것이 쉬우므로 캐릭터의 동작이나 표정을 다양하게 응용할 수 있습니다.

▲ 미키 마우스(www.disney.com)   ▲ 헬로 키티(www.sanrio.com)   ▲ 카카오 프렌즈(store.kakaofriends.com)

CI, BI 디자인

기업이나 브랜드 이미지를 명료하게 표현하는 CI, BI 디자인도 일러스트레이터로 제작합니다. CI, BI는 인쇄, 제품, 영상, 슈퍼 그래픽 등 매우 다양한 곳에 사용하므로 크기를 키우거나 줄여도 이미지가 선명한 벡터 방식으로 제작합니다.

▲ 네이버(www.naver.com)　　　▲ 카카오(kakaocorp.com)　　　▲ 스타벅스(www.istarbucks.co.kr)

타이포그래피, 캘리그래피

일러스트레이터는 글자를 자유롭게 편집할 수 있고 언제나 고해상도를 유지할 수 있어 타이포그래피를 표현하기에 적합합니다. 특히 손으로 쓴 캘리그래피도 크기의 제약 없이 다양하게 사용할 수 있어 디자인 작업에 자주 사용합니다.

▲ David Carson의 타이포그래피 작품(www.davidcarsondesign.com)

편집 디자인

편집 디자인이란 신문, 잡지, 서적 등의 인쇄물 디자인을 말합니다. 일러스트레이터는 다양한 글자 입력 기능을 지원하고 여러 개의 아트보드를 만들 수 있는 기능도 제공합니다. 또한 EPS, PDF 등 인쇄에 적합한 파일 형식은 지원하므로 편집 디자인 작업에 효율적입니다.

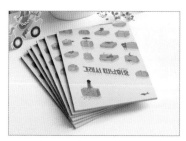

▲ 빨간고래의 편집 디자인(www.redwhale.co.kr)

팬시 디자인

일러스트레이터에서는 0.01mm의 오차 없이 정교하게 작업할 수 있습니다. 따라서 일러스트나 손글씨를 종이, 패브릭, 금형, 전사 방식으로 인쇄할 때 일러스트레이터를 사용하면 매우 효과적으로 작업할 수 있습니다.

▲ 빨간고래의 팬시 디자인(smartstore.naver.com/redwhale)

패키지 디자인

패키지 디자인(제품 포장 디자인)은 제품의 첫인상을 결정짓고 제품을 보호하는 역할을 합니다. 일러스트레이터에서는 정확한 수치로 지기 구조를 디자인할 수 있으며 선을 정교하게 작업하고 자유롭게 인쇄할 수 있어 패키지 디자인 작업에 매우 유용합니다.

 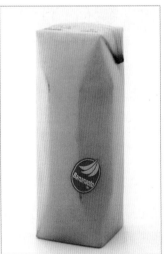 

▲ 나오토 후카사와의 음료수 패키지 디자인(en.plusminuszero.jp)

일러스트레이터, 어떻게 생겼지

일러스트레이터 실행 화면 꼼꼼히 살펴보기

일러스트레이터는 그래픽 작업하기에 효율적인 화면으로 구성되어 있습니다. 일러스트레이터 화면을 구성하고 있는 요소의 명칭과 기능에 대해 간략히 살펴본 후 작업 화면을 사용자 편의에 맞게 구성하는 방법까지 알아보겠습니다.

일러스트레이터 CC 2024 홈 화면

일러스트레이터 CC 2024를 설치하고 처음 실행하면 다음과 같은 화면이 나타납니다. 본격적인 작업 화면이 나타나기 전에 [새 파일] 또는 [열기]와 같이 작업의 시작을 도와주는 **홈** 화면입니다.

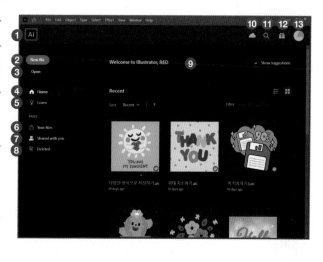

① **작업 화면(Workspace)** | 클릭하면 홈 화면은 사라지고 작업 화면이 나타납니다. 작업 도중에 ④홈 🏠 을 클릭하면 ⑨에 Recent(최근 파일)가 나타납니다. 클릭하면 언제든지 홈 화면으로 되돌아올 수 있습니다.

② **새 파일(New file)** | 새 파일을 만들 수 있습니다.

③ **열기(Open)** | 저장된 파일을 불러올 수 있습니다.

④ **홈(Home)** | 홈 화면이 나타납니다.

⑤ **학습(Learn)** | 일러스트레이터의 기능을 배울 수 있습니다.

⑥ **내 파일(Your files)** | 어도비 클라우드에 저장한 파일이 나타나며 파일을 삭제하거나 관리할 수 있습니다.

⑦ **나와 공유됨(Shared with you)** | 다른 사용자가 공유한 파일이 나타납니다.

⑧ **삭제된 항목(Deleted)** | 삭제한 클라우드 파일을 확인할 수 있습니다.

⑨ 왼쪽 메뉴를 클릭하면 클릭한 메뉴와 관련된 내용이 이곳에 나타납니다.

⑩ **클라우드 정보(Cloud storage)** | 어도비 클라우드에 저장한 파일의 총 용량을 확인할 수 있습니다.

⑪ **검색(Search)** ㅣ 어도비 프로그램 관련 궁금한 사항을 검색해볼 수 있습니다.

⑫ **새 소식(What's new)** ㅣ 어도비의 새로운 소식을 확인할 수 있습니다.

⑬ **계정 관리(My account)** ㅣ 내 계정의 정보를 확인 및 수정할 수 있습니다.

일러스트레이터 CC 2024 기본 화면

[File]–[New] 메뉴를 선택하거나 홈 화면에서 [New file]을 클릭하여 새 파일을 만들면 다음과 같은 작업 화면이 나타납니다. 각 요소의 명칭과 기능을 살펴보겠습니다.

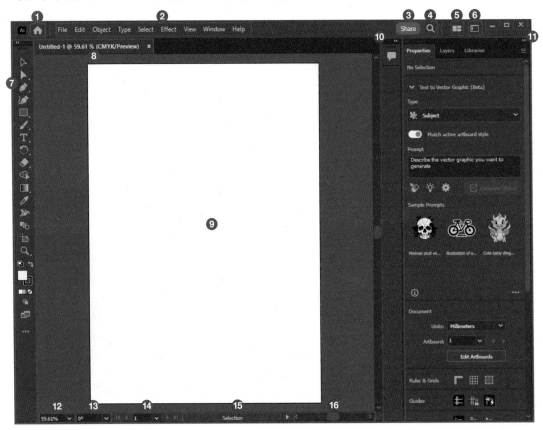

① **홈** ㅣ 홈 화면이 나타납니다.

② **메뉴바** ㅣ 자주 사용되는 명령을 메뉴로 정리해 모아두었습니다. 실행할 수 있는 메뉴는 검은색, 실행할 수 없는 메뉴는 회색으로 나타납니다.

File Edit Object Type Select Effect View Window Help

- **File** ㅣ 파일을 만들거나 저장하고 인쇄하는 등 파일에 관련된 기능을 제공합니다.
- **Edit** ㅣ 자르고 복사하기와 같은 편집 기능입니다. 환경 설정에 관한 기능도 제공합니다.
- **Object** ㅣ 오브젝트를 변형하고 정렬하는 등 오브젝트에 관련된 기능을 제공합니다.
- **Type** ㅣ 글자의 스타일, 크기와 같이 글자에 관련된 기능을 제공합니다.
- **Select** ㅣ 패스를 선택하는 것과 관련해 다양한 기능을 제공합니다.

- **Effect** | 오브젝트에 특수한 효과를 주는 기능을 제공합니다. 포토샵의 필터 기능과 같습니다.
- **View** | 화면을 보는 것과 관련해 다양한 기능을 제공합니다.
- **Window** | 일러스트레이터의 모든 패널이 모여 있습니다. • **Help** | 도움말을 찾아볼 수 있습니다.

③ **공유** | 어도비 계정을 보유한 다른 사용자를 초대하여 파일을 공유합니다.

④ **도움말** | 작업 중 궁금한 내용을 검색하면 어도비 커뮤니티 도움말로 이동하여 정보를 얻을 수 있습니다.

⑤ **도큐먼트 재배열** | 작업 창이 여러 개일 때 배열 방식을 정할 수 있습니다.

⑥ **작업 화면 선택** | 인쇄, 웹, 타이포그래피 등 작업 목적에 따른 화면 구성을 선택할 수 있습니다.

⑦ **도구바** | 일러스트레이터 작업을 위해 가장 기본적이며 많이 사용되는 도구를 표시합니다.

⑧ **파일 탭** | 파일 이름, 이미지의 크기 비율, 컬러 모드 등의 파일 정보를 탭 형태로 표시합니다.

⑨ **아트보드** | 실제 작업 영역입니다. `Ctrl` + `N` 을 누르면 새 아트보드를 만들 수 있습니다.

⑩ **주석** | 현재 열려 있는 파일에 주석을 달아서 다른 사람들과 의견을 주고받을 수 있습니다.

⑪ **패널** | 작업을 위해 필요한 기능과 옵션은 모아둔 영역입니다

⑫ **화면 비율** | 현재 작업 화면의 보기 비율을 표시하며 확대/축소 비율을 설정할 수 있습니다.

⑬ **화면 각도** | 아트보드를 회전하면 각도가 표시되며 각도를 설정할 수 있습니다.

⑭ **아트보드 이동** | 여러 개의 아트보드로 작업할 경우 아트보드 순서에 따라 이동할 수 있습니다.

⑮ **현재 선택 도구** | 현재 선택한 도구의 이름을 표시합니다.

⑯ **화면 이동** | 아트보드의 보이는 영역을 조정할 수 있는 스크롤바입니다.

작업 화면의 색상 변경하기 *중요

일러스트레이터 CC 2024를 설치한 후 처음 실행하면 어두운 진회색의 화면이 나타납니다. CS6 버전부터는 작업 화면의 색상을 사용자가 변경할 수 있으므로 직접 설정해보겠습니다.

❶ 메뉴바에서 [Edit]-[Preferences]-[User Interface] 메뉴를 선택합니다. ❷ [Preferences] 대화상자가 나타나면 [Brightness]를 가장 밝은 색상인 [Light]로 설정합니다. ❸ [OK]를 클릭합니다.

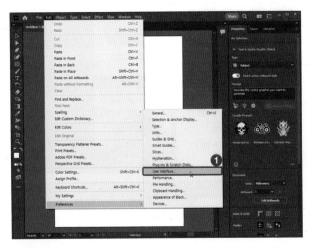

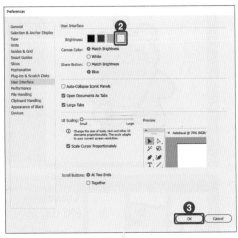

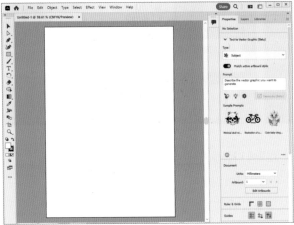

macOS는 [Edit] 메뉴에 [Preferences] 메뉴가 없습니다. macOS 사용자라면 [Illustrator CC]-[Preferences]-[User Interface] 메뉴를 선택합니다.

이 책에서는 작업 화면의 색상을 [Light]로 설정했습니다. 어두운 색상의 화면을 캡처하여 인쇄하면 가독성이 떨어지고 실습에 집중하기 어려우므로 밝은 색상의 화면으로 진행하겠습니다.

패널 조작하기

[File]-[New] 메뉴를 선택하여 새 파일을 만들면 다음과 같은 작업 화면이 나타납니다. 작업 화면에는 여러 패널이 있습니다. 패널(Panel)이란 본래 '판자'라는 뜻으로, 사각형의 판을 의미합니다. 일러스트레이터에서 패널은 여러 가지 기능을 모아둔 판이라 할 수 있습니다. 지금부터 다양한 패널 조작 방법에 대해 알아보겠습니다.

패널 분리하고 합치기

패널은 자유롭게 분리하거나 합칠 수 있습니다. ❶ [Properties] 패널 탭을 패널 바깥쪽으로 드래그해 분리합니다. ❷ 반대로 분리된 패널을 다시 패널 안쪽으로 드래그하면 합칠 수 있습니다.

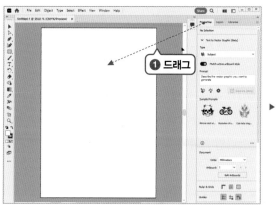 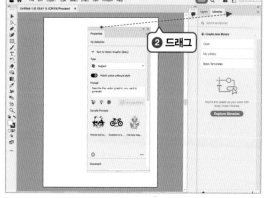

패널 옮기기

패널을 바깥쪽으로 분리할 수도 있지만 패널 안쪽에서 다른 위치로 옮길 수도 있습니다. ❶ [Properties] 패널 탭을 패널 아래쪽으로 드래그하면 파란색 선이 나타납니다. ❷ 그 자리에 패널을 넣으면 패널이 이동합니다.

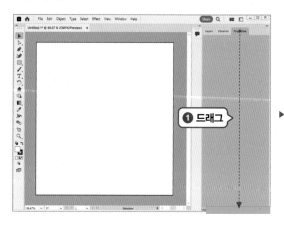 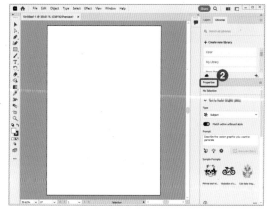

패널 최소/최대화하기

일러스트레이터는 패널을 최소/최대화하는 기능을 제공합니다. ❶ 왼쪽 패널 상단의 ▣를 클릭하면 한 줄이던 패널이 두 줄로 바뀝니다. ❷ 오른쪽 패널 상단의 ▣를 클릭하면 패널이 최소화됩니다. 반대로 패널들이 최소화된 상태에서 ◀◀를 다시 클릭하면 최대화됩니다.

패널 나타나게 하기

[Layers] 패널을 나타나게 해보겠습니다. ❶ 오른쪽에 있는 [Layers] 패널 탭을 클릭합니다. ❷ [Window]를 클릭합니다. 이 메뉴에 있는 항목은 모두 패널입니다. 메뉴 이름 앞에 체크되어 있는 항목은 현재 화면에 나타나 있는 패널입니다. ❸ [Layers] 패널 탭이 보이지 않는다면 메뉴바에서 [Window]-[Layers] 메뉴를 선택합니다.

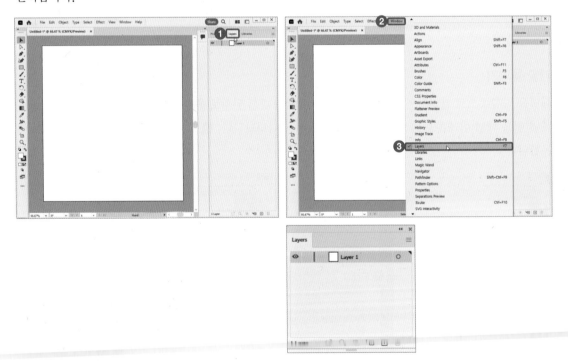

패널 숨기기

일러스트레이터에서 제공하는 모든 패널을 다 꺼내놓을 수는 없습니다. 필요 없는 패널을 숨기는 방법은 두 가지입니다. 하나씩 따라 해보겠습니다. ❶ [Layers] 패널을 바깥쪽으로 드래그해 분리한 후 ❷ 오른쪽 상단의 닫기 ❎ 를 클릭합니다. [Layers] 패널이 사라집니다. ❸ [Layers] 패널 탭을 마우스 오른쪽 버튼으로 클릭하고 ❹ [Close]를 선택해도 [Layers] 패널을 숨길 수 있습니다.

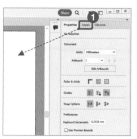  

자주 안 쓰는 패널은 숨겨놓기 ★중요

일러스트레이터 CC 2024부터는 [Comments] 패널이 자동으로 표시됩니다. ❶ ◀◀ 를 클릭하면 [Comments] 패널이 나타납니다. [Comments] 패널은 자주 사용하지 않으므로 패널을 닫아 작업 영역을 더 넓게 사용하겠습니다. ❷ [Comments] 패널 탭을 마우스 오른쪽 버튼으로 클릭하고 ❸ [Close]를 선택합니다. 패널이 사라집니다. 닫은 패널을 다시 불러오려면 [Window]-[Comments] 메뉴를 클릭합니다. ❹ [Text to Vector Graphic] 앞에 있는 ⌄ 를 클릭합니다. [Text to Vector Graphic] 패널이 접힙니다. 불필요한 패널은 접어서 사용하겠습니다. 필요하다면 ❺ ⟩ 를 클릭합니다.

나만의 작업 화면 설정하기

일러스트레이터는 사용 목적에 따라 패널의 구성을 변경해 작업 화면을 설정할 수 있습니다.

작업 화면 선택하기

오른쪽 상단의 ▣을 클릭하면 미리 설정된 아홉 개의 작업 화면 중 하나를 선택할 수 있습니다. 기본 설정은
[Essentials]이고 다른 메뉴를 선택하면 패널 구성이 변경됩니다. 하나씩 살펴보겠습니다.

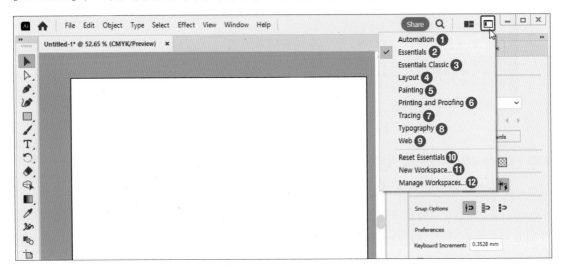

① **Automation** ┃ 반복 작업 및 자동화 작업에 알맞은 화면으로 구성됩니다.

② **Essentials** ┃ 필수 기능만으로 화면이 구성됩니다. 가장 기본적인 작업 화면입니다.

③ **Essentials Classic** ┃ CC 2017 이하 버전의 기본 작업 화면입니다. 최신 버전에 비해 패널의 수가 많
습니다.

④ **Layout** ┃ 글자와 그림을 삽입할 때 레이아웃을 구성하기 편한 화면으로 구성됩니다.

⑤ **Painting** ┃ 그림을 그리기 편한 화면으로 구성됩니다.

⑥ **Printing and Proofing** ┃ 그림을 그리고 편집하기 편한 화면으로 구성됩니다.

⑦ **Tracing** ┃ 비트맵 이미지를 벡터 이미지로 변형하기 편한 화면으로 구성됩니다.

⑧ **Typography** ┃ 글자를 편집하기 편한 화면으로 구성됩니다.

⑨ **Web** ┃ 웹디자인 작업에 편한 화면으로 구성됩니다.

⑩ **Reset Essentials** ┃ 현재 선택된 작업 화면을 처음 설정으로 되돌립니다.

⑪ **New Workspace** ┃ 사용자가 직접 새 작업 화면을 구성해 등록할 수 있습니다.

⑫ **Manage Workspaces** ┃ 사용자가 직접 등록한 작업 화면을 수정할 수 있습니다.

간단 실습 — 작업 화면 만들어 등록하기

사용자가 직접 작업 화면을 구성한 후 등록해 사용할 수 있습니다.

01 ❶ 도구바를 화면 오른쪽으로 드래그하면 파란색 선이 나타납니다. ❷ 그 자리로 도구바를 이동합니다.

02 ❶ 오른쪽 상단의 ▦을 클릭하고 ❷ [New Workspace]를 선택합니다. ❸ [Name]에 **빨간고래**를 입력하고 ❹ [OK]를 클릭합니다.

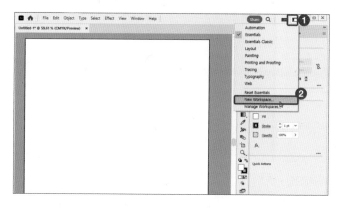

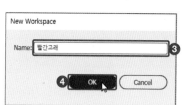

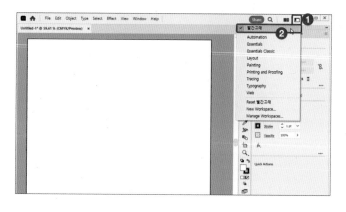

03 ❶ 오른쪽 상단의 ▦를 클릭하면 ❷ [빨간고래] 메뉴가 생긴 것을 확인할 수 있습니다. 이제부터는 [빨간고래]를 선택하면 도구바가 오른쪽에 있는 작업 화면(01단계에서 설정한 작업 화면)으로 변경됩니다.

04 등록한 작업 화면의 이름을 수정해보겠습니다. ❶ 오른쪽 상단의 🖿를 클릭하고 ❷ [Manage Workspaces] 메뉴를 선택합니다. ❸ [Manage Workspaces] 대화상자에서 [빨간고래]를 클릭합니다. ❹ **빨간작업실**을 입력하고 ❺ [OK]를 클릭합니다. '빨간고래'였던 이름이 '빨간작업실'로 수정됩니다.

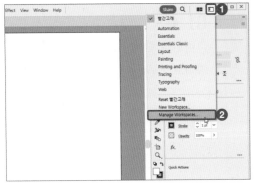

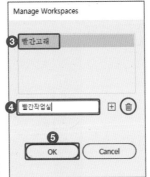

[빨간고래] 작업 화면을 삭제하려면 [빨간고래]를 클릭한 후 오른쪽에 있는 삭제🗑를 클릭합니다.

기능 꼼꼼 익히기 ✏️   Tab 을 이용해 손쉽게 패널 숨기기

Tab 을 누르면 화면 모드를 빠르게 바꿀 수 있습니다. 일반 화면 모드에서 Tab 을 누르면 양쪽의 패널이 숨겨져 작업 영역을 넓게 사용할 수 있습니다. 다시 Tab 을 누르면 일반 화면 모드로 되돌아옵니다.

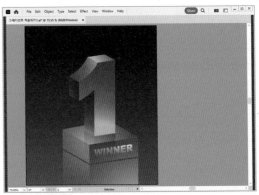

Shift + Tab 을 누르면 오른쪽 패널은 사라지고 왼쪽 패널만 나타납니다. 다시 Tab 을 누르면 일반 화면 모드로 되돌아옵니다.

03

뚝딱뚝딱,
그림을 그릴 도구 정복하기

일러스트레이터 CC 2024의 다양한 도구 알아두기

일러스트레이터를 실행하면 왼쪽에 도구바가 있습니다. 그림을 그리려면 연필이나 지우개, 붓과 같은 도구가 필요하듯, 일러스트레이터에서는 그래픽 작업을 위한 도구들을 도구바에 모아두었습니다. 도구바의 기본 사용법과 다양한 종류의 도구를 살펴보고 나만의 도구바를 만들어 등록해보겠습니다.

간단 실습 | 도구바 다루기

도구를 선택하려면 도구바의 아이콘을 클릭합니다. 일러스트레이터를 설치한 후 처음 실행하면 화살표 모양의 선택 도구▶가 선택되어 있습니다.

도구바 최소/최대화하고 이동하기

❶ 도구바 상단의 를 클릭하면 한 줄이 두 줄로 바뀌어 도구바를 좀 더 넓게 사용할 수 있습니다. 두 줄인 상태에서 ❷ 를 클릭하면 다시 한 줄로 되돌아옵니다. ❸ 펜 도구 위에 마우스 포인터를 올리면 도구이름과 괄호 안에 단축키가 나타납니다. ❹ 를 드래그하면 도구바를 이동할 수 있습니다.

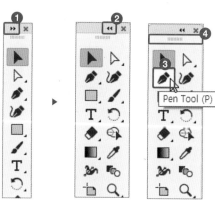

숨은 도구 선택하기

도구 아이콘 오른쪽 아래에 삼각형◢이 표시되어 있으면 숨겨진 도구가 있다는 뜻입니다. ❶ 해당 도구를 길게 클릭하거나 마우스 오른쪽 버튼으로 클릭하면 숨은 도구들이 나타나며 ❷ 숨은 도구 메뉴의 분리▶를 클릭하면 숨은 도구들이 패널처럼 분리됩니다. ❸ 분리된 숨은 도구 패널은 닫기✖를 클릭하여 다시 숨기거나 ❹ ⏪를 클릭해 세로 방향의 도구바로 변경할 수 있습니다. ❺ ⏩를 클릭하면 다시 가로 방향의 도구바로 변경됩니다.

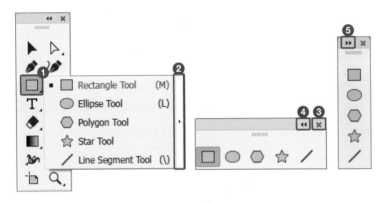

삼각형◢이 표시되어 있는 도구를 Alt 를 누른 채 계속 클릭하면 숨은 도구가 차례대로 나타납니다.

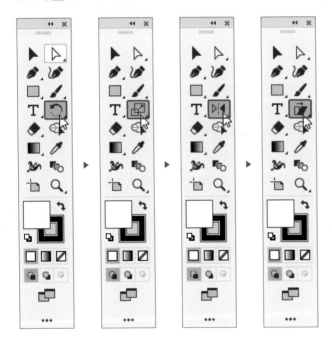

도구바에 도구 추가하고 삭제하기

일러스트레이터 CC 2024 버전을 설치하고 처음 실행하면 기본(Basic) 도구바가 나타납니다. 일러스트레이터에는 92개의 도구가 있습니다. 이 도구를 다 쓰는 경우는 많지 않아서 자주 사용되는 필수 도구로만 구성된 것이 기본(Basic) 도구바입니다. 더 많은 도구를 꺼내보겠습니다.

❶ 도구바 하단의 더 보기 ⋯를 클릭합니다. 모든 도구가 나타납니다. 이미 도구바에 등록된 도구는 비활성화 상태이고, 등록되지 않은 도구만 활성화되어 있습니다. ❷ 자동 선택 도구 🪄를 도구바로 드래그합니다. ❸ 도구바에 자동 선택 도구 🪄가 추가됩니다.

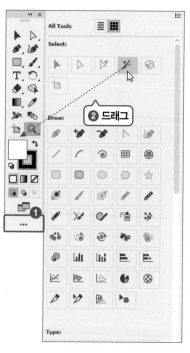

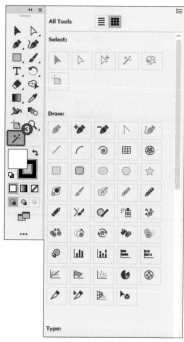

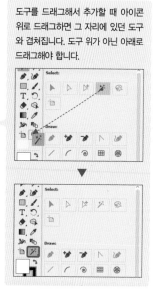

도구를 드래그해서 추가할 때 아이콘 위로 드래그하면 그 자리에 있던 도구와 겹쳐집니다. 도구 위가 아닌 아래로 드래그해야 합니다.

이번에는 도구바의 도구를 삭제해보겠습니다. ❹ 블렌드 도구 🖎를 [All Tools] 패널로 드래그합니다. ❺ 도구바에서는 삭제되고, 스크롤바를 내려보면 블렌드 도구 🖎가 다시 활성화되어 있는 것을 확인할 수 있습니다. 다시 추가하고 싶으면 언제든지 도구바로 드래그하면 됩니다.

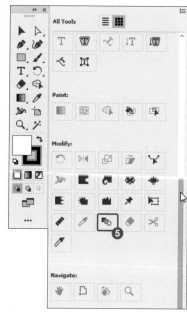

일러스트레이터 CC 2022 버전부터 [All Tools] 패널은 왼쪽과 같이 아이콘형 ▦이 기본으로 나타납니다. 목록형으로 확인하려면 [All Tools] 패널 상단의 목록형 ☰을 클릭합니다.

도구바 초기화하기

① 옵션▣을 클릭하고 **②** [Reset]을 선택하면 도구바가 초기화됩니다.

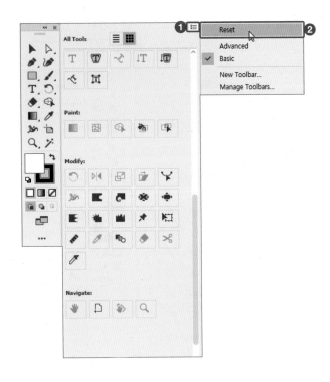

모든 도구 다 꺼내놓기★중요

① 옵션▣을 클릭하고 **②** [Advanced]를 선택하면 도구바에 모든 도구가 다 나타납니다. **③** [Basic]을 선택하면 기본 도구만 있는 도구바로 바뀝니다. 다양한 도구를 사용해야 하는 사용자라면 도구를 다 꺼내놓는 것을 추천합니다. 이 책에서는 고급(Advanced) 도구바를 기준으로 실습합니다.

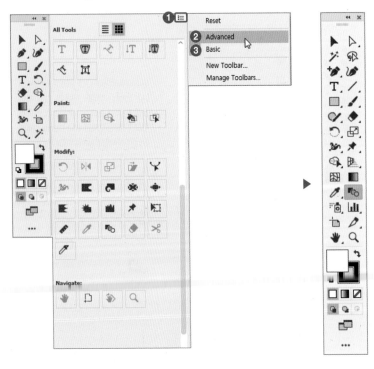

도구 이름과 기능 살펴보기

도구는 아이콘으로 표시되어 있어서 따로 공부하지 않아도 그 기능을 미리 짐작할 수 있습니다. 따라서 처음 부터 모든 도구의 이름과 기능을 외울 필요는 없습니다. 앞으로 예제를 따라 하면서 하나씩 차근차근 익혀나 갈 것이므로 여기서는 간단히 훑어보고 필요할 때 다시 찾아보도록 합니다.

① **선택 도구 V** ▶ | 오브젝트를 선택하거나 옮깁니다.

② **직접 선택 도구 A** ▷ | 고정점이나 패스의 부분을 선택합니다.
　그룹 선택 도구 ▷ | 그룹으로 묶여 있는 패스를 개별적으로 선택합니다.

③ **자동 선택 도구 Y** ✦ | 클릭한 곳과 유사한 속성을 가진 패스를 함께 선택합니다.

④ **올가미 도구 Q** ⬤ | 드래그한 영역 안의 모든 오브젝트를 선택합니다.

⑤ **펜 도구 P** ✎ | 패스를 그리고 수정합니다. 패스를 만드는 기본 도구입니다.
　고정점 추가 도구 + ✎ | 패스를 클릭해 고정점을 추가합니다.
　고정점 삭제 도구 − ✎ | 고정점을 클릭해 고정점을 삭제합니다.
　고정점 도구 Shift + C ⊵ | 고정점 양쪽의 패스를 직선이나 곡선으로 바꿉니다.

⑥ **곡률 도구 Shift + ~** ✎ | 곡선을 쉽게 그릴 수 있는 곡선 전용 도구입니다.

⑦ **문자 도구 T** T | 글자를 입력합니다.
　영역 문자 도구 ⊤ | 글상자 안에 글자를 입력합니다.
　패스 상의 문자 도구 ⬓ | 패스 선을 따라 글자를 입력합니다.
　세로 문자 도구 ⅠT | 글자를 세로로 입력합니다.
　세로 영역 문자 도구 ⬓ | 글상자 안에 글자를 세로로 입력합니다.
　패스 상의 세로 문자 도구 ⬓ | 패스 선을 따라 글자를 세로로 입력합니다.
　문자 손질 도구 Shift + T ⬓ | 입력되어 있는 글자를 한 글자씩 개별 선택할 수 있습니다. 크기, 각도, 글꼴 등의 속성을 개별적으로 설정할 수 있습니다. CC 버전부터 추가 된 신기능입니다.

⑧ **선 도구 W** ╱ | 직선을 그립니다.
　호 도구 ⌒ | 곡선을 그립니다.
　나선형 도구 ◎ | 나선을 그립니다.
　사각형 격자 도구 ▦ | 표를 그립니다.
　극좌표 격자 도구 ◉ | 원형으로 된 표를 그립니다.

⑨ **사각형 도구 M** ▢ I 사각형을 그립니다.

　둥근 사각형 도구 ▢ I 모서리가 둥근 사각형을 그립니다.

　원형 도구 L ◯ I 원을 그립니다.

　다각형 도구 ◯ I 변이 여러 개인 다각형을 그립니다.

　별모양 도구 ☆ I 별 모양을 그립니다.

　플레어 도구 ◉ I 반짝이는 광선을 그립니다.

---

⑩ **브러시 도구 B** ✎ I 붓으로 그린 듯 다양한 느낌의 선을 그립니다.

　물방울 브러시 도구 Shift + B ✎ I 드래그하면 선이 아닌 면이 그려집니다.

---

⑪ **Shaper 도구 Shift + N** ◈ I 드래그하는 대로 반듯한 직선과 도형을 그릴 수 있습니다.

　연필 도구 N ✏ I 자유롭게 드래그해 굵기가 일정한 패스 선을 그립니다.

　매끄럽게 도구 ✐ I 그려놓은 패스를 부드럽게 수정합니다.

　패스 지우개 도구 ✎ I 패스를 자유롭게 드래그해 지웁니다.

　연결 도구 ✂ I 끊어져 있는 두 개의 고정점을 드래그하면 선으로 이어집니다.

---

⑫ **지우개 도구 Shift + E** ◆ I 패스를 선택하고 드래그하면 패스가 지워집니다.

　가위 도구 C ✂ I 가위로 자르듯 패스 선을 자릅니다.

　칼 도구 ✐ I 칼로 면을 나누듯 드래그해 오브젝트를 자릅니다.

---

⑬ **회전 도구 R** ↺ I 오브젝트를 회전합니다.

　반사 도구 O ▷◁ I 오브젝트를 반전합니다.

---

⑭ **크기 조절 도구 S** ⬜ I 선택한 오브젝트의 크기를 조절합니다.

　기울이기 도구 ☞ I 선택한 오브젝트의 기울기를 조절합니다.

　모양 변경 도구 ☇ I 선택한 패스의 꼭짓점이나 선의 굴곡을 조절합니다.

---

⑮ **폭 도구 Shift + W** ☄ I 선 굵기의 강약을 조절합니다.

　변형 도구 Shift + R ◼ I 오브젝트를 선택하고 원하는 방향으로 드래그하면 마치 손가락으로 잡아 늘인 듯 늘어집니다.

　돌리기 도구 ◉ I 오브젝트를 선택하고 길게 클릭하면 클릭한 만큼 휘감아집니다.

　오목 도구 ✺ I 오브젝트를 선택하고 클릭하면 클릭한 지점을 중심으로 오므라듭니다.

　볼록 도구 ✦ I 오브젝트를 선택하고 클릭하면 클릭한 지점을 중심으로 팽창합니다.

　조개 도구 ◧ I 오브젝트를 선택하고 클릭하면 클릭한 지점이 날카롭게 오므라듭니다.

　수정화 도구 ▥ I 오브젝트를 선택하고 클릭하면 클릭한 지점이 날카롭게 팽창합니다.

　주름 도구 ⛰ I 오브젝트를 선택하고 클릭하면 클릭한 지점이 주글주글해집니다.

⑯ **자유 변형 도구 E** 🔲 | 오브젝트의 형태를 자유롭게 변형할 수 있습니다. 패스를 선택하고 자유 변형 도구를 선택하면 다음 네 가지 도구가 별도의 패널로 나타납니다.

    제한 도구 🔲 | 가로와 세로의 비율을 유지하면서 변형할 수 있습니다.
    자유 변형 도구 🔲 | 크기와 각도를 자유롭게 변형할 수 있습니다.
    원근 왜곡 도구 🔲 | 상하좌우를 오므려서 원근감을 표현할 수 있습니다.
    자유 왜곡 도구 🔲 | 한 부분을 자유롭게 일그러뜨릴 수 있습니다.

    퍼펫 뒤틀기 도구 🔲 | 오브젝트의 한 부분을 클릭하면 핀이 추가되고 이 핀을 기준으로 비틀거나 왜곡할 수 있습니다.

⑰ **도형 구성 도구 Shift + M** 🔲 | 겹쳐진 여러 오브젝트를 나누거나 합칩니다.
    라이브 페인트 통 K 🔲 | 선과 면에 원하는 색을 채웁니다.
    라이브 페인트 선택 도구 Shift + L 🔲 | 라이브 페인트 통으로 색을 채운 오브젝트를 선택할 수 있습니다.

⑱ **원근감 격자 도구 Shift + P** 🔲 | 원근감 있는 가이드를 만들어 입체 오브젝트를 그립니다.
    원근감 선택 도구 Shift + V 🔲 | 원근감 격자 도구로 만든 입체 오브젝트를 선택합니다.

⑲ **망 도구 U** 🔲 | 그물망 모양의 메시 선을 추가해 정교한 그레이디언트를 만듭니다.

⑳ **그레이디언트 도구 G** 🔲 | 오브젝트에 그레이디언트를 적용합니다.

㉑ **치수 도구** 🔲 | 오브젝트의 길이, 각도, 둥근 모서리의 반지름을 잴 수 있습니다.

㉒ **스포이트 도구 I** 🔲 | 오브젝트를 선택하고 다른 오브젝트를 클릭하면 먼저 선택한 오브젝트의 속성이 나중에 선택한 오브젝트에 적용됩니다.
    측정 도구 🔲 | 드래그한 곳의 좌표와 길이 정보를 확인합니다.

㉓ **블렌드 도구 W** 🔲 | 두 개 이상의 패스 속성을 자연스럽게 연결하고 연결 단계를 자동으로 만듭니다.

㉔ **심벌 분무기 도구 Shift + S** 🔲 | 심벌을 스프레이 뿌리듯 분사합니다.
    심벌 이동기 도구 🔲 | 심벌을 옮깁니다.   **심벌 모으기 도구** 🔲 | 심벌을 모읍니다.
    심벌 크기 조절기 도구 🔲 | 심벌의 크기를 조절합니다.   **심벌 회전기 도구** 🔲 | 심벌의 각도를 조절합니다.
    심벌 염색기 도구 🔲 | 심벌의 색상을 변경합니다.
    심벌 투명기 도구 🔲 | 심벌의 투명도를 조절합니다.
    심벌 스타일기 도구 🔲 | 심벌에 그래픽 스타일을 적용합니다.

㉕ **막대그래프 도구 J** 🔲 | 세로형 막대그래프를 만듭니다.
    누적 막대그래프 도구 🔲 | 막대가 세로로 쌓인 형태의 막대그래프를 만듭니다.

가로 막대그래프 도구 ▣ | 가로형 막대그래프를 만듭니다.

가로 누적 막대그래프 도구 ▣ | 막대가 가로로 쌓인 형태의 막대그래프를 만듭니다.

선 그래프 도구 ☒ | 꺾은선 그래프를 만듭니다.

영역 그래프 도구 ☒ | 영역을 면으로 처리한 그래프를 만듭니다.

산포 그래프 도구 ▨ | 분사형 그래프를 만듭니다.

파이 그래프 도구 ◉ | 파이 형태의 원그래프를 만듭니다.

레이더 그래프 도구 ◉ | 방사형 그래프를 만듭니다.

㉖ **아트보드 도구** `Shift` + `O` ▣ | 아트보드를 추가/삭제하거나 크기와 위치를 수정합니다.

㉗ **분할 도구** `Shift` + `K` ✎ | 이미지를 조각내어 웹용 HTML 문서를 만들 수 있습니다.

분할 영역 도구 ▨ | 조각난 이미지를 선택합니다.

㉘ **손 도구** `H` ✋ | 원하는 곳으로 이동할 수 있습니다. 어떤 도구가 선택된 상태라도 `SpaceBar` 를 누르고 있으면 누른 동안은 손 도구가 활성화됩니다.

회전 보기 도구 ◉ | 아트보드를 원하는 각도로 회전할 수 있습니다.

타일링 영역 도구 ▢ | 인쇄할 영역의 위치를 수정할 수 있습니다.

㉙ **돋보기 도구** `Z` 🔍 | 화면을 확대하거나 축소합니다. 클릭하면 확대되고 `Alt` 를 누른 채 클릭하면 축소됩니다. 더블클릭하면 작업 화면의 비율이 100%가 됩니다.

㉚ **초기값 칠과 선** `D` ▣ | 선택한 오브젝트의 속성을 초기화합니다. [칠]은 흰색, [획]은 검은색, 굵기는 1px로 초기화됩니다.

㉛ **칠과 선 교체** `Shift` + `X` ↱ | 선택한 오브젝트의 면 색과 선 색을 서로 맞바꿉니다.

㉜ **칠과 선** `X` ▣ | 오브젝트의 면 색과 선 색을 표시합니다.

㉝ ▣▣▨ `<` , `>` , `/` | 선택한 오브젝트의 면 또는 선을 단일 색, 그레이디언트, 투명으로 바꿉니다.

㉞ **그리기 모드** `Shift` + `D` ▣▣▣ | 그리기 모드를 선택합니다.

Draw Normal ▣ | 일반적인 그리기 모드입니다.

Draw Behind ▣ | 선택한 오브젝트 뒤쪽에 그려집니다.

Draw Inside ▣ | 선택한 오브젝트 안에만 그려집니다. 자동으로 클리핑 마스크 처리됩니다.

③⑤ **화면 모드** F ⬚⬚ | 화면 구성을 변경합니다.

Normal Screen Mode ⬚ | 기본 모드입니다.

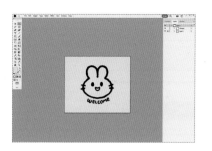

Full Screen Mode with Menu Bar ⬚ | 화면을 꽉 채운 모드입니다.

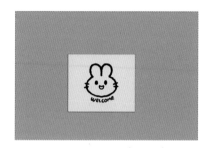

Full Screen Mode | 메뉴와 패널을 모두 숨기고 아트보드만 표시합니다. F 또는 Esc 를 누르면 [Normal Screen Mode]로 되돌아옵니다.

Presentation Mode | 프레젠테이션 모드입니다. Shift + F 를 눌러도 됩니다.

간단 실습   **나만의 도구바 만들어 활용하기**

사용자마다 일러스트레이터를 사용하는 목적이 다르므로 모든 도구를 다 사용하지는 않습니다. 필자 또한 그림 작가이므로 드로잉에 관련된 도구만 꺼내놓고 사용합니다. 이번에는 사용자가 원하는 도구만 모아서 별도의 도구바로 만들고 저장해보겠습니다.

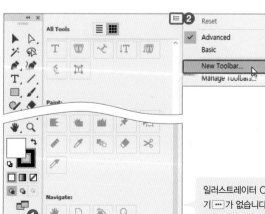

01 먼저 도구바 하단의 ❶ 더 보기 ··· 를 클릭하고 ❷ 옵션 ☰ 을 클릭합니다. ❸ [New Toolbar]를 선택합니다.

> 일러스트레이터 CC 2018 이하 버전은 도구바 하단에 더 보기 ··· 가 없습니다. CC 2018 이하 버전이라면 [Window]—[Tools]—[New Tool Panel] 메뉴를 선택합니다.

02 [New Toolbar] 대화상자가 나타나면 ❶ [Name]에 **나의 패널**을 입력하고 ❷ [OK]를 클릭합니다. 방금 만든 '나의 패널'이 작게 나타납니다.

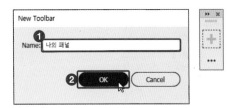

03 '나의 패널' 하단의 ❶ 더 보기 ⋯ 를 클릭하고 ❷ 선택 도구 ▶ 를 '나의 패널'로 드래그합니다. ❸ 선택 도구 ▶ 가 추가됩니다. ❹ 같은 방법으로 다른 도구들도 추가합니다.

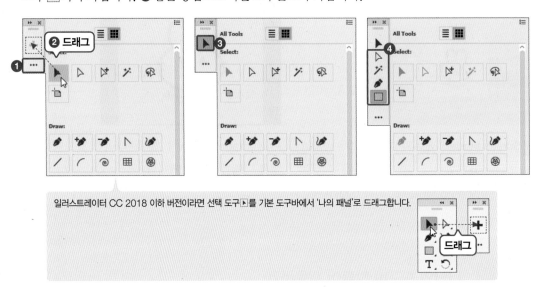

> 일러스트레이터 CC 2018 이하 버전이라면 선택 도구 ▶ 를 기본 도구바에서 '나의 패널'로 드래그합니다.

기능 꼼꼼 익히기 ✎   **도구바에 추가한 도구 삭제하기**

더 보기 ⋯ 를 클릭해 [All Tools] 패널이 나타난 상태에서 삭제하고 싶은 도구를 도구바 바깥쪽으로 드래그합니다. 추가된 도구가 삭제됩니다.

---

04 잘 등록되었는지 확인해보겠습니다. '나의 패널'의 닫기 ☒를 클릭해 닫습니다.

05 [Window]-[Toolbars]-[나의 패널] 메뉴를 선택합니다. '나의 패널'이 나타납니다.

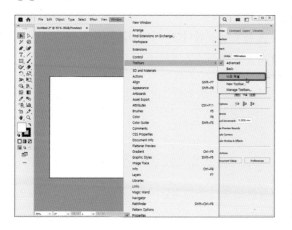 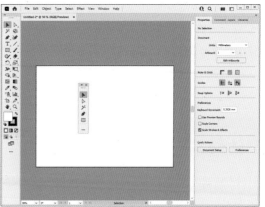

06 '나의 패널' 하단의 ❶ 더 보기 ⋯를 클릭하고 ❷ 옵션 ▤을 클릭한 후 ❸ [Manage Toolbars]를 선택하면 [Manage Toolbar] 대화상자가 나타납니다. ❹ [나의 패널]을 선택하고 ❺ 원하는 이름을 다시 입력한 후 ❻ [OK]를 클릭하면 이름을 변경할 수 있습니다.

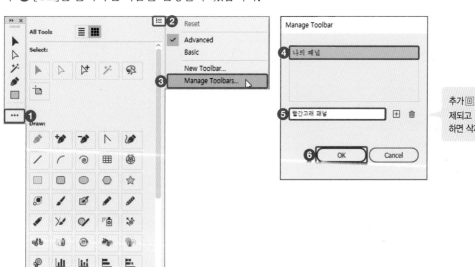

추가 ⊞를 클릭하면 복제되고 삭제 🗑를 클릭하면 삭제됩니다.

LESSON 04

1분 1초를 아끼는
일러스트레이터 특급 활용법

일러스트레이터 단축키 설정하기

단축키를 사용하면 작업 시간이 줄어듭니다. 일러스트레이터에는 많은 단축키가 기본으로 설정되어 있습니다. 모두 외울 수는 없지만 중요한 기본 단축키를 외워두면 매우 유용합니다. 이번에는 나만의 단축키를 직접 설정해보겠습니다. 필수 단축키는 예제를 실습하면서 필요할 때마다 소개하겠습니다.

간단 실습   나만의 단축키 설정하기

일러스트레이터에서 제공하는 단축키 외에도 사용자가 직접 단축키를 설정할 수 있습니다. 나만의 단축키를 설정해보겠습니다.

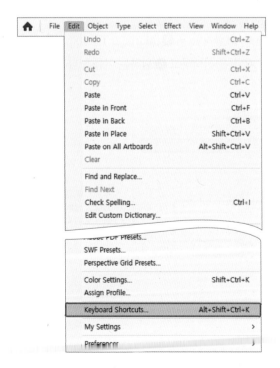

01 [Edit]-[Keyboard Shortcuts] 메뉴를 선택합니다.

02 ❶[Keyboard Shortcuts] 대화상자에서 그룹 선택 도구 ⊬를 클릭합니다. [Shortcut]에 아무것도 없
는 것을 보니 단축키가 설정되어 있지 않습니다. ❷[Shortcut] 항목을 클릭하고 **Shift** + **Q** 를 눌러 단축키로
등록합니다. ❸[OK]를 클릭합니다. ❹[Save Keyset File] 대화상자에서 [Name]에 **나의 단축키**를 입력하
고 ❺[OK]를 클릭합니다.

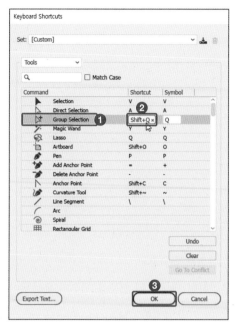

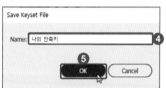

03 단축키가 제대로 설정됐는지 확인해보겠습니다. **Shift** + **Q** 를 누릅니다. 도구바에서 그룹 선택 도구
⊬가 선택됩니다.

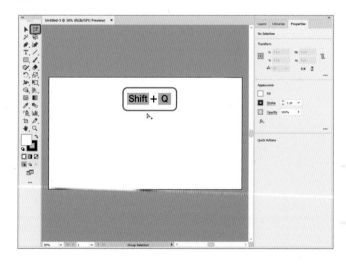

단축키가 적용되지 않는다면 영문 입력 상태인지 확인합
니다. **한/영** 을 눌러 단축키를 적용해봅니다.

macOS 사용자는 **Ctrl** 을 **command** 로, **Alt** 를 **option**
으로 바꿔 사용하면 됩니다. 이름만 다를 뿐 적용되는
결과는 같습니다.

일러스트레이터의 기본 기능을 다뤄보겠습니다.

건물을 지을 때 기초 공사가 부실하면 제대로 된 건물을 세우지 못하듯이

이번 CHAPTER는 가장 기초이자 가장 중요한 CHAPTER입니다.

먼저 일러스트레이터를 다루기 위해 꼭 알아야 하는 필수 지식을 살펴봅니다.

간단한 선과 면을 그려보며 기초를 확실히 익히고

일러스트레이터의 작업 환경에도 적응해보겠습니다.

CHAPTER 02

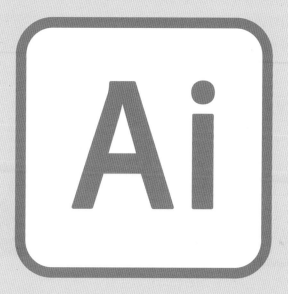

일러스트레이터
맛보기

일러스트레이터, 이것만은 알고 넘어가자!

일러스트레이터 시작 전 필수 지식 이해하기

본격적인 예제 실습에 앞서 꼭 알아두어야 할 일러스트레이터 필수 지식에 대해 살펴보겠습니다. 컬러 모드, 비트맵과 벡터, 레이어의 개념을 제대로 이해하지 못하면 원활한 학습이 어려울 수 있습니다. 따라서 일러스트레이터와 그래픽 디자인을 처음 접하는 입문자라면 꼭 이해하고 넘어가도록 합니다.

RGB 모드와 CMYK 모드

일러스트레이터 작업을 시작할 때는 항상 컬러 모드를 선택해야 합니다. 컬러 모드는 RGB 모드와 CMYK 모드가 있습니다. RGB는 Red, Green, Blue를 의미하며 이 세 가지 색의 빛이 혼합되어 나타나는 원리입니다. 웹, 영상, 모바일, 애니메이션처럼 결과물이 화면으로 보이는 작업에 주로 사용됩니다. CMYK는 Cyan, Magenta, Yellow, Black을 의미하며 네 가지 색의 잉크가 혼합되어 출력되는 원리입니다. 주로 인쇄 작업에 사용됩니다.

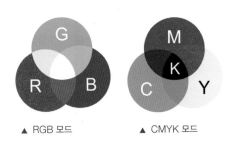

▲ RGB 모드　　　　▲ CMYK 모드

간단 실습　일러스트레이터에서 RGB, CMYK 모드 설정하기

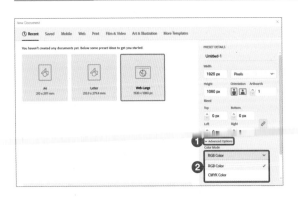

01 [File]-[New] 메뉴를 선택하면 아트보드를 생성하는 [New Document] 대화상자가 나타납니다. ❶ 오른쪽 하단에 있는 [Advanced Options]를 클릭하면 ❷ [Color Mode]에서 [RGB Color]와 [CMYK Color] 중 하나를 선택할 수 있습니다.

02 작업 중 컬러 모드를 변경해야 할 때도 있습니다. 이때는 [File]-[Document Color Mode] 메뉴를 선택한 후 원하는 모드를 선택해 수정하면 됩니다.

기능 꼼꼼 익히기 ✎ 컬러 모드 변경 시 주의할 점

작업 도중에는 컬러 모드를 바꾸지 않는 것이 좋습니다. 작업 도중에 컬러 모드를 바꾸면 색상이 자동으로 변하기 때문입니다. 모니터에서 RGB 모드와 CMYK 모드는 큰 차이가 없습니다. 그래서 초보자는 종종 컬러 모드를 아무거나 선택하고 작업하는데 최종 결과물은 차이가 큽니다. CMYK 모드로 작업하다가 RGB 모드로 변경하면 채도가 높아져 형광빛을 띱니다. 반대로 RGB 모드로 작업하다가 CMYK 모드로 변경하면 채도가 낮아져 칙칙한 느낌이 듭니다. 그래서 작업 도중에 컬러 모드를 수정하면 작업물의 색상을 전부 다시 수정해야 하는 경우가 생기기도 합니다. 따라서 처음부터 작업물의 사용 목적을 먼저 생각한 후 컬러 모드를 알맞게 선택해야 합니다.

 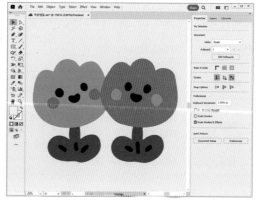

▲ 같은 색상을 컬러 모드만 변경한 경우(왼쪽은 RGB 모드, 오른쪽은 CMYK 모드)

비트맵과 벡터의 차이

비트맵과 벡터는 이미지가 만들어지는 방식입니다. 흔히 일러스트레이터를 벡터 전용 프로그램이라 하고 포토샵을 비트맵 전용 프로그램이라 합니다. 비트맵과 벡터의 개념을 비교하며 살펴보겠습니다.

	비트맵(Bitmap)	벡터(Vector)
개념	비트맵이란 픽셀이라는 작은 정사각형 점이 모여 만들어진 이미지입니다. 그래서 비트맵 이미지를 크게 확대하면 정사각형으로 된 점을 확인할 수 있습니다.	벡터란 수학 함수에 의해 만들어진 이미지입니다. 즉 벡터에서 선을 하나 그으면 그 선은 점과 점, 좌푯값을 잇는 수학적 공식에 의해 계산되어 그려집니다. 그래서 벡터 이미지는 아무리 확대해도 깨지지 않고 깔끔합니다.
특징	 수많은 픽셀이 모여 색을 나타내므로 다양하고 자연스러운 색을 표현할 수 있습니다.	 깨끗하고 선명한 선과 색을 표현할 수 있습니다.
확대	 확대하면 이미지가 깨집니다.	 확대해도 이미지가 깨지지 않고 깔끔합니다.
지원하는 파일	JPEG, GIF, BMP, PSD, EPS, PDF 등	AI, SVG, SWF, CDR 등
해당 프로그램	포토샵, 페인터, 그림판	일러스트레이터, 플래시, 코렐드로우
해상도	픽셀의 개수가 많고 적음에 따라 해상도가 결정됩니다. 보통 웹, 모바일, 영상은 72ppi, 인쇄는 300dpi입니다.	해상도의 개념이 없습니다.
용량	해상도와 크기가 클수록, 색상의 개수가 많을수록 용량이 커집니다.	고정점의 개수에 따라 용량이 달라집니다. 크기에는 영향을 받지 않습니다.
용도	사진이나 픽셀 수가 많은 이미지	CI, 캐릭터와 같이 명료한 색으로 된 이미지

레이어의 개념

레이어(Layer)란 '층'이라는 뜻으로, 일러스트레이터에서는 여러 겹의 층이 모여 하나의 이미지가 만들어집니다. 이번에는 레이어의 정의와 [Layers] 패널의 다양한 기능을 알아보겠습니다.

레이어란?

일러스트레이터에서 그림을 그리면 각 오브젝트가 자동으로 레이어 처리됩니다. 예를 들어 분홍색 사각형을 그린 다음 눈과 입을 그린다고 가정해봅시다. 그러면 분홍색 사각형은 맨 아래 레이어가 되고 그 위에 차례대로 눈 레이어, 입 레이어가 자동으로 생성됩니다.

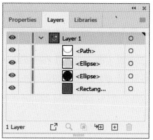

레이어의 장점

각 오브젝트가 레이어로 처리되면 수정이 편합니다. 예를 들어 지우개 도구로 노란색 눈을 지우면 노란색 눈 레이어만 삭제될 뿐, 아래에 있는 분홍색 사각형은 지워지지 않습니다. 만약 레이어가 분리되어 있지 않다면 노란색 눈을 지울 때 분홍색 사각형의 눈 부분도 같이 지워집니다. 레이어가 분리되면 각 레이어에 서로 영향을 주지 않으므로 보다 편하게 수정할 수 있습니다.

▲ 레이어가 분리된 경우
　노란색 눈을 지우면 눈만 지워집니다.

▲ 레이어가 분리되지 않은 경우
　노란색 눈을 지우면 분홍색 면도 같이 지워집니다.

레이어는 [Layers] 패널에서 관리합니다. 보통 [Layers] 패널은 일러스트레이터 화면의 오른쪽에 있는 [Properties] 패널과 겹쳐 있습니다. [Layers] 탭을 클릭하면 [Layers] 패널이 앞쪽으로 나타납니다. [Layers] 패널이 보이지 않는다면 [Window]–[Layers] 메뉴를 선택하거나 F7 을 누릅니다.

❶ **찾기** | 레이어 이름을 입력하면 원하는 레이어를 찾을 수 있습니다. ▼를 클릭하면 조건을 바꾸어서 찾을 수 있습니다.

❷ **상위 레이어** | 레이어를 표시합니다. 글자 부분을 더블클릭하면 레이어의 이름을 수정할 수 있습니다. 그림 부분이나 이름의 옆 부분을 더블클릭하면 [Layer Options] 대화상자가 나타납니다. [Layer Options] 대화상자에서 레이어 옵션을 수정할 수 있습니다.

❸ **하위 레이어** | 그림을 그리면 자동으로 상위 레이어 아래에 하위 레이어가 생성됩니다. 마찬가지로 그림이나 이름의 옆 부분을 더블클릭하면 [Layer Options] 대화상자가 나타납니다.

❹ **레이어 숨기기** | 눈◉을 클릭하면 아이콘이 사라지면서 레이어가 보이지 않습니다. 다시 클릭하면 나타납니다.

❺ **레이어 잠그기** | 잠금 칸을 클릭하면 잠금🔒 아이콘이 나타나면서 레이어가 잠깁니다. 잠금🔒을 다시 클릭하면 잠겼던 레이어가 해제되면서 잠금🔒 아이콘이 사라집니다.

❻ **레이어 표시** | 선택한 레이어를 표시합니다.

❼ **레이어 내보내기** | 레이어를 선택하고 클릭하면 [Asset Export] 패널이 나타나고, 선택한 레이어의 오브젝트들이 [Asset Export] 패널에 등록됩니다. [Asset Export] 패널에서 다른 파일로 내보낼 수 있습니다.

❽ **레이어 이동하기** | ❷, ❸을 클릭해도 원하는 레이어로 이동할 수 있지만, 오브젝트를 선택하고 🔍를 클릭해도 선택한 오브젝트가 있는 레이어로 이동합니다.

❾ **마스크 만들기** | 오브젝트를 선택하고 마스크 만들기◻를 클릭하면 선택한 오브젝트를 마스크 영역으로 만들어줍니다.

❿ **하위 레이어 만들기** | 하위 레이어▣를 클릭하면 하위 레이어가 생성됩니다.

⓫ **새 레이어 만들기** | 새 레이어▣를 클릭하면 새 레이어가 생성됩니다.

⓬ **레이어 삭제하기** | 삭제하려는 레이어를 선택하고 삭제🗑를 클릭하거나 레이어를 아이콘 위로 드래그하면 선택한 레이어가 삭제됩니다.

⓭ **보이는 오브젝트 선택하기** | ◻를 클릭하면 해당 레이어가 선택됩니다.

LESSON 02

일러스트레이터 첫걸음 떼기

파일 열고, 닫고, 저장하기

그림을 그리려면 제일 먼저 종이를 꺼내 준비해야 합니다. 마찬가지로 일러스트레이터에서도 그림을 그리려면 아트보드를 준비해야 합니다. 이번에는 새 아트보드를 만든 후 파일을 열고, 닫고, 저장하고, 수정해보겠습니다.

간단 실습   새 아트보드 만들기

일러스트레이터에서는 두 가지 방법으로 새 아트보드를 만들 수 있습니다. [File]-[New] 메뉴를 선택하는 방법과 홈 화면의 [New file]을 클릭하는 방법입니다.

01 ❶ [File]-[New] 메뉴를 선택합니다. ❷ [New Document] 대화상자에서 [Print] 탭을 클릭하고 ❸ [A4]를 선택합니다. ❹ 대화상자 오른쪽에서 크기와 컬러 모드를 확인합니다. 인쇄용이므로 컬러 모드는 CMYK 모드로 설정되었습니다. ❺ [Create]를 클릭합니다.

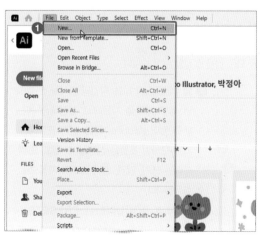
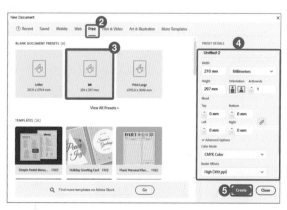

단축키 Ctrl + N 을 눌러 [New Document] 대화상자를 불러올 수 있습니다.

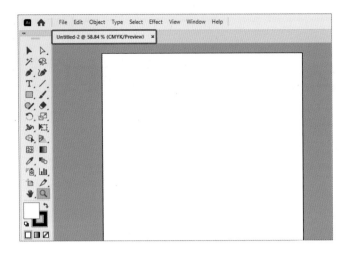

02 A4 크기의 아트보드가 만들어집니다. 파일 탭 부분을 확인해보면 파일 이름과 현재 비율, 컬러 모드를 확인할 수 있습니다.

03 이번에는 홈 화면에서 새 아트보드를 만들어보겠습니다. ❶ 🏠을 클릭해 홈 화면으로 되돌아갑니다. ❷ [New file]을 클릭합니다. [New Document] 대화상자가 나타나면 앞에서 한 것과 같이 포맷과 크기를 설정하고 ❸ [Create]를 클릭합니다. 새 아트보드가 만들어집니다.

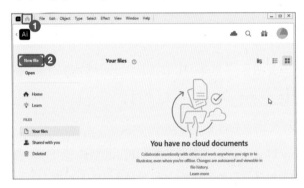 

기능 꼼꼼 익히기 ✏️   **[New Document] 대화상자 살펴보기**

[New Document] 대화상자에서는 아트보드의 이름, 형식, 크기 등 모든 것을 설정할 수 있습니다.

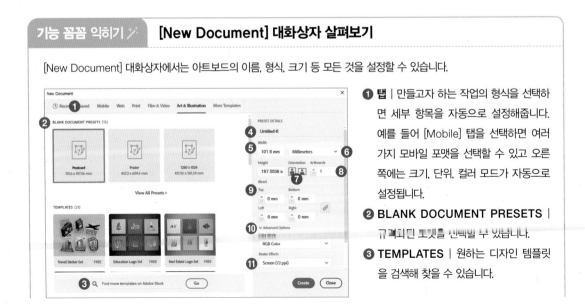

❶ **탭** | 만들고자 하는 작업의 형식을 선택하면 세부 항목을 자동으로 설정해줍니다. 예를 들어 [Mobile] 탭을 선택하면 여러 가지 모바일 포맷을 선택할 수 있고 오른쪽에는 크기, 단위, 컬러 모드가 자동으로 설정됩니다.

❷ **BLANK DOCUMENT PRESETS** | 기본 사용 프리셋을 선택할 수 있습니다.

❸ **TEMPLATES** | 원하는 디자인 템플릿을 검색해 찾을 수 있습니다.

④ 파일의 이름을 입력할 수 있습니다. 입력하지 않으면 'Untitled—숫자'로 설정됩니다.

⑤ 아트보드의 가로/세로 값을 입력할 수 있습니다.

⑥ 단위를 선택할 수 있습니다.

⑦ 아트보드를 세로 방향으로 할 것인지, 가로 방향으로 할 것인지 선택할 수 있습니다.

⑧ 아트보드의 개수를 설정할 수 있습니다.

⑨ 상하좌우의 여백을 설정합니다.

⑩ **Advanced Options** | 컬러 모드, 래스터 효과를 적용했을 때의 해상도와 비트맵 방식으로 저장했을 때의 미리 보기를 설정할 수 있습니다.

⑪ **More Settings** | 클릭하면 일러스트레이터 CC 이하 버전에서 제공했던 [New Document] 대화상자와 같은 [More Settings] 대화상자가 나타납니다. 아트보드의 정렬 방식, 간격과 같은 세부 사항을 설정할 수 있습니다.

기능 꼼꼼 익히기 ✏️ **이전 버전의 [New Document] 대화상자 사용하기**

일러스트레이터를 오래 사용해왔던 사용자는 새롭게 바뀐 [New Document] 대화상자가 불편할 수 있습니다. 이때는 [Edit]–[Preferences]–[General] 메뉴를 선택하고 [Preferences] 대화상자에서 [Use legacy "File New" interface]에 체크한 후 [OK]를 클릭합니다. 그러면 이전 버전의 [New Document] 대화상자를 사용할 수 있습니다. macOS인 경우 [Illustrator CC]–[Preferences]–[General] 메뉴를 선택합니다.

홈 화면 사용하지 않기

일러스트레이터를 실행하면 처음에 홈 화면이 나타납니다. 새 파일을 열기 쉽게 도와주는 화면인데, 불편하다면 나타나지 않게 설정할 수 있습니다. [Edit]-[Preferences]-[General] 메뉴를 선택하고 [Preferences] 대화상자에서 [Show The Home Screen When No Documents Are Open]의 체크를 해제한 후 [OK]를 클릭합니다. 일러스트레이터를 닫고 다시 실행해보면 홈 화면이 나타나지 않습니다. macOS인 경우 [Illustrator CC]-[Preferences]-[General] 메뉴를 선택합니다.

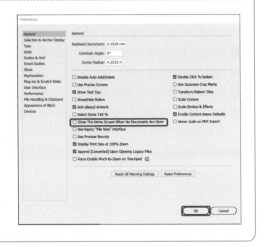

간단 실습 **일러스트레이터 파일로 저장하기**

앞서 만든 새 아트보드를 두 가지 방법으로 저장해보겠습니다.

내 컴퓨터에 저장하기

❶ [File]-[Save As] 메뉴를 선택합니다. ❷ 클라우드 안내 대화상자가 나타나면 [Save on your computer]를 클릭합니다. ❸ [Save As] 대화상자가 나타나면 [파일 이름]에 **고래**를 입력하고 ❹ [저장]을 클릭합니다. ❺ [Illustrator Options] 대화상자에서 [Version]을 확인하고 ❻ [OK]를 클릭합니다. 일러스트레이터 전용 파일인 .ai 형식으로 저장됩니다.

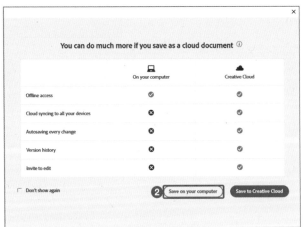

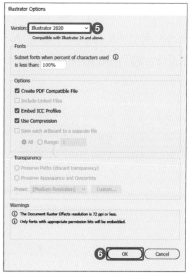

기능 꼼꼼 익히기 ✏️ **[Version]을 확인하는 이유**

[Illustrator Options] 대화상자에서 [Version]을 확인하면 일러스트레이터 최신 버전이 기본으로 설정되어 있습니다. [Version]을 클릭하면 낮은 버전 목록이 나타납니다. 원하는 버전을 선택하여 저장할 수 있습니다. CC 버전 이상으로 저장하면 CC 버전보다 낮은 버전이 설치된 컴퓨터에서 해당 파일을 열었을 때 오류가 날 가능성이 높습니다. 실무에서는 아직도 CS 버전을 쓰는 곳도 있으니 저장 시 [Version]을 꼭 확인하는 것이 좋습니다.

어도비 클라우드에 저장하기

01 어도비 클라우드에 저장하려면 어도비 계정에 로그인되어 있어야 합니다. ❶ [File]-[Save As] 메뉴를 선택합니다. ❷ [Save As] 대화상자가 나타나면 [Save Cloud Document]를 클릭합니다. ❸ [Save As]에 **고래**를 입력하고 ❹ [Save]를 클릭합니다.

만약 클라우드 안내 대화상자가 나타나면 [Save to Creative Cloud]를 선택합니다.

02 저장하고 나면 파일 이름 앞에 ❶ 구름 모양이 표시되고 파일 형식이 aic로 변경됩니다. 클라우드에 잘 저장되었는지 확인해보겠습니다. ❷ 홈⌂을 클릭해 홈 화면으로 이동합니다. 파일을 삭제하거나 이름을 변경하고 싶다면 ❸ [Your files]를 클릭하고 ❹ 더 보기···를 클릭해서 수정합니다.

> ☁을 클릭하면 본인이 사용할 수 있는 클라우드 저장 공간(용량)을 확인할 수 있습니다.

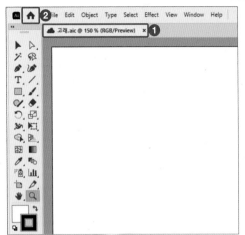

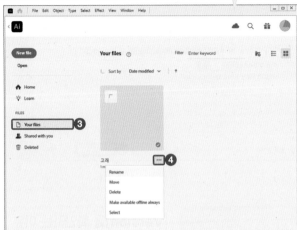

기능 꼼꼼 익히기 ✐ **클라우드 문서의 장점 알아보기**

❶ 언제 어디서나 작업 가능

일러스트레이터가 설치된 다른 컴퓨터나 아이패드와 같은 태블릿에서 언제 어디서나 파일을 불러와 작업할 수 있습니다. 또한 다른 사람과 파일 공유도 쉽게 할 수 있습니다.

❷ 자동 저장 기능

클라우드 문서는 작업 중에 자동으로 저장됩니다. 작업하다가 저장하지 않고 종료한 후 홈 화면으로 이동해보면 마지막 작업 상태로 자동 저장된 것을 확인할 수 있습니다. 자동 저장의 시간 간격은 기본적으로 5분입니다. 자동 저장의 시간 간격은 [Edit]–[Preferences]–[File Handling & Clipboard] 메뉴에서 수정할 수 있습니다.

❸ 버전 기록 추적 기능

[Window]–[Version History] 메뉴를 선택하면 [Version History] 패널이 나타납니다. 해당 파일의 작업 기록이 남아 있어서 수정하기 전의 상태로 되돌릴 수 있습니다. 또한 시간 위에 마우스 포인터를 올리면 버전 표시 아이콘🔖이 나타나며, 클릭하면 해당 버전이 저장됩니다. 저장하지 않은 버전은 주기적으로 삭제되므로 중요한 버전이라면 🔖을 클릭해 저장합니다.

간단 실습 **파일 열고 닫기** ✏️

예제 소스를 다운로드하는 방법은 이 책의 009쪽을 참고하세요. 준비 파일 기본/Chapter 02/파일 열고 닫기.ai

이미 저장된 일러스트레이터 파일을 불러와 열고 닫아보겠습니다.

01 ① [File]-[Open] `Ctrl` + `O` 메뉴를 선택하거나 [Open]을 클릭합니다. ② [Open] 대화상자가 나타나면 **파일 열고 닫기.ai** 파일을 선택하고 ③ [Open]을 클릭합니다.

02 파일을 닫겠습니다. ① 파일 탭에 있는 닫기 ✖️ 를 클릭하거나 ② [File]-[Close] 메뉴를 선택합니다. 열렸던 파일이 닫힙니다.

03 파일을 연 후 내용을 수정했다면 바꾼 내용을 저장할 것인지 묻는 대화상자가 나타납니다. ① [Yes]를 클릭하면 파일을 저장한 다음 닫고, ② [No]를 클릭하면 저장하지 않고 닫습니다. ③ [Cancel]을 클릭하면 닫기 명령이 취소됩니다.

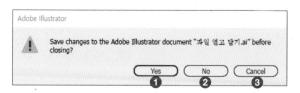

다양한 파일 형식으로 저장하기

준비 파일 기본/Chapter 02/다양한 형식으로 저장하기.ai

일러스트레이터에서 작업한 결과물을 웹에 올리거나 다른 프로그램과 연동해야 할 때는 AI 형식이 아닌 다른 파일 형식으로 저장해야 합니다. 예를 들어 일러스트레이터에서 작업한 파일을 SNS에 올려야 하는 경우, 파워포인트로 가져가야 하는 경우, 영상 작업을 위해 프리미어 프로에서 불러와야 하는 경우 등에는 AI 형식이 아닌 다른 파일 형식으로 저장해야 합니다. 다양한 파일 형식으로 저장하는 방법을 알아보겠습니다.

❶ [File]-[Open] Ctrl + O 메뉴를 선택하고 [Open] 대화상자가 나타나면 **다양한 형식으로 저장하기.ai** 파일을 선택한 후 ❷ [Open]을 클릭하여 파일을 엽니다. 불러온 파일을 여러 가지 형식으로 저장해보겠습니다.

PDF로 저장하기

[File]-[Save As] 메뉴를 선택하여 [Save As] 대화상자가 나타나면 ❶ [파일 이름]에 원하는 이름을 입력합니다. 여기서는 **썬샤인**을 입력했습니다. ❷ [파일 형식]은 [Adobe PDF (*.PDF)]를 선택합니다. ❸ [저장]을 클릭합니다. ❹ [Save Adobe PDF] 대화상자가 나타나면 [Adobe PDF Preset]을 [High Quality Print]로 선택하고 ❺ [Save PDF]를 클릭합니다.

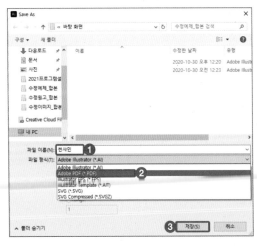
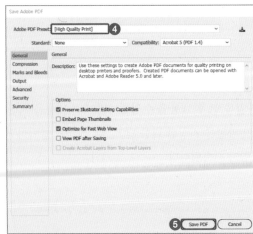

EPS로 저장하기

[File]-[Save As] 메뉴를 선택하여 [Save As] 대화상자가 나타나면 ❶ [파일 이름]에 원하는 이름을 입력합니다. 여기서는 **썬샤인**을 입력했습니다. ❷ [파일 형식]은 [Illustrator EPS (*.EPS)]를 선택합니다. ❸ [저장]을 클릭합니다. ❹ [EPS Options] 대화상자에서 [Version]을 확인하고 ❺ [OK]를 클릭합니다.

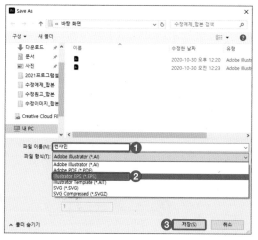

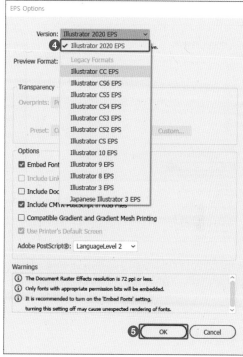

가능 꼼꼼 익히기 ✏ [Save As] 대화상자에서 저장하기

AI, PDF, EPS는 일러스트레이터에서 가장 많이 저장하는 파일 형식입니다. [Save As] 대화상자에서는 이 세 가지 형식 외에도 다른 파일 형식을 지원하고 있습니다. 다양한 파일 형식을 알아보겠습니다.

Adobe Illustrator (*.AI) ❶
Adobe PDF (*.PDF) ❷
Illustrator EPS (*.EPS) ❸
Illustrator Template (*.AIT) ❹
SVG (*.SVG) ❺
SVG Compressed (*.SVGZ) ❻

❶ **Adobe Illustrator (*.AI)** | 일러스트레이터 전용 파일로 벡터 형식의 파일입니다.

❷ **Adobe PDF (*.PDF)** | 모든 시스템에서 가장 안전하게 열리는 파일로, 정보를 교환하기 위한 자료나 출판물, 전자책을 만들 때 주로 사용합니다.

❸ **Illustrator EPS (*.EPS)** | AI와 마찬가지로 벡터 기반의 파일 형식입니다. 확대해도 깨지지 않는 장점이 있어 인쇄용이나 대형 현수막과 같이 큰 이미지용으로 많이 사용됩니다.

❹ **Illustrator Template (*.AIT)** | 일러스트레이터에서 사용할 수 있는 템플릿 형식으로 저장할 수 있습니다.

❺ **SVG (*.SVG)** | 벡터 그래픽을 구현하기 위한 XML 기반의 파일 형식입니다.

❻ **SVG Compressed (*.SVGZ)** | SVG 파일을 압축하여 저장하는 파일 형식입니다.

JPEG로 저장하기

[File]-[Export]-[Export As] 메뉴를 선택하여 [Export] 대화상자가 나타나면 ❶ [파일 이름]에 원하는 이름을 입력합니다. 여기서는 **썬샤인**을 입력했습니다. ❷ [파일 형식]은 [JPEG (*.JPG)]를 선택하고 [Export]를 클릭합니다. ❸ [JPEG Options] 대화상자에서 컬러 모드, 품질, 해상도를 선택하고 ❹ [OK]를 클릭합니다.

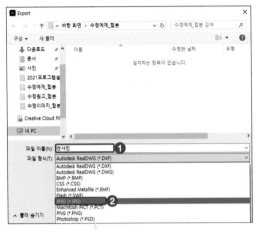
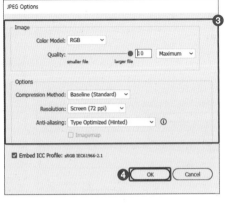

일러스트레이터 CC 2015 이하 버전에서 [File]-[Export] 메뉴를 선택하면 [Export] 대화상자가 바로 나타납니다. [Export] 대화상자에서 저장합니다.

PSD로 저장하기

[File]-[Export]-[Export As] 메뉴를 선택하여 [Export] 대화상자가 나타나면 ❶ [파일 이름]에 원하는 이름을 입력합니다. 여기서는 **썬샤인**을 입력했습니다. ❷ [파일 형식]은 [Photoshop (*.PSD)]를 선택하고 ❸ [Export]를 클릭합니다. ❹ [Photoshop Export Options] 대화상자에서 컬러 모드와 해상도를 선택하고 ❺ [OK]를 클릭합니다.

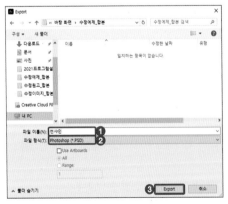
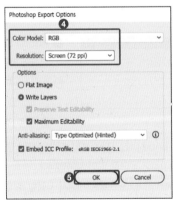

[Options]에서 [Flat Image]를 선택하면 레이어가 모두 합쳐진 상태로 저장되고 [Write Layers]를 선택하면 개별 레이어가 모두 유지된 채로 저장됩니다.

기능 꼼꼼 익히기 ✎ **[Export] 대화상자에서 저장하기**

[Export] 대화상자에서 저장할 수 있는 다양한 파일 형식을 알아보겠습니다. 그래픽 작업을 하다 보면 저장하게 되는 파일 형식들입니다. 당장은 필요하지 않지만 북마크를 해두고 필요할 때 바로 찾아보도록 합니다.

Autodesk RealDWG (*.DXF) **❶**
Autodesk RealDWG (*.DWG) **❷**
BMP (*.BMP) **❸**
CSS (*.CSS) **❹**
Enhanced Metafile (*.EMF) **❺**
JPEG (*.JPG) **❻**
Macintosh PICT (*.PCT) **❼**
PNG (*.PNG) **❽**
Photoshop (*.PSD) **❾**
SVG (*.SVG) **❿**
TIFF (*.TIF) **⓫**
Targa (*.TGA) **⓬**
Text Format (*.TXT) **⓭**
Windows Metafile (*.WMF) **⓮**

❶ **Autodesk RealDWG (*.DXF)** | 오토캐드(AutoCAD)에서 3D 프로그램으로 전환할 때 사용합니다.

❷ **Autodesk RealDWG (*.DWG)** | 오토캐드(AutoCAD) 전용 파일로 도면을 만들 때 많이 사용합니다.

❸ **BMP (*.BMP)** | 윈도우 표준 그래픽 형식입니다. 파일 용량이 큰 단점이 있습니다.

❹ **CSS (*.CSS)** | HTML 언어에 'style'을 추가하는 속성이며 '스타일시트'라고 합니다.

❺ **Enhanced Metafile (*.EMF)** | 마이크로소프트에서 만든 벡터 그래픽 파일 형식입니다.

❻ **JPEG (*.JPG)** | 전 세계적으로 가장 많이 사용되며 용량이 적어 가장 쉽게 접할 수 있는 파일 형식입니다. 웹에 이미지를 업로드하거나 영상에 삽입하고, 워드나 파워포인트 파일에 첨부하는 등 우리 주변에서 흔히 볼 수 있는 이미지는 대부분 JPEG라 볼 수 있습니다.

❼ **Macintosh PICT (*.PCT)** | macOS의 표준 그래픽 파일 형식입니다.

❽ **PNG (*.PNG)** | JPEG와 GIF의 장점만을 이용해 만든 파일 형식입니다. 배경색을 투명하게 저장할 수 있으며 RGB 모드만 지원됩니다.

❾ **Photoshop (*.PSD)** | 포토샵 전용 파일로 레이어가 있는 비트맵 파일 형식입니다. 일러스트레이터에서 작업한 파일을 포토샵에서 열어야 할 때 PSD 파일 형식으로 저장해 포토샵에서 열면 레이어가 유지되어 있습니다.

❿ **SVG (*.SVG)** | 벡터 그래픽을 구현하기 위한 XML 기반의 파일 형식입니다.

⓫ **TIFF (*.TIF)** | 초기에 만들어진 이미지 파일 형식으로 해상도가 매우 높습니다.

⓬ **Targa (*.TGA)** | 32bit 알파 값을 저장할 수 있어서 이미지를 반투명하게 저장할 수 있습니다. 주로 영상 작업이나 3D 배경을 위해 사용됩니다.

⓭ **Text Format (*.TXT)** | 가장 기본적인 텍스트 파일 형식입니다.

⓮ **Windows Metafile (*.WMF)** | 도형을 그리기 위한 GDI 함수 호출이 포함되어 있는 벡터 기반의 파일 형식입니다.

웹에서 볼 수 있는 파일로 저장하기

웹이나 스마트폰에서 볼 수 있는 파일 형식으로는 JPEG, GIF, PNG가 있습니다. 앞서 JPEG 파일을 저장해보았는데 [Save for Web] 대화상자를 이용하면 파일의 세부 속성을 좀 더 쉽게 설정할 수 있습니다. ❶ [File]-[Export]-[Save for Web (Legacy)] 메뉴를 선택합니다. [Save for Web] 대화상자의 가운데에는 저장될 이미지가 나타납니다. ❷ 파일 형식은 [GIF]를 선택하고 ❸ 원하는 이미지 크기로 수정한 후 ❹ [Save]를 클릭합니다. JPEG, PNG 파일도 같은 방식으로 저장할 수 있습니다.

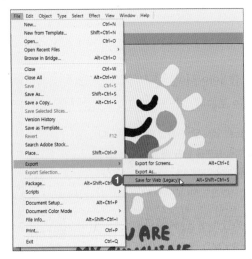 

기능 꼼꼼 익히기 ✏️ **[Save for Web] 대화상자 살펴보기**

❶ **Preset** | GIF, JPEG, PNG 등 파일 형식을 선택할 수 있고, 세부 옵션도 조절할 수 있습니다.

❷ **Image Size** | 원하는 크기로 설정할 수 있습니다. 수치를 직접 입력하거나 %로 조절합니다. 크기를 수정하고 화면 왼쪽 아래의 [Preview]를 클릭하면 수정된 크기를 미리 확인할 수 있습니다.

❸ **Art Optimized** | 이미지의 곡선을 자연스럽고 부드럽게 설정합니다. [None]으로 설정하면 이미지의 곡선이 딱딱해지며, [Type Optimized]로 설정하면 텍스트를 좀 더 선명하게 해주지만 외곽이 딱딱해집니다. 따라서 기본값인 [Art Optimized]를 선택할 것을 추천합니다.

❹ **Clip to Artboard** | 체크하면 아트보드 크기에 맞는 이미지를 만듭니다.

한번에 여러 가지 포맷으로 저장하기

❶ [File]−[Export]−[Export for Screens] 메뉴를 선택하고 ❷ [Export for Screens] 대화상자가 나타나면 [Artboards] 탭을 클릭합니다. ❸ [Export to]에서 저장할 위치를 설정하고 ❹ [+ Add Scale]을 클릭하여 포맷을 추가합니다. ❺ 적절한 크기를 설정하고 ❻ 파일 이름의 접미사를 입력합니다. ❼ 알맞은 파일 형식을 선택하고 ❽ [Export Artboard]를 클릭합니다.

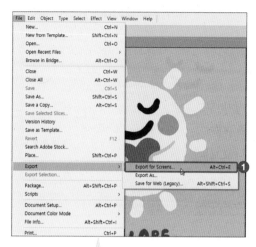

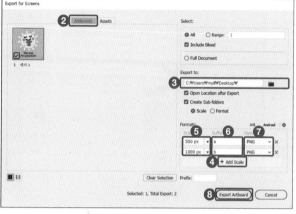

한번에 여러 가지 포맷으로 저장하는 기능은 CC 2018 버전부터 제공된 신기능입니다.

운영체제나 디바이스의 크기가 다양해져서 앱 디자인은 한 개의 디자인 파일을 여러 가지 형식으로 반복 저장해야 합니다. [Export for Screens] 대화상자를 이용하면 한번에 여러 가지 형식으로 저장할 수 있어 편리합니다.

기능 꼼꼼 익히기 ✏ [Export for Screens] 대화상자 살펴보기

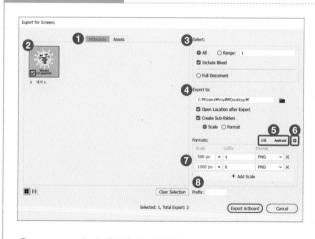

❶ **Artboards/Assets** | 저장할 대상이 아트보드 전체인지, 애셋(Asset)인지 선택합니다. [Assets] 패널을 이용하여 오브젝트를 애셋으로 등록해두면 아트보드 전체가 아닌 오브젝트만 저장할 수 있습니다.

❷ 저장할 대상을 이미지로 확인할 수 있습니다.

❸ **Select** | [All]은 아트보드 개수대로 파일을 저장합니다. [Range]는 특정 아트보드만 선택하여 저장할 수 있습니다. [Full Document]는 아트보드에 상관없이 한 파일에 있는 오브젝트를 한 파일로 저장합니다.

❹ **Export to** | 저장할 위치를 지정합니다.

❺ 저장할 운영체제를 선택할 수 있습니다.

❻ 저장할 파일 형식의 속성을 설정할 수 있습니다.

❼ Scale(이미지 크기), Suffix(파일 이름 맨 뒤에 붙는 접미사), Format(파일 형식)을 설정할 수 있고, [+ Add Scale]을 클릭하면 저장할 파일을 추가할 수 있습니다.

❽ **Prefix** | 파일 이름 맨 앞에 붙는 접두어입니다.

[Asset Export] 패널을 이용해 오브젝트의 한 부분만 저장하기

이미지의 한 부분을 애셋으로 등록해두면 관리하기가 쉽습니다. 오브젝트의 한 부분만 따로 저장해보겠습니다. ❶ [Window]-[Asset Export] 메뉴를 선택합니다. 화면에 [Asset Export] 패널이 나타납니다. ❷ 선택 도구▶를 클릭하고 ❸ 저장하고 싶은 오브젝트만 클릭하여 [Asset Export] 패널로 드래그합니다.

저장할 오브젝트를 선택하고 [File]-[Export Selection] 메뉴를 선택해도 선택한 오브젝트가 [Asset Export] 패널에 자동 등록되고 저장됩니다.

❹ 이미지 크기, 파일 이름의 접미사, 파일 형식을 선택하고 ❺ [Export]를 클릭합니다.

[Asset Export] 패널을 이용해 오브젝트의 한 부분만 저장하는 기능은 CC 2018 버전부터 제공된 신기능입니다.

배경이 투명한 파일로 저장하기

먼저 배경을 투명하게 만들겠습니다. ❶ 선택 도구 ▶를 클릭합니다. ❷ 배경을 클릭하고 Delete 를 누릅니다. 배경이 삭제됩니다. [File]-[Export]-[Export As] 메뉴를 선택하여 [Export] 대화상자가 나타나면 ❸ [파일 이름]을 입력하고 ❹ [파일 형식]은 [PNG (*.PNG)]를 선택한 후 ❺ [Export]를 클릭합니다.

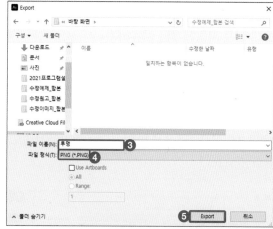

[Export] 대화상자 아래에 있는 [Use Artboards]에 체크하면 아트보드 크기대로 저장되고, 체크를 해제하면 오브젝트 크기대로 저장됩니다.

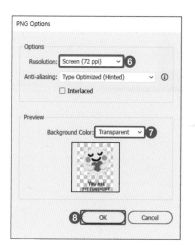

❻ [PNG Options] 대화상자가 나타나면 해상도를 선택하고 ❼ [Background Color]를 [Transparent]로 선택한 후 ❽ [OK]를 클릭합니다.

Anti-aliasing은 이미지 경계선의 매끄러운 정도를 선택하는 옵션입니다.
- None : 경계선이 딱딱한 계단식으로 처리됩니다. 주로 픽셀 아트, 얇은 선, 작은 글씨를 저장할 때 사용됩니다.
- Type Optimized (Hinted) : 문자 최적화, 경계선이 또렷하게 처리됩니다. 문자가 주를 이루는 이미지나 심플한 아트워크를 저장할 때 사용됩니다.
- Art Optimized (Supersampling) : 아트 최적화, 경계선이 최대한 부드럽게 처리됩니다. 투명 효과, 섬세한 그라데이션을 많이 사용한 아트워크의 경우 사용됩니다.

※ 지금과 같은 이미지를 저장할 경우 Type Optimized (Hinted)와 Art Optimized (Supersampling)는 차이가 거의 없습니다. 그러나 투명 효과, 복잡한 그라데이션, 래스터 효과를 많이 사용하는 경우 Art Optimized (Supersampling)로 선택하길 권장합니다.

Interlaced는 인터넷에서 이미지의 로딩 방식을 선택하는 옵션입니다.
인터넷 속도가 느린 경우 이미지는 로딩이 100% 되기 전까지 공백으로 표시됩니다. 그러나 이 항목에 체크를 하고 저장하면 로딩이 100% 되기 전까지 저해상도 이미지로 미리 보여집니다.

간단 실습 클라우드 문서 공유하기

일러스트레이터에서 작업을 하다가 작업 화면을 공유할 수 있습니다. 직접 파일을 전달하지 않아도 되고 댓글 달기 기능도 있어서 피드백을 빨리 확인할 수 있습니다. 공유 방식은 두 가지입니다.

초대 받은 사람에게만 공유하기

01 ❶ Share 를 클릭하고 ❷ [Only invited people can comment]를 선택합니다. ❸ [Invite people]을 클릭합니다. ❹ 초대 받을 사람의 어도비 계정을 입력하고 ❺ 클릭합니다. ❻ 메시지를 입력합니다. 메시지는 선택 사항이므로 건너뛰어도 됩니다. ❼ [Invite to view]를 클릭합니다. 초대가 완료되었습니다. ❽ 아래 링크를 복사하여 초대 받은 사람에게 직접 보내도 되지만 초대 받은 사람의 메일로도 이 링크가 자동 전송되었습니다.

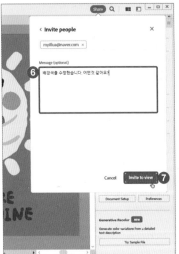

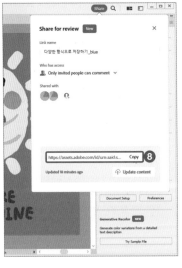

02 초대 받은 사람은 메일로 안내를 받습니다. ❶ 메일 안에 있는 [검토]를 클릭하면 ❷ 다음과 같은 웹페이지가 나타납니다. 자유롭게 코멘트를 입력할 수 있습니다. ❸ 핀을 클릭하고 이미지의 한 부분을 클릭하여 지목할 수도 있습니다. ❹ 초대한 사람은 일러스트레이터의 [Comments] 패널에서 초대 받은 사람의 코멘트를 확인할 수 있습니다.

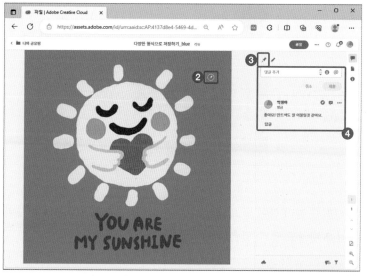

[Comments] 패널이 보이지 않는다면 [Window]-[Comments] 메뉴를 클릭합니다.

모든 사람에게 공유하기

01 ❶ `Share` 를 클릭하고 ❷ [Anyone with the link can comment]를 선택합니다. ❸ [Create link]를 클릭합니다. ❹ [Copy]를 클릭합니다.

 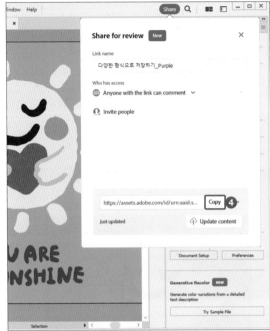

02 웹브라우저 검색 주소 창에 `Ctrl` + `V` 를 눌러 붙여 넣고 `Enter` 를 누릅니다. 이렇게 공유하면 어도비 계정이 없는 사람들도 작업물을 볼 수 있고 댓글도 달 수 있습니다.

간단 실습 **아트보드 확대/축소하고 이동 및 회전하기**

준비 파일 기본/Chapter 02/확대 축소하기.ai

이번에는 아트보드의 크기를 확대/축소해보고 위치를 이리저리 옮겨보겠습니다.

01 ❶ [File]-[Open] Ctrl + O 메뉴를 선택하고 [Open] 대화상자가 나타나면 ❷ **확대 축소하기.ai** 파일을 선택합니다. ❸ [Open]을 클릭하면 작업할 예제가 아트보드에 나타납니다.

02 아트보드를 확대해보겠습니다. ❶ 도구바에서 돋보기 도구 🔍를 클릭합니다. ❷ 아트보드 가운데 부분을 한 번 클릭하면 확대됩니다. ❸ 하단의 화면 비율을 확인해보면 150%로 확대된 것을 확인할 수 있습니다. 아트보드 안쪽을 계속 클릭하면 클릭한 만큼 확대됩니다(단축키 Ctrl + +).

하단의 화면 비율을 클릭하면 화면 비율을 선택하거나 수치를 직접 입력해 비율을 조절할 수 있습니다.

03 다시 축소해보겠습니다. Alt 를 누른 채 아트보드 안쪽을 클릭하면 마우스 포인터의 모양이 🔍으로 바뀌고 화면이 축소됩니다. Alt 를 누른 채 아트보드 안쪽을 계속 클릭하면 클릭한 만큼 축소됩니다(단축키 Ctrl + −).

04 아트보드의 한 부분만 확대해보겠습니다. ❶ 돋보기 도구🔍가 선택된 상태에서 ❷ ⓐ 지점부터 ⓑ 지점까지 드래그합니다. ❸ 드래그한 부분이 화면 가득 확대되어 나타납니다.

---

05 아트보드를 이리저리 움직여보겠습니다. ❶ 도구바에서 손 도구를 클릭합니다. 마우스 포인터의 모양이 🖐으로 바뀝니다. ❷ 화면을 이리저리 드래그해 움직입니다. 다른 도구가 선택된 상태에서 SpaceBar 를 누른 채 드래그하여 움직여도 됩니다. 확대한 화면을 이리저리 움직일 수 있습니다.

06 실제 크기로 보겠습니다. ❶ 도구바에서 돋보기 도구를 더블클릭합니다. ❷ 화면 비율이 100%인 것을 확인할 수 있습니다.

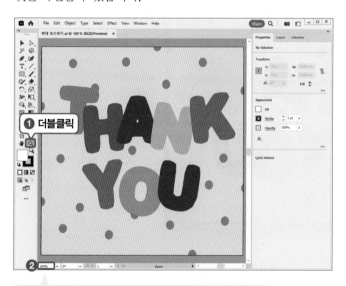

CC 2019 버전부터는 화면 비율이 100%일 때 실제 크기로 보입니다.

07 아트보드를 회전해보겠습니다. ❶ 도구바에서 손 도구⬛를 길게 클릭해 회전 보기 도구⬛를 클릭합니다. ❷ 아트보드를 시계 방향으로 드래그하면 아트보드를 회전할 수 있습니다. ❸ 작업 화면의 하단에서 수치를 직접 입력하거나 선택해 각도를 조절할 수도 있습니다. ❹ 도구바의 회전 보기 도구⬛를 더블클릭하면 회전하기 전으로 되돌아옵니다.

아트보드 회전 기능은 CC 2022 버전에 새로 추가된 기능입니다. CC 2021 이하 버전에서는 아트보드를 회전할 수 없고 회전 보기 도구⬛도 나타나지 않습니다.

LESSON

아트보드, 내 손안에 있소이다!

아트보드 자유자재로 다루기

그림을 그리기 위해서는 종이의 크기나 장수를 결정해야 합니다. 아트보드는 종이와 같은 역할을 합니다. 아트보드는 크기를 자유롭게 수정할 수 있고 개수를 추가하거나 삭제할 수도 있습니다. 아트보드를 수정하는 방법은 두 가지로, 아트보드 도구를 이용해서 수정하거나 [Artboards] 패널을 이용하여 수정합니다.

간단 실습 **한 파일에 아트보드 여러 개 만들기**

한 파일 안에서 여러 개의 아트보드를 만들고 개수나 크기 등을 수정해보겠습니다.

01 아트보드를 네 개 만들어보겠습니다. ❶ [File]-[New] Ctrl + N 메뉴를 선택합니다. ❷ [Print] 탭을 클릭하고 ❸ [A4]를 선택합니다. ❹ [Artboards]에 4를 입력하고 ❺ [Create]를 클릭하면 ❻ A4 크기의 아트보드가 네 개 만들어집니다.

 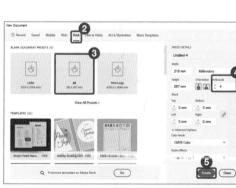 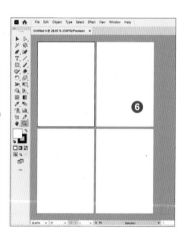

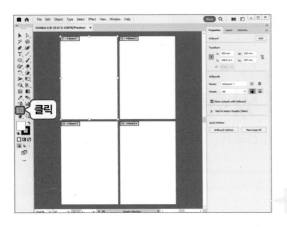

02 아트보드의 개수를 수정해보겠습니다. 먼저 도구바에서 아트보드 도구 🔲를 클릭합니다. 아트보드의 외곽이 어두워지며 아트보드 편집 모드로 들어갑니다.

Ctrl + Alt + 0 을 누르면 모든 아트보드가 화면에 보이게 정렬됩니다.

03 아트보드를 삭제해보겠습니다. ❶ 첫 번째 아트보드가 선택된 상태에서 ❷ Delete 를 누릅니다. ❸ 아트보드가 삭제됩니다.

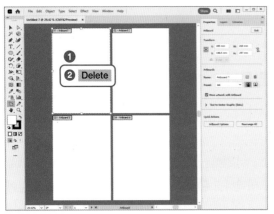 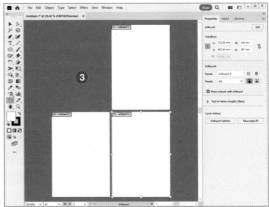

04 ❶ 두 번째 아트보드를 클릭하고 ❷ [Properties]−[Artboards] 패널에서 삭제 🗑를 클릭합니다. ❸ 아트보드가 삭제됩니다. **03** 단계처럼 Delete 를 눌러도 결과는 같습니다.

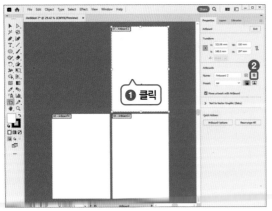 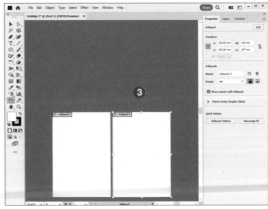

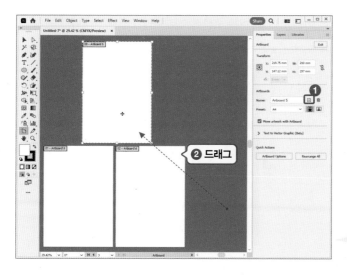

05 아트보드를 추가해보겠습니다. ❶ [Properties]-[Artboards] 패널에서 새 아트보드 □를 클릭하면 아트보드가 추가됩니다. ❷ 원하는 위치로 드래그하여 옮깁니다.

SpaceBar 를 누른 채 화면을 드래그하면 화면의 보이는 영역을 조절할 수 있습니다.

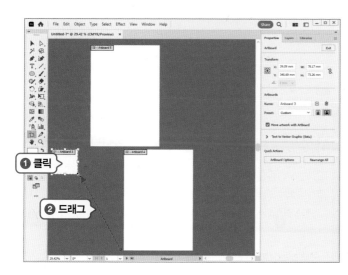

06 아트보드의 크기를 수정해보겠습니다. ❶ 왼쪽 아래에 있는 아트보드를 클릭하고 ❷ 모서리의 크기 조절점 ⇡ 을 드래그해 크기를 줄입니다.

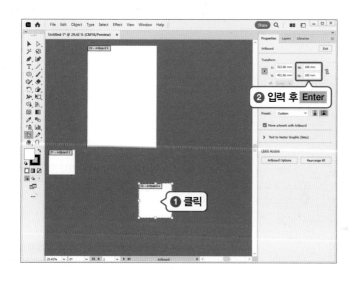

07 수치를 입력해 정확한 크기로 수정해보겠습니다. ❶ 오른쪽 아래에 있는 아트보드를 클릭합니다. ❷ [Properties]-[Transform] 패널에서 [W]와 [H]를 100mm로 수정하고 Enter 를 누릅니다.

[Properties] 패널은 CC 2018 버전부터 제공된 신기능입니다. 이전 버전 사용자는 화면 상단의 메뉴바 아래에 있는 [Control] 패널을 이용하여 아트보드 크기를 수정합니다.

08 아트보드의 위치를 옮겨보겠습니다. 작은 아트보드 두 개를 오른쪽으로 드래그해 옮깁니다.

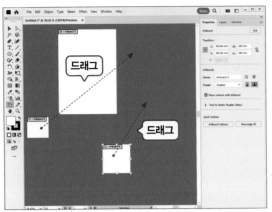 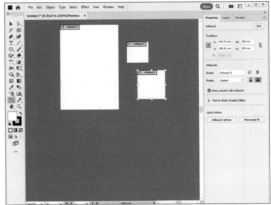

아트보드 옮기기 [Properties]-[Transform] 패널에서 [X], [Y]에 정확한 수치를 입력하는 방법으로 옮겨도 됩니다. 또한, 드래그해서 옮길 때는 드래그하면서 Shift 를 누르면 수평/수직으로 이동됩니다. 이때 Shift 를 먼저 누른 채 드래그하면 안 됩니다. 먼저 드래그를 하고 Shift 를 눌러야 합니다.

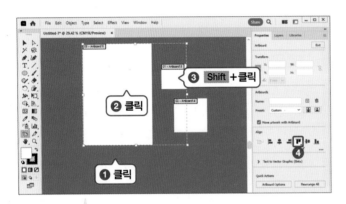

09 아트보드를 보기 좋게 정렬해보겠습니다. ❶ 아트보드 외곽의 빈 곳을 클릭하여 선택을 해제합니다. ❷ 첫 번째 아트보드를 클릭하고 ❸ Shift 를 누른 채 두 번째 아트보드를 클릭하여 함께 선택합니다. ❹ 오른쪽 [Properties]-[Align] 패널에서 ▊를 클릭합니다.

아트보드를 정렬하는 기능은 CC 2018 이상 버전에서만 실습할 수 있습니다. 이전 버전 사용자는 **11** 단계로 넘어갑니다.

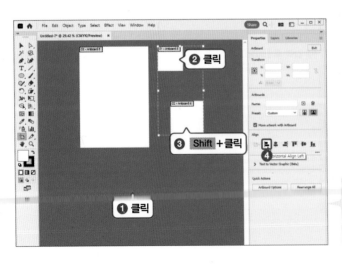

10 ❶ 아트보드 외곽의 빈 곳을 클릭하여 선택을 해제합니다. ❷ 두 번째 아트보드를 클릭하고 ❸ Shift 를 누른 채 세 번째 아트보드를 클릭하여 함께 선택합니다. ❹ [Properties]-[Align] 패널에서 ▊를 클릭합니다.

[Properties]-[Align] 패널에서 오른쪽 하단의 더 보기 ⋯를 클릭하면 더 다양한 방식으로 아트보드를 정렬할 수 있습니다. [Align] 패널에 관한 내용은 162쪽을 참고하세요.

기능 꼼꼼 익히기 / 아트보드 관련 패널 알아보기

아트보드 편집 모드로 들어가면 [Properties] 패널이 아트보드를 컨트롤할 수 있는 패널로 바뀝니다.

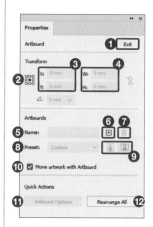

❶ **Exit** | 아트보드 편집 모드에서 나갈 수 있습니다.

❷ 좌표점의 위치를 수정할 수 있습니다.

❸ **X, Y** | 아트보드의 가로, 세로 위치 값입니다.

❹ **W, H** | 아트보드의 폭, 높이 값입니다.

❺ **Name** | 선택된 아트보드의 이름입니다.

❻ | 새 아트보드를 추가합니다.

❼ | 선택한 아트보드를 삭제합니다.

❽ **Preset** | 아트보드를 규정된 크기로 선택할 수 있습니다.

❾ | 아트보드의 가로, 세로 방향을 설정합니다.

❿ 체크된 상태로 아트보드를 옮기면 아트보드 안에 있는 오브젝트들이 함께 옮겨지고, 체크되지 않은 상태로 아트보드를 옮기면 아트보드만 이동됩니다.

⓫ [Artboard Options] 대화상자가 나타나며 세부 항목을 설정할 수 있습니다.

⓬ 아트보드가 여러 개일 때 아트보드의 배열 순서나 간격을 조절할 수 있습니다.

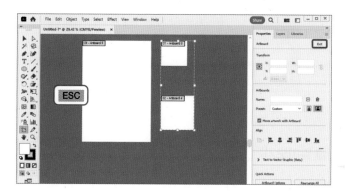

11 아트보드 편집 모드에서 나오겠습니다. **Esc** 를 누르거나 [Properties] 패널에서 [Exit]를 클릭합니다. 외곽이 다시 밝아지며 아트보드 편집 모드가 종료됩니다.

> 도구바에서 아무 도구나 클릭해도 아트보드 편집 모드에서 나올 수 있습니다.

12 [Artboards] 패널을 이용하여 수정해보겠습니다. [Window]-[Artboards] 메뉴를 선택하면 [Artboards] 패널이 나타납니다.

13 아트보드를 삭제해보겠습니다. ❶ [Artboards] 패널의 맨 위에 있는 아트보드를 선택합니다. ❷ 삭제 🗑를 클릭하여 삭제합니다.

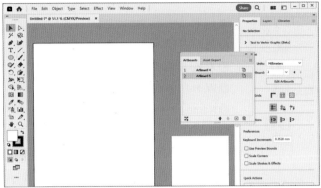

14 아트보드를 추가해보겠습니다. ❶ [Artboards] 패널에서 새 아트보드🗊를 클릭합니다. ❷ 아트보드가 새로 추가됩니다.

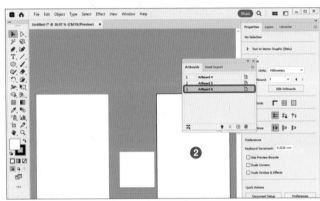

기능 꼼꼼 익히기 📝 **[Artboards] 패널 알아보기**

❶ 아트보드의 순서와 이름입니다. 클릭하면 해당 아트보드로 이동하고, 이름 부분을 더블클릭하면 아트보드의 이름을 수정할 수 있습니다.

❷ 🗊 | 아트보드 편집 모드로 들어갈 수 있습니다.

❸ 🔀 | 아트보드의 순서, 열과 행, 간격을 조정할 수 있습니다.

❹ ⬆⬇ | 아트보드의 순서를 옮길 수 있습니다.

❺ 🗊 | 아트보드를 추가할 수 있습니다.

❻ 🗑 | 아트보드를 삭제할 수 있습니다.

❼ 🗏 | 클릭하면 아트보드를 추가, 삭제, 복제하는 등 다양한 추가 기능을 선택할 수 있습니다.

LESSON 04 일러스트레이터 기초, 패스 파헤치기

패스로 선, 면 그리기

패스란 무엇인가요?

일러스트레이터 안에서 그린 모든 형태는 '패스(Path)'라고 부릅니다. 패스란 '길' 또는 '경로'라는 뜻으로 길은 시작점과 도착점 사이를 잇는 선입니다. 마찬가지로 패스란 시작점과 도착점이 있고 그 사이를 잇는 선을 말합니다. 그러므로 일러스트레이터에서 형태를 만들려면 점을 찍고 그 사이를 이어 패스를 만들어야 하며 이 패스를 따라 선과 면이 적용되는 방식으로 형태가 만들어집니다.

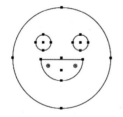

▲ 일러스트레이터의 패스만 있는 상태

▲ 패스에 선만 적용한 상태

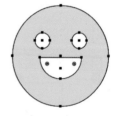

▲ 패스에 면만 적용한 상태

▲ 패스에 선과 면을 모두 적용한 상태

▲ 패스는 일러스트레이터 안에서만 보이며 JPEG, EPS, PDF 등 다른 파일 형식으로 저장하면 패스가 보이지 않습니다

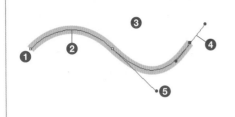

❶ **고정점(Anchor Point)** | 패스를 고정하는 기준이 되는 점

❷ **세그먼트(Segment)** | 두 개의 고정점을 연결한 선

❸ **패스(Path)** | 이어진 고정점과 세그먼트 전체

❹ **방향선(Direction Line)** | 세그먼트의 기울기와 곡선의 형태를 조절하는 선

❺ **방향점(Direction Point)** | 방향선 끝에서 방향선을 조절할 수 있는 점

간단실습 · 직선 그리기

패스 그리기의 가장 기본인 직선을 그려보겠습니다.

01 [File]-[New] Ctrl + N 메뉴를 선택합니다. ❷ [Web] 탭을 클릭하고 ❸ [1280×1024]를 선택합니다. ❹ [Create]를 클릭합니다.

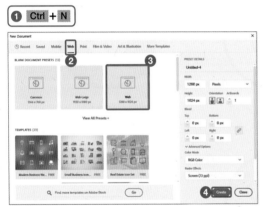
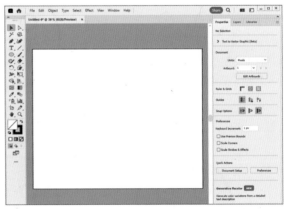

02 ❶ 도구바에서 펜 도구 ✏️를 클릭합니다. ❷ 초기값 칠과 선 ▣를 클릭합니다. ❸ 그런 다음 [칠]을 클릭하고 ❹ 비활성화 ▨를 클릭합니다. [획]만 활성화되었습니다. ❺ 아트보드의 빈 곳을 클릭하여 시작점을 만들고 ❻ 다른 곳을 클릭하여 직선을 만듭니다. ❼ 같은 방법으로 아트보드의 여기저기를 클릭하여 지그재그 선을 그립니다.

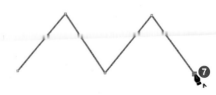

03 ① 도구바에서 선택 도구 ▶️를 클릭하고 ② 아트보드의 빈 곳을 클릭합니다. 지그재그 선이 선택 해제됩니다. 패스 선이 보이지 않으면 선택이 해제된 것이고 패스 선이 보이면 선택된 상태입니다.

② **클릭**

> 지그재그 선을 선택 해제하지 않은 상태에서 04 단계로 넘어가면 04 단계에서 그릴 선과 이어집니다. 반드시 선택을 해제한 후 다음 과정을 진행합니다.

> 도구바의 모양이 다르게 보인다면 도구바가 기본(Basic)으로 설정되어 있는 것입니다. 일러스트레이터를 처음 설치하고 나서 도구바의 설정을 바꾸지 않았다면 도구바가 기본(Basic)으로 설정되어 있습니다. 052쪽을 참고하여 고급(Advanced)으로 바꾼 후에 실습을 진행하기 바랍니다. 이 책은 고급(Advanced) 도구바를 기준으로 설명합니다.

> 선택 도구 ▶로 패스를 선택하면 ①[Contextual Task Bar]가 나타납니다. 이 바에는 해당 오브젝트에 사용할 만한 기능이 모여있습니다. 그러나 본 예제에서는 필요 없으므로 숨겨두겠습니다. ②[Window]-[Contextual Task Bar(상황별 작업 표시줄)] 메뉴를 클릭하여 체크를 해제합니다.

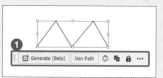
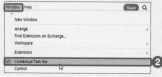

동영상 강의 확인하기

04 수평/수직선을 그려보겠습니다. ① 도구바에서 펜 도구 🖊️를 클릭하고 ② 아트보드의 빈 곳을 클릭합니다. ③ Shift 를 누른 채 오른쪽 지점을 클릭합니다. 수평선이 그려집니다. ④ 마찬가지로 Shift 를 누른 채 위쪽 지점을 클릭합니다. 수직선이 그려집니다.

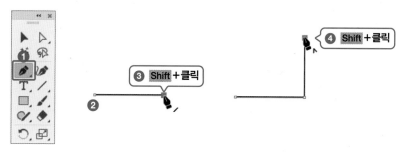

④ Shift +**클릭**

③ Shift +**클릭**

05 ① Shift 를 누른 채 45° 지점을 클릭합니다. 45°의 직선이 그려집니다. ② 같은 방법으로 Shift 를 누른 채 여기서기를 클릭하여 수평/수직/45°의 직선을 만듭니다.

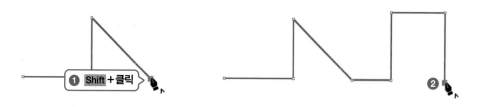

① Shift +**클릭**

②

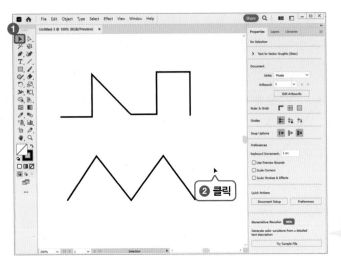

06 선택을 해제하겠습니다. ❶ 도구바에서 선택 도구▶를 클릭하고 ❷ 아트보드의 빈 곳을 클릭합니다.

> 그린 선이 마음에 들지 않는다면 선택 도구▶로 선을 클릭하고 Delete 를 눌러 삭제한 후 다시 그립니다.

간단 실습 **곡선 그리기**

다양한 그림을 그리려면 직선만으로는 부족합니다. 이번에는 부드러운 곡선을 그려보겠습니다.

01 ❶ 도구바에서 펜 도구✏를 클릭하고 ❷ 아트보드의 빈 곳을 클릭합니다. ❸ 오른쪽으로 떨어진 지점을 클릭한 채 아래로 드래그합니다. 드래그하는 대로 파란색 방향선이 나타나고 위가 볼록한 곡선이 만들어집니다. 마음에 드는 곡선이 나올 때까지 마우스 왼쪽 버튼에서 손가락을 떼지 않습니다. ❹ 다시 다른 지점을 클릭한 채 위로 드래그하여 아래가 볼록한 곡선을 만듭니다. ❺ Ctrl 을 누른 채 아트보드의 빈 곳을 클릭하여 선택을 해제합니다.

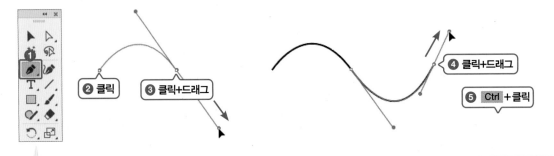

> Ctrl 을 누르고 있는 동안은 마우스 포인터가 선택 도구▶로 바뀝니다. 따라서 Ctrl 을 누른 채 비어 있는 아트보드를 클릭하는 것은 '도구바에서 선택 도구▶를 클릭하고 아트보드의 빈 곳을 클릭'하는 동작보다 효율적입니다.

02 이번에는 반곡선을 그려보겠습니다. ❶ 펜 도구 ✐를 클릭하고 ❷ 아트보드의 빈 곳을 클릭합니다. ❸ 다시 오른쪽으로 떨어진 지점을 클릭한 채 아래로 드래그하여 위가 볼록한 곡선을 만듭니다. ❹ 두 번째 클릭했던 지점을 다시 클릭합니다. 파란색 방향선 중 아래쪽 방향선이 삭제되었습니다.

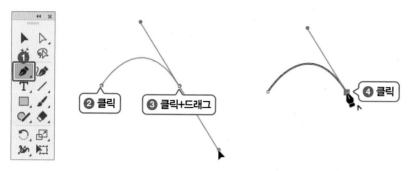

03 ❶ 오른쪽으로 떨어진 지점을 클릭한 채 아래로 드래그하여 위가 볼록한 곡선을 만듭니다. ❷ 앞서 클릭했던 지점을 다시 클릭합니다. 마찬가지로 파란색 방향선이 사라집니다. ❸ 같은 방법으로 반곡선을 더 그립니다.

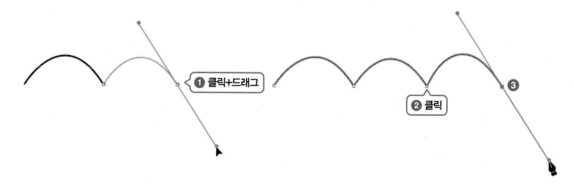

기능 꼼꼼 익히기 ✐ 방향선은 왜 삭제할까?

곡선을 그릴 때 방향선이 두 개면 다음에 그리는 곡선이 자유롭게 그려지지 않습니다. 따라서 자연스러운 곡선을 그리기 위해서는 방향선을 삭제한 후 다음 패스를 그려야 합니다.

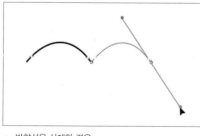

▲ 방향선을 삭제한 경우

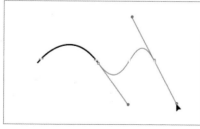

▲ 방향선을 삭제하지 않은 경우

04 이번에는 곡률 도구 ✎를 이용해 곡선을 그려보겠습니다. ❶ 도구바에서 곡률 도구 ✎를 클릭하고 ❷ 아트보드의 빈 곳을 클릭합니다. ❸ 오른쪽 위로 떨어진 지점을 클릭한 다음 ❹ 마우스 버튼에서 손가락을 떼고 오른쪽 아래로 마우스 포인터를 옮깁니다. 패스 선이 실처럼 따라옵니다. ❺ 적당한 지점을 클릭하면 반곡선이 그려집니다. ❻ 마우스 버튼에서 손가락을 떼고 다시 오른쪽 위의 조금 떨어진 지점으로 마우스 포인터를 옮긴 다음 ❼ 클릭합니다. ❽ 같은 방법으로 오른쪽 아래 지점을 클릭하여 곡선을 만듭니다.

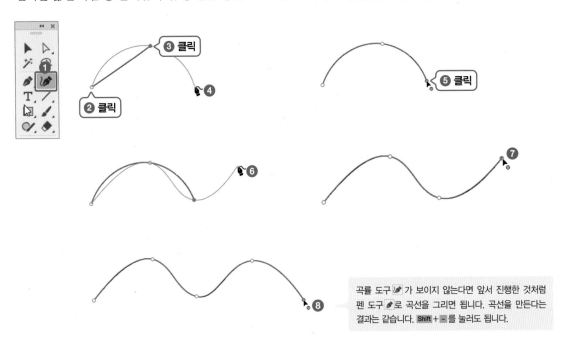

곡률 도구 ✎가 보이지 않는다면 앞서 진행한 것처럼 펜 도구 ✎로 곡선을 그리면 됩니다. 곡선을 만든다는 결과는 같습니다. Shift + - 를 눌러도 됩니다.

기능 꼼꼼 익히기 ✎   **단축키로 실행 취소하기, [History] 패널을 활용해 뒤로 돌아가기**

작업 중 실수가 생기면 Ctrl + Z 를 눌러 취소하면 됩니다. 여러 번 누르면 누른 만큼 이전 단계로 돌아갑니다. 반대로 Ctrl + Shift + Z 를 누르면 다시 복구됩니다. 또한 [History] 패널을 이용해도 편리하게 취소할 수 있습니다. ❶ [Window]– [History] 메뉴를 선택합니다. 아트보드에서 선을 만들면 [History] 패널에 단계가 계속 추가됩니다. ❷ 원하는 단계를 클릭하면 해당 단계로 바로 이동합니다.

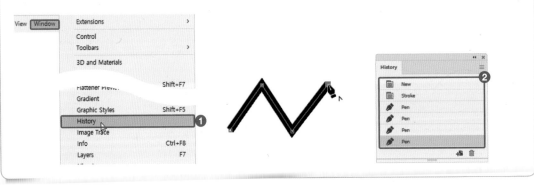

[History] 패널 자세히 살펴보기

❶ 아트보드에서 작업을 하면 단계가 저장됩니다.

❷ 현재 단계를 기점으로 새 문서가 생성됩니다.

❸ 현재 단계를 삭제합니다.

❹ 앞 단계로 갑니다. ❺ 전 단계로 갑니다.

❻ 현재 단계를 삭제합니다. ❸과 같은 기능입니다.

❼ ❶의 모든 단계가 삭제됩니다.

❽ 현재 단계를 기점으로 새 문서가 생성됩니다. ❷와 같은 기능입니다.

❾ 클릭하고 [Preferences] 대화상자에서 ❶의 단계 수(History Sates)를 수정할 수 있습니다. 기본적으로 100개가 저장되며 100개 이상이 되면 앞 단계부터 자동 삭제됩니다.

간단 실습 면 그리기

직선과 곡선을 그렸으니 이제는 색을 채울 수 있는 면을 그려보겠습니다.

01 ❶ 펜 도구 가 선택된 상태에서 아트보드의 빈 곳을 클릭한 후 ❷ 조금 떨어진 지점을 클릭합니다. ❸ 직각이 되도록 아래쪽을 클릭합니다. ❹ 처음 클릭했던 지점 위에 마우스 포인터를 올리면 마우스 포인터의 모양이 으로 바뀝니다. 이 상태에서 클릭합니다. 패스가 닫히면서 면이 됩니다.

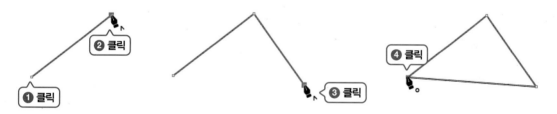

02 곡선으로 된 둥근 면을 그려보겠습니다. ❶ 펜 도구 로 아트보드의 빈 곳을 클릭하고 ❷ 두 번째 지점을 클릭한 채 아래로 드래그하여 반곡선을 만듭니다. ❸ 두 번째 클릭한 지점을 다시 클릭하여 방향선을 삭제합니다. ❹ 세 번째 지점을 클릭한 채 오른쪽으로 드래그하여 곡선을 만듭니다.

03 ❶ 다시 세 번째 지점을 클릭하여 방향선을 삭제합니다. ❷ 네 번째 지점을 클릭한 채 위로 드래그하여 곡선을 만듭니다. ❸ 다시 네 번째 지점을 클릭하여 방향선을 삭제하고 ❹ 처음 클릭했던 지점을 클릭한 채 왼쪽으로 드래그하여 면을 닫습니다.

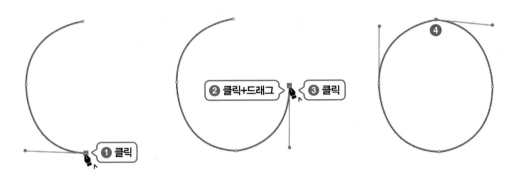

04 이번에는 곡률 도구로 원을 그려보겠습니다. ❶ 곡률 도구로 아트보드의 빈 곳을 클릭하고 ❷ 두 번째 지점을 클릭한 후 마우스 버튼에서 손가락을 뗍니다. ❸ 마우스 포인터를 오른쪽 아래로 옮기고 ❹ 클릭하여 반곡선을 그립니다. ❺ 다시 마우스 버튼에서 손가락을 뗀 상태로 왼쪽 하단 지점으로 마우스 포인터를 옮긴 후 ❻ 클릭합니다. ❼ 그런 다음 처음 클릭했던 지점 위로 마우스 포인터를 가져가면 마우스 포인터의 모양이 으로 바뀝니다. 그 지점을 클릭합니다.

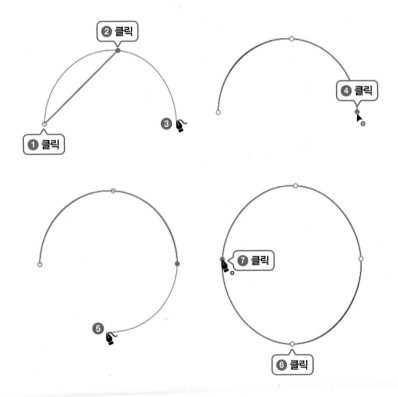

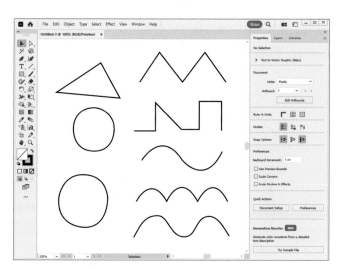

05 같은 방법으로 여러 가지 선과 면을 만들어봅니다.

간단실습 **오브젝트 선택하고 옮기기**

패스를 이용해 선과 면을 그렸으면 패스 오브젝트를 자유롭게 옮겨 다양한 모양을 만들어보겠습니다.

01 앞에서 그린 패스 오브젝트를 옮겨보겠습니다. ❶ 도구바에서 선택 도구 ▶를 클릭한 후 ❷ 앞서 그린 지그재그 선을 클릭합니다. 오브젝트가 선택되면 패스 구조가 나타납니다. ❸ 지그재그 선을 아래로 드래그 하여 옮깁니다. ❹ 아트보드의 빈 곳을 클릭하면 선택이 해제됩니다.

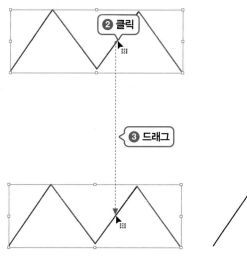

❷ 클릭

❸ 드래그

❹ 클릭

02 ❶ 선택 도구 ▶로 패스가 있는 부분을 크게 드래그하면 드래그한 영역 안에 있는 패스가 모두 선택됩니다. ❷ 01 단계와 같은 방법으로 선택된 오브젝트를 원하는 곳으로 드래그해 옮깁니다.

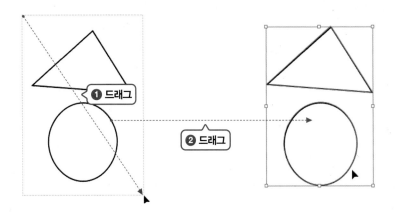

03 선택 도구 ▶를 이용하여 앞서 그린 오브젝트를 이리저리 드래그해 옮깁니다.

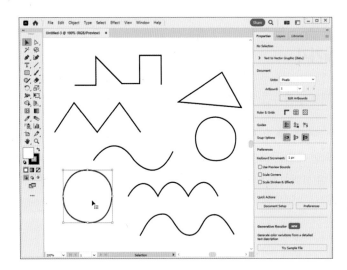

04 패스의 한 부분만 선택하여 옮겨보겠습니다. ❶ 직접 선택 도구 ▷를 클릭하고 ❷ 시작점 주변을 살짝 드래그하여 시작점만 선택합니다. ❸ 그런 다음 시작점을 왼쪽으로 드래그하여 시작점만 옮깁니다. 패스의 형태가 수정됩니다. ❹ 아트보드의 빈 곳을 클릭하여 선택을 해제합니다.

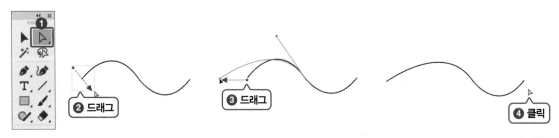

05 ❶ 직접 선택 도구 ▷로 패스의 중간 부분을 드래그합니다. 드래그한 부분의 고정점이 선택되면서 방향선이 나타납니다. ❷ 마음에 드는 물결 곡선이 나올 때까지 방향점을 드래그합니다. ❸ 아트보드의 빈 곳을 클릭하여 선택을 해제합니다.

기능 꼼꼼 익히기 ✏️   **선택 도구와 직접 선택 도구의 차이점 알아보기**

선택 도구 ▶는 패스 전체를 선택하는 도구입니다. 패스의 한 부분만 선택해도 연결된 패스 전체가 모두 선택됩니다.

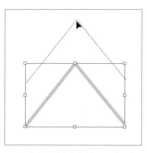

▲ 꼭짓점만 선택하여 위로 드래그해도 패스 전체가 이동합니다.

직접 선택 도구 ▷는 패스의 한 부분을 선택하는 도구입니다. 패스의 한 지점만 선택하면 해당 부분만 선택됩니다.

▲ 꼭짓점만 선택하여 위로 드래그하면 꼭짓점만 이동합니다.

고정점 추가, 삭제하기

패스로 선과 면을 그린 뒤 형태를 수정하고 싶을 때가 있습니다. 이때는 고정점을 추가하거나 삭제하여 형태를 수정합니다.

01 고정점을 추가해 형태를 수정해보겠습니다. ❶ 도구바에서 선택 도구▶를 클릭한 후 ❷ 앞서 그린 삼각형을 선택합니다. ❸ 펜 도구✒를 클릭한 후 ❹ 마우스 포인터를 선 위에 가져가면 마우스 포인터의 모양이 ✒₊으로 바뀝니다. 그 지점을 클릭합니다. ❺ 고정점이 추가됩니다.

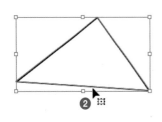

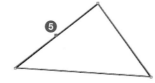

패스가 안 보여요 선택 도구▶를 이용해 오브젝트를 선택하면 패스 구조가 보여야 합니다. 혹시 오브젝트를 선택했는데 패스 구조가 보이지 않는다면 [View]-[Show Edges] 메뉴를 선택합니다.

02 ❶ 직접 선택 도구▷를 클릭합니다. ❷ 새로 추가한 고정점을 드래그하여 선택하고 ❸ 고정점을 위로 드래그합니다. ❹ 고정점이 이동되면서 형태가 수정됩니다.

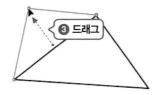
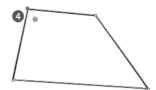

03 고정점을 삭제해보겠습니다. ❶ 선택 도구 ▶로 패스 선을 클릭합니다. ❷ 펜 도구 ✏를 클릭하고 ❸ 고정점 위에 마우스 포인터를 가져가면 마우스 포인터의 모양이 ✎_ 으로 바뀝니다. 그 지점을 클릭합니다. ❹ 고정점이 삭제되어 형태가 수정됩니다.

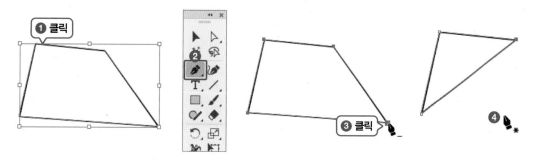

간단**실습** ## 직선을 곡선으로 만들기

일러스트레이터에서 직선을 곡선으로 만드는 방법은 네 가지가 있습니다. 하나씩 따라 하며 각 기능을 익혀 보겠습니다.

[Convert] 패널 이용하기

01 ❶ 도구바에서 직접 선택 도구 ▷를 클릭하고 ❷ 각진 모서리 부분을 드래그하여 선택합니다. ❸ 오른 쪽에 있는 [Properties]−[Convert] 패널에서 선택한 고정점을 매끄럽게 변환 ┌을 클릭합니다. 모서리가 둥글게 바뀝니다. ❹ 방향선을 조절하여 원하는 곡선을 만듭니다.

   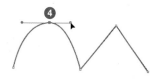

02 곡선을 다시 직선으로 바꿔보겠습니다. ❶ 직접 선택 도구 ▷가 선택된 상태에서 둥근 모서리 부분을 드래그하여 선택합니다. ❷ [Properties]−[Convert] 패널에서 선택한 고정점을 모퉁이로 변환 ↖을 클릭합니다. ❸ 곡선이었던 모서리가 각지게 바뀝니다.

  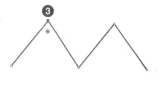

고정점 변환 도구 이용하기

❶ 선택 도구 ▶를 클릭하고 ❷ 지그재그 선을 클릭합니다. ❸ 그런 다음 펜 도구 ✐를 길게 클릭하여 고정점 도구 ▷를 클릭합니다. ❹ 각진 꼭짓점을 드래그하여 직선을 둥글게 만듭니다.

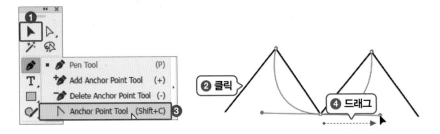

패스 선 재설정 이용하기

❶ 직접 선택 도구 ▷를 클릭하고 아트보드의 빈 곳을 클릭하여 선택을 해제합니다. ❷ 그런 다음 곡선에 마우스 포인터를 가져가면 마우스 포인터의 모양이 ▶.으로 바뀝니다. ❸ 이때 드래그해 원하는 곡선으로 만듭니다.

라이브 코너 위젯 이용하기

❶ 직접 선택 도구 ▷로 모서리 부분을 드래그합니다. ❷ 패스 고정점에 라이브 코너 위젯 ◉이 나타납니다. 라이브 코너 위젯 ◉ 위에 마우스 포인터를 가져가면 마우스 포인터의 모양이 ▶으로 바뀝니다. 그 자리에서 살짝 아래로 드래그해 둥근 모서리를 만듭니다.

둥근 모서리 부분의 라이브 코너 위젯 ◉을 위로 살짝 드래그하면 곡선이었던 모서리가 직각으로 수정됩니다. 라이브 코너 위젯은 일러스트레이터 CC 2017 버전부터 제공된 신기능입니다. 이 기능이 없다면 앞에서 배운 방법으로 모서리를 둥글게 수정합니다.

간단 실습 패스의 굵기 수정하고 점선으로 만들기

패스를 그린 후 굵기나 색, 모양 등을 바꿀 수 있습니다. 여기에서는 패스의 굵기를 수정하고 모양도 바꿔보겠습니다.

01 ❶ 도구바에서 선택 도구 ▶를 클릭하고 ❷ 앞서 그린 패스를 모두 드래그하여 전체 선택합니다. ❸ 오른쪽 [Properties]-[Appearance] 패널에서 [Stroke]의 선 굵기를 **5pt**로 설정합니다. 선택한 패스의 굵기가 5pt로 수정되며 두꺼워집니다.

02 ❶ [Properties]-[Appearance] 패널에서 [Stroke]를 클릭해 [Stroke] 패널이 나타나면 ❷ [Dashed Line]에 체크합니다. 패스 선이 점선으로 바뀝니다. ❸ [dash]에 **20pt**를 입력하고 ❹ [gap]에 **10pt**를 입력합니다. 점선의 길이가 20pt이고 간격이 10pt인 점선이 반복됩니다.

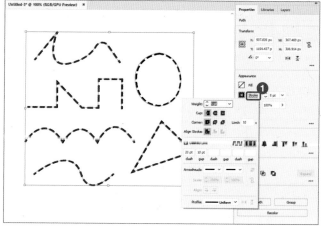
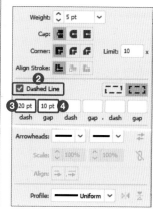

[Stroke] 패널은 선(획)에 관한 옵션을 설정할 수 있는 패널입니다. [Properties]-[Appearance] 패널의 [Stroke]를 클릭하면 [Stroke] 패널이 나타납니다. [Window]-[Stroke] 메뉴를 선택해도 나타납니다.

❶ **Weight** | 선의 굵기입니다. 화살표를 클릭하여 수치를 선택하거나 직접 입력하여 선의 굵기를 조절할 수 있습니다.

❷ **Cap** | 선의 끝 모양을 선택할 수 있습니다.

▲ 패스 안에서 각짐　　▲ 둥글리기　　▲ 패스 밖에서 각짐

❸ **Corner** | 모서리의 모양을 선택할 수 있습니다.

▲ 각진 모서리　　▲ 둥근 모서리　　▲ 깎인 모서리

❹ **Align Stroke** | 선을 패스의 중간, 안쪽, 바깥쪽으로 선택할 수 있습니다.

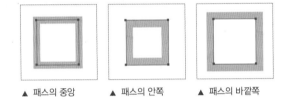

▲ 패스의 중앙　　▲ 패스의 안쪽　　▲ 패스의 바깥쪽

[Properties] 패널은 CC 2018 버전부터 제공된 신기능입니다. 이전 버전에는 화면 오른쪽에 [Stroke] 패널이 있습니다. [Stroke] 패널이 보이지 않는다면 [Window]-[Stroke] 메뉴를 선택합니다.

❺ **Dashed Line** | 점선을 만드는 기능입니다. [dash]는 점선의 길이, [gap]은 점선 사이의 간격을 말합니다.

▲ [dash]에 3pt, [gap]에 3pt를 입력하면 점선 길이 3pt, 간격 3pt의 점선이 만들어집니다.

▲ [dash]에 3pt, [gap]에 6pt, [dash]에 9pt를 입력하면 점선의 길이와 간격이 3pt, 6pt, 9pt를 반복하는 점선이 만들어집니다.

❻ ▨를 클릭하면 지정한 대로 점선 간격이 나타나고, ▨를 클릭하면 점선이 모서리를 기준으로 나타납니다.

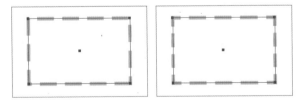

❼ Arrowheads | 선의 시작과 끝부분에 다양한 장식을 넣을 수 있습니다. ⇄를 클릭하면 양쪽 장식이 맞바뀝니다.

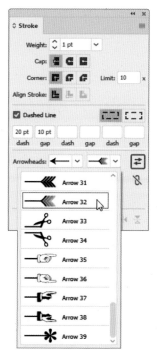

❽ Scale | 표시된 장식의 크기를 조절할 수 있습니다. ⌷를 클릭하면 시작과 끝부분 모양의 크기 비율이 고정됩니다.

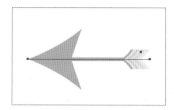
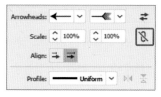

❾ Align | 장식을 패스 바깥쪽에 표시할지 안쪽에 표시할지 선택할 수 있습니다.

▲ 바깥쪽에 표시 ⇥   ▲ 안쪽에 표시 ⇥

❿ Profile | 선의 폭 모양을 선택할 수 있습니다. ⋈를 클릭하면 좌우를 바꿀 수 있고 ⋈를 클릭하면 상하를 바꿀 수 있습니다.

종이에 그림을 그리기 위해서는 먼저 연필이나 붓과 같은 도구를
잘 준비해야 하고 사용법도 잘 알아야 합니다.
마찬가지로 일러스트레이터에서 어떠한 형태를 그려내려면
기본 드로잉 도구에 대한 이해가 있어야 합니다.
드로잉 도구로 귀여운 캐릭터와 아이콘을 그리고 수정해보며
일러스트레이터로 어떻게 형태가 만들어지는지 알아보겠습니다.
만든 패스를 편집하는 방법도 알아봅니다.
일러스트레이터의 가장 큰 장점은 그려놓은 것을
매우 쉽게 수정하여 재사용할 수 있다는 것입니다.
패스에 색을 적용하고, 자르고, 붙이면서
다양한 오브젝트를 만들어보겠습니다.

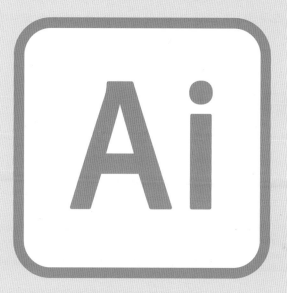

CHAPTER 03

이것만 알아도
디자인이 된다

LESSON **01**

패스 선택하기

선택 도구의 기본 조작 방법 알아보기

일러스트레이터에서 작업을 하려면 제일 먼저 오브젝트를 선택해야 합니다. 선택 도구는 일러스트레이터에서 가장 많이 쓰이는 기본 도구입니다. 그럼 지금부터 오브젝트를 선택하는 도구에 대해 상세히 알아보겠습니다.

오브젝트를 선택하는 도구 알아보기

도구바의 맨 위쪽에는 오브젝트를 선택하는 도구 네 가지가 있습니다. 이 도구들은 일러스트레이터에서 가장 많이 쓰이는 도구이므로 제일 상단에 배치되어 있습니다. 지금부터 이 네 가지 도구의 기능과 차이점을 살펴보겠습니다.

> 도구바의 모양이 다르게 보인다면 도구바가 기본(Basic)으로 설정되어 있는 것입니다. 일러스트레이터를 처음 설치하고 나서 도구바의 설정을 바꾸지 않았다면 도구바가 기본(Basic)으로 설정되어 있습니다. 052쪽을 참고하여 고급(Advanced)으로 바꾼 후에 실습을 진행하기 바랍니다. 이 책은 고급(Advanced) 도구바를 기준으로 설명합니다.

① **선택 도구** ▶ | 오브젝트를 선택하거나 이동, 크기 수정, 회전, 복제할 수 있습니다.

▲ 선택하기

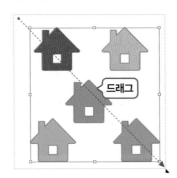

▲ 여러 오브젝트를 함께 선택하기

▲ 원하는 오브젝트만 선택하기

> 오브젝트가 선택되면 오브젝트의 외곽선이 보입니다. 선택을 해제하려면 아트보드의 빈 곳을 클릭합니다. 외곽선이 보이지 않는다면 상단의 [View]–[Show Edges] 메뉴를 선택합니다.

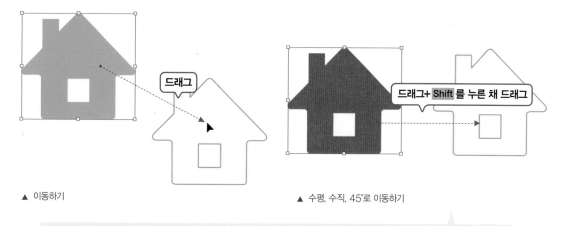

▲ 이동하기

▲ 수평, 수직, 45°로 이동하기

Shift 를 먼저 누르면 오브젝트의 선택이 해제됩니다. 반드시 드래그를 먼저 시작하고 조금 이동됐을 때 Shift 를 눌러 마저 이동해야 합니다.

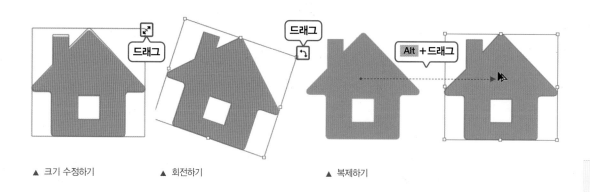

▲ 크기 수정하기   ▲ 회전하기   ▲ 복제하기

기능 꼼꼼 익히기 ✎   **Shift 를 누를 때는 주의하세요!**

오브젝트를 이동할 때 Shift 를 누르면 수평, 수직, 45°로 이동할 수 있습니다. 이때 Shift 를 먼저 누른 채로 드래그하려고 하면 오브젝트의 선택이 해제됩니다. 반드시 드래그를 먼저 시작한 후 오브젝트가 조금 이동됐을 때 Shift 를 눌러야 합니다. 패스를 여러 개 선택할 때 먼저 Shift 를 누르고 선택하는 것을 생각해보면, 수평, 수직, 45°로 이동할 때는 Shift 를 나중에 눌러야 한다는 것을 좀 더 쉽게 이해할 수 있습니다.

CC 2024 신기능 ◉ 선택 도구로 오브젝트를 클릭하면 [Contextual Task Bar]가 나타납니다. 해당 오브젝트에 사용할 만한 기능이 있는 막대입니다. 작업을 빠르게 도와줄 수도 있지만 사용자마다 자주 사용하는 기능은 다르기 때문에 불필요할 수도 있습니다. [Window] [Contextual Task Bar(상황별 작업 표시줄)] 메뉴를 클릭하여 체크를 해제하면 바가 사라집니다.

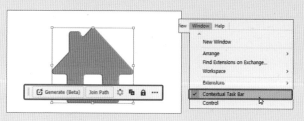

동영상 강의 확인하기

② **직접 선택 도구** ▷ | 패스의 고정점을 선택하면 형태를 부분 수정할 수 있습니다. 곡선은 방향점이나 방향선을 드래그해 형태를 수정할 수 있습니다.

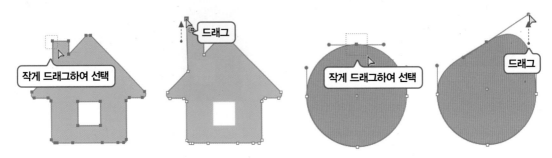

선택 도구 ▶로 오브젝트를 클릭하면 오브젝트 안에 연결된 패스 전체가 선택되는 반면, 직접 선택 도구 ▷로 오브젝트를 클릭하면 클릭한 지점의 고정점이나 방향선, 방향점, 세그먼트와 같이 세부적인 부분만 선택됩니다.

③ **자동 선택 도구** ✦ | 아트보드에 있는 패스 하나를 클릭하면 속성이 같은 패스들이 함께 선택됩니다.

④ **올가미 도구** ◎ | 선택하고 싶은 부분을 자유롭게 드래그하면 드래그한 영역 안의 패스들이 함께 선택됩니다.

선택 도구로 이동, 복제하기

예제 소스를 다운로드하는 방법은 이 책의 009쪽을 참고하세요.

준비 파일 기본/Chapter 03/선택하기1.ai
핵심 기능 선택 도구

01 홈 화면의 [Open]을 클릭하거나
[File]-[Open] Ctrl + O 메뉴 선택

---

03 ❶ 파일 불러오기 완료

❸ 클릭

04

드래그

05

❶ Alt + 드래그

❷ 원이 복제됨

원을 드래그했는데 이동, 복제되지 않고 회전되거나 크기가 바뀐다면
Ctrl + + 를 여러 번 눌러 화면을 확대한 후 원의 가운데 지점을 정확
히 선택하여 드래그합니다.

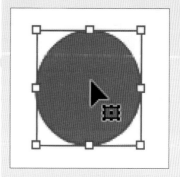

준비 파일 기본/Chapter 03/선택하기2.ai
핵심 기능 선택 도구

01 ❶ Ctrl + O 로 불러옴
❷ 선택 도구 ▶ 로 클릭

02 위로 드래그하면서 Shift 누름

03 수직으로 이동됨

Shift 를 먼저 누른 채 드래그를 시작하는 것이 아니라, 드래그를 시작한 후 오브젝트가 조금 이동됐을 때 Shift 를 누릅니다.

04 선택 도구 ▶ 로 클릭

05 오른쪽으로 드래그하면서 Shift 누름

06 수평으로 이동됨

07 Alt +드래그+ Shift

08 수평으로 복제됨

09 같은 방법으로 복제

Alt +드래그하여 오브젝트를 복제하고 오브젝트가 조금 이동했을 때 Shift 를 눌러 원하는 위치로 옮깁니다.

선택 도구로 여러 오브젝트를 함께 선택하기

준비 파일 기본/Chapter 03/선택하기3.ai
핵심 기능 선택 도구

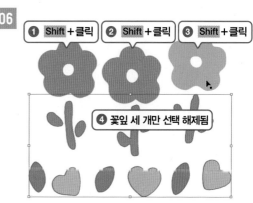

준비 파일 기본/Chapter 03/선택하기4.ai
핵심 기능 선택 도구, 바운딩 박스

01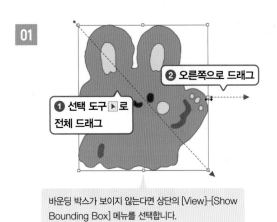

❷ 오른쪽으로 드래그

❶ 선택 도구 ▶로
전체 드래그

바운딩 박스가 보이지 않는다면 상단의 [View]–[Show
Bounding Box] 메뉴를 선택합니다.

02

오른쪽으로 늘어남

03

위로 드래그

04

위쪽으로 늘어남

05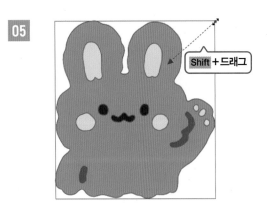

Shift + 드래그

06 가로와 세로의 비율이 유지된 채로 줄어듦

준비 파일 기본/Chapter 03/선택하기5.ai
핵심 기능 선택 도구, 바운딩 박스

01

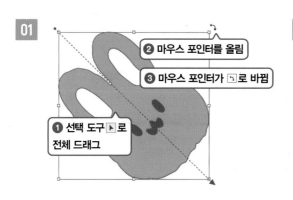

❷ 마우스 포인터를 올림

❸ 마우스 포인터가 ↰로 바뀜

❶ 선택 도구 ▶로 전체 드래그

02

드래그하여 각도 수정

Shift 를 누른 채 드래그하면 정확히 45°로 회전됩니다.

03

❶ 마우스 오른쪽 버튼 클릭

Undo Rotate	
Redo	
Make Pixel Perfect	
Perspective	>
Group	
Make Clipping Mask	
Transform >	Transform Again Ctrl+D
Arrange >	Move... Shift+Ctrl+M
Select >	Rotate...
Add to Library	Reflect...
Collect For Export >	Scale...
Export Selection...	Shear
	Transform Each... Alt+Shift+Ctrl+D
❷	Reset Bounding Box

04

❶ 바운딩 박스가 재정렬됨

❷ 드래그

05 세로 길이가 줄어듦

직접 선택 도구로 오브젝트의 일부만 선택, 수정하기

준비 파일 기본/Chapter 03/선택하기6.ai
핵심 기능 직접 선택 도구

화면이 확대되어 분홍색 화살표가 보이지 않는다면 SpaceBar 를 누른 채 화면을 드래그해보세요. SpaceBar 를 누르면 마우스 포인터의 모양이 🖐으로 바뀌고, 이때 화면을 드래그하면 화면의 보이는 영역을 조절할 수 있습니다.

한눈에 실습 **자동 선택 도구로 선택하기**

준비 파일 기본/Chapter 03/선택하기7.ai
핵심 기능 **자동 선택 도구**

> 자동 선택 도구가 보이지 않고, 도구바의 모양도 다르게 보인다면 도구바가 기본(Basic)으로 설정되어 있는 것입니다. 052쪽을 참고하여 도구바를 고급 (Advanced)으로 바꾼 후에 실습을 진행하기 바랍니다.

한눈에 실습 **올가미 도구로 선택하기**

준비 파일 기본/Chapter 03/선택하기8.ai
핵심 기능 **올가미 도구**

선과 면으로 캐릭터 그리기

펜 도구로 패스를 자유자재로 다루기

형태를 만들려면 기본적으로 선과 면을 그릴 수 있어야 합니다. 098쪽에서 배운 선 그리기 기초는 매우 중요한 부분이니 꼭 알아두도록 합니다. 이번 실습에서는 앞서 배운 기초를 토대로 캐릭터를 그려보며 선 그리기를 확실하게 익혀보겠습니다.

펜 도구와 관련 도구 알아보기

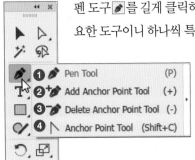

펜 도구 ✎를 길게 클릭하면 숨은 도구들이 나타납니다. 패스를 그리는 기본 도구이고 매우 중요한 도구이니 하나씩 특징을 살펴보겠습니다.

> 도구바의 모양이 다르게 보인다면 도구바가 기본(Basic)으로 설정되어 있는 것입니다. 052쪽을 참고하여 고급(Advanced)으로 바꾼 후에 실습을 진행하기 바랍니다.

① **펜 도구 ✎** | 패스를 만드는 기본 도구입니다. 클릭하면 고정점이 생기고 그 사이를 이어 선이 생성됩니다.

② **고정점 추가 도구 ✎** | 고정점을 추가하는 도구입니다. 선을 선택하고 패스가 보이는 상태에서 선 위를 클릭하면 고정점이 추가됩니다. 고정점을 추가한 후 직접 선택 도구 ▷로 고정점을 드래그하면 고정점이 이동되면서 형태가 바뀝니다.

③ **고정점 삭제 도구** 🖊 | 고정점을 삭제하는 도구입니다. 선을 선택하고 패스가 보이는 상태에서 고정점을 클릭하면 고정점이 삭제됩니다.

> 펜 도구 🖊로 선 위를 클릭하면 고정점이 추가되고, 고정점을 클릭하면 고정점이 삭제됩니다. 108쪽에서 고정점을 추가/삭제한 것처럼 펜 도구 🖊로도 고정점을 추가/삭제할 수 있어서 고정점 추가 도구 🖊와 고정점 삭제 도구 🖊는 사용 빈도가 적습니다.

④ **고정점 변환 도구** 🖊 | 직선의 고정점을 드래그하면 곡선으로 바뀝니다.

간단 실습 새 파일 만들고 스케치 파일 불러오기

예제 소스를 다운로드하는 방법은 이 책의 009쪽을 참고하세요.

준비 파일 기본/Chapter 03/스케치.jpg

펜 도구로 드로잉을 하려면 먼저 새 파일을 만들고 스케치를 불러와야 합니다.

01 새 파일을 만들어보겠습니다. ❶ 홈 화면에서 [New file]을 클릭하거나 [File]-[New] Ctrl + N 메뉴를 선택합니다. [New Document] 대화상자가 나타나면 ❷ 단위를 [Pixels]로 설정한 후 ❸ 가로(Width)에 500, 세로(Height)에 500을 입력합니다. ❹ [Color Mode]에서 [RGB Color]를 선택하고 ❺ [Create]를 클릭합니다. ❻ RGB 모드의 아트보드가 만들어졌습니다.

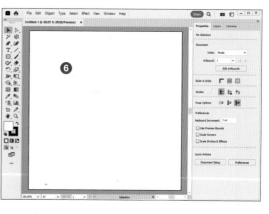

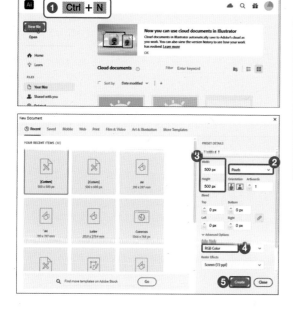

02 ❶ [File]-[Place] 메뉴를 선택합니다. ❷ **스케치.jpg** 파일을 선택하고 ❸ [Link]의 체크를 해제한 후 ❹ [Place]를 클릭합니다. ❺ 아트보드 위를 클릭합니다. ❻ 불러온 스케치를 아트보드 중앙으로 옮깁니다.

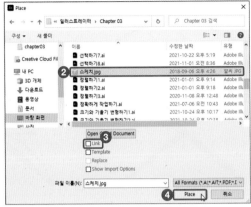

03 화면 오른쪽에 있는 [Layers] 탭을 클릭합니다. [Layers] 패널이 앞으로 나옵니다.

04 ❶ [Layers] 패널에서 레이어의 이름 부분인 [Layer 1]을 더블클릭합니다. ❷ **스케치**를 입력하고 ❸ Enter 를 누르면 ❹ 레이어의 이름이 변경됩니다.

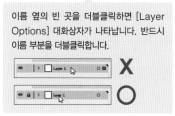

이름 옆의 빈 곳을 더블클릭하면 [Layer Options] 대화상자가 나타납니다. 반드시 이름 부분을 더블클릭합니다.

05 ❶ [스케치] 레이어의 잠금 칸을 클릭합니다. ❷ 잠금🔒 표시가 나타나면서 레이어가 움직이지 않도록 고정됩니다.

06 ❶ 새 레이어🔳를 클릭하여 새 레이어를 만들고 ❷ 이름은 **라인**으로 변경합니다.

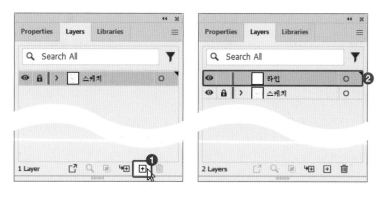

펜 도구로 선 그리기 ①

준비 파일 기본/Chapter 03/패스 그리기1.ai
핵심 기능 펜 도구

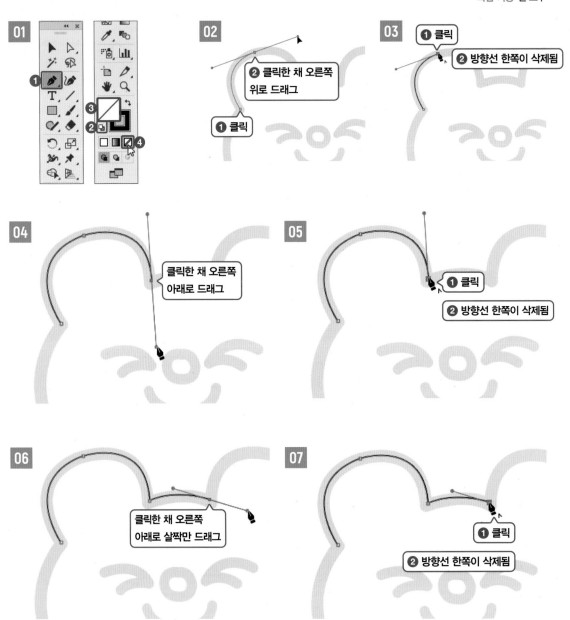

선이 그려지지 않는다면 [Layers] 패널에서 [라인] 레이어가 파랗게 선택되었는지 확인합니다. [스케치] 레이어가 선택
되어 있으면 선이 그려지지 않습니다.

08 같은 방법으로 곰돌이 얼굴의 외곽선을 그림

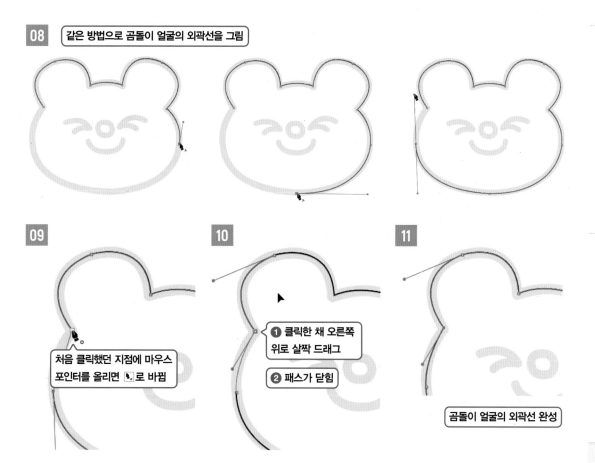

09 처음 클릭했던 지점에 마우스 포인터를 올리면 로 바뀜

10 ❶ 클릭한 채 오른쪽 위로 살짝 드래그
❷ 패스가 닫힘

11 곰돌이 얼굴의 외곽선 완성

한눈에 실습 **펜 도구로 선 그리기 ②**

준비 파일 기본/Chapter 03/패스 그리기1.ai
핵심 기능 펜 도구

펜 도구로 선 그리기 ①과 이어지는 실습입니다.

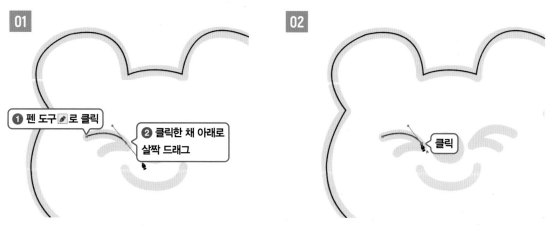

01 ❶ 펜 도구 🖋로 클릭
❷ 클릭한 채 아래로 살짝 드래그

02 클릭

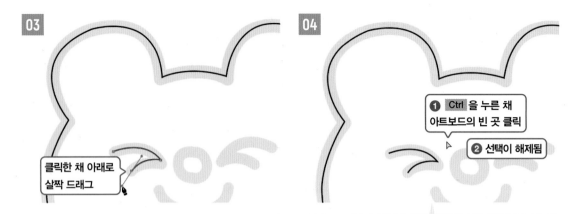

03

클릭한 채 아래로
살짝 드래그

04

❶ Ctrl 을 누른 채
아트보드의 빈 곳 클릭

❷ 선택이 해제됨

선택을 해제하지 않고 선을 그리면 선이 이어집니다. 그러므로 꼭 선택 해제 과정을 거쳐야 합니다. Ctrl 을 누르고 있는
동안은 선택 도구 ▶가 됩니다. Ctrl 을 누른 채 빈 곳을 클릭하여 선택을 해제합니다.

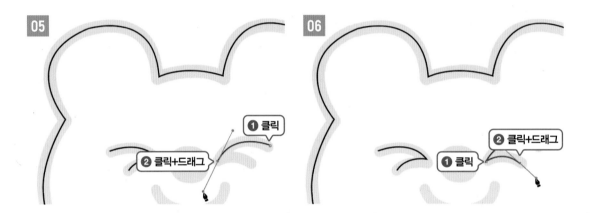

05

❶ 클릭

❷ 클릭+드래그

06

❷ 클릭+드래그

❶ 클릭

07

같은 방법으로 그려 완성

[View] 메뉴의 [Snap to Pixel]과 [Snap to Point]가 체크되어
있다면 클릭하여 체크를 해제합니다. 일러스트레이터는 우리 눈에
보이지는 않지만 격자로 되어 있어서 [Snap to Pixel]에 체크하면
격자에 맞춰서 선이 그려집니다. 도면이나 기하학 도형을 격자대로
맞춰서 그려야 하는 경우가 아니고, 지금처럼 자유롭게 드로잉해야
하는 경우라면 체크를 해제합니다. 체크를 해제하면 자유롭게 클릭
하고 드래그할 수 있습니다. [View]–[Smart Guide]의 체크를 해
제하면 펜 도구 ✏로 선을 그릴 때 마우스 포인터를 따라다니는 가
이드가 나타나지 않습니다.

한눈에 실습 **펜 도구로 선 그리기 ③**

준비 파일 기본/Chapter 03/패스 그리기1.ai
핵심 기능 **펜 도구**

펜 도구로 선 그리기 ①, ②와 이어지는 실습입니다.

`01`

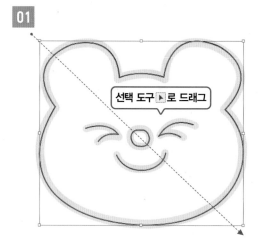

선택 도구 ▶로 드래그

`02`

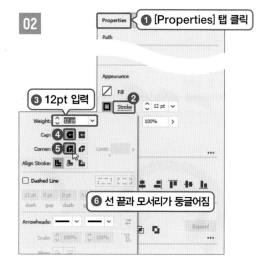

❶ [Properties] 탭 클릭

❸ 12pt 입력

❷

❹ ❺

❻ 선 끝과 모서리가 둥글어짐

`03`

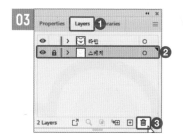

`04`

스케치가 삭제된 곰돌이 얼굴 완성

준비 파일 기본/Chapter 03/패스 그리기2.ai
핵심 기능 펜 도구

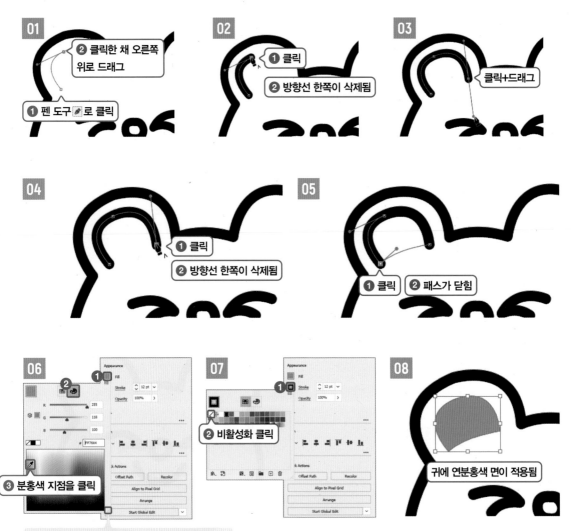

□를 아래로 드래그하면 스펙트럼의 영역이 넓어집니다.

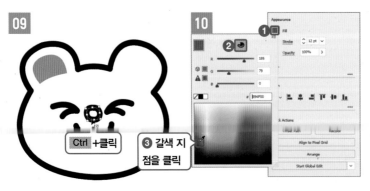

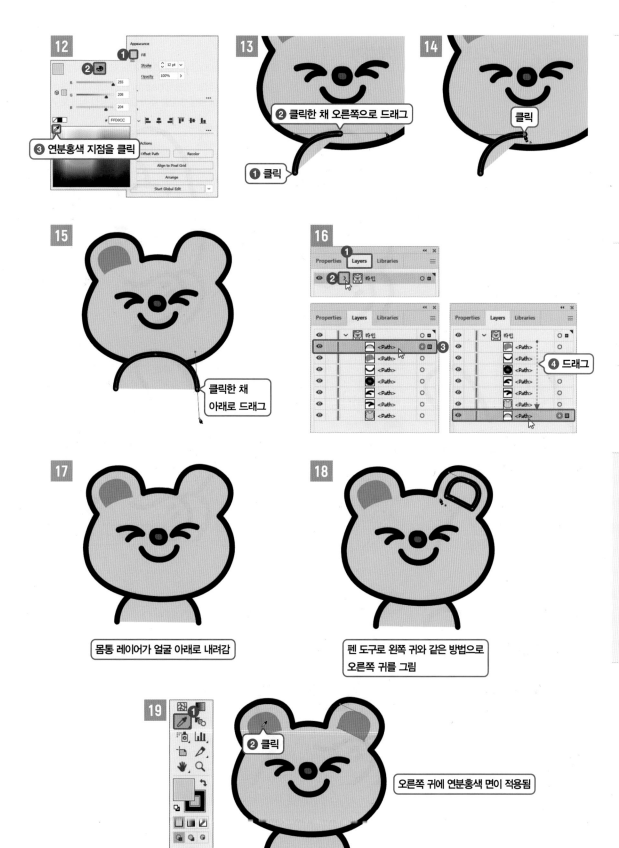

12
13 ❷ 클릭한 채 오른쪽으로 드래그
❶ 클릭

14 클릭

❸ 연분홍색 지점을 클릭

15 클릭한 채 아래로 드래그

16 ❹ 드래그

17 몸통 레이어가 얼굴 아래로 내려감

18 펜 도구로 왼쪽 귀와 같은 방법으로 오른쪽 귀를 그림

19 ❷ 클릭

오른쪽 귀에 연분홍색 면이 적용됨

준비 파일 기본/Chapter 03/패스 그리기3.ai
핵심 기능 고정점 추가 도구, 고정점 삭제 도구

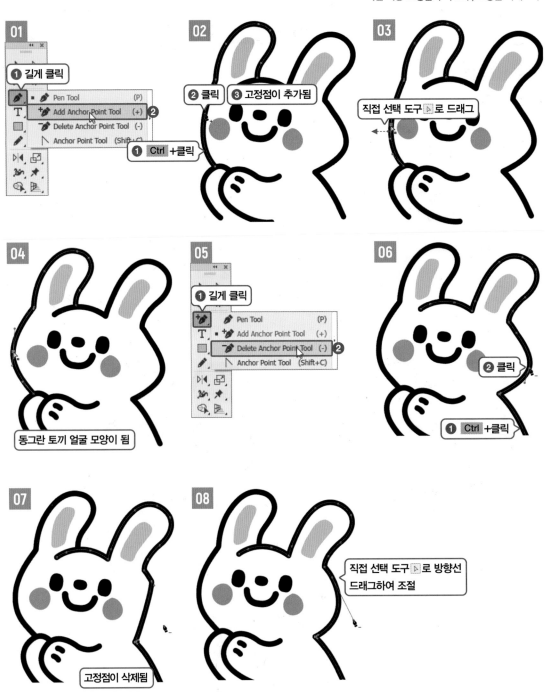

한눈에 실습 펜 도구로 선 다시 그리기

준비 파일 기본/Chapter 03/패스 그리기4.ai
핵심 기능 펜 도구

선 도구와 관련 도구 알아보기

 선 도구 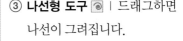를 길게 클릭하고 있으면 다양한 선 도구들이 나타납니다. 이 도구들은 간단한 직선이나 곡선을 그릴 때 유용합니다.

① / Line Segment Tool　(\)
② Arc Tool
③ Spiral Tool
④ Rectangular Grid Tool
⑤ Polar Grid Tool

① **선 도구** ☑ | 드래그하면 직선이 그려집니다. Shift 를 누른 채 드래그하면 수직, 수평, 45°의 직선을 그릴 수 있습니다.

② **호 도구** ☑ | 드래그하면 반곡선이 그려집니다. Shift 를 누른 채 드래그하면 정원의 1/4에 해당하는 반곡선이 그려집니다.

③ **나선형 도구** ◎ | 드래그하면 나선이 그려집니다.

④ **사각형 격자 도구** ▦ | 드래그하면 표가 그려집니다. Shift 를 누른 채 드래그하면 가로와 세로의 비율이 같은 표를 그릴 수 있습니다.

⑤ **극좌표 격자 도구** ◈ | 드래그하면 원형 표가 그려집니다. Shift 를 누른 채 드래그하면 가로와 세로의 지름이 같은 원형 표를 그릴 수 있습니다.

정확한 수치로 표 그리기

사각형 격자 도구 ▦ 또는 극좌표 격자 도구 ◈로 아트보드의 빈 곳을 클릭하면 [Tool Options] 대화상자가 나타납니다. 각 항목에 정확한 수치를 입력하여 표 또는 원형 표를 그릴 수 있습니다.

한눈에 실습 선 도구로 선 쉽게 그리기

준비 파일 기본/Chapter 03/패스 그리기5.ai
핵심 기능 선 도구, 호 도구

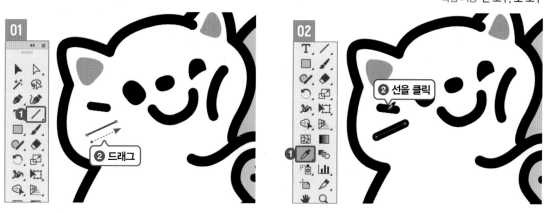

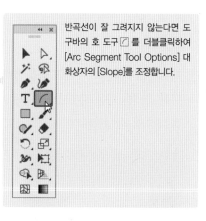

반곡선이 잘 그려지지 않는다면 도구바의 호 도구 ⟋ 를 더블클릭하여 [Arc Segment Tool Options] 대화상자의 [Slope]를 조정합니다.

LESSON 03 패스 지우기

지우개 도구, 가위 도구, 칼 도구로 패스 자르고 편집하기

연필로 글씨를 쓰거나 그림을 그리다가 틀리면 지우개로 지우고, 종이를 가위나 칼로 잘라내는 것처럼 일러스트레이터에도 패스를 지우거나 잘라내는 도구가 있습니다. 이번 실습에서는 패스를 지우거나 잘라내는 도구를 알아보고 패스를 수정해보겠습니다.

패스를 지우는 도구 알아보기

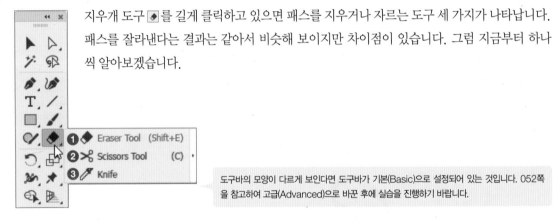

지우개 도구 ◆를 길게 클릭하고 있으면 패스를 지우거나 자르는 도구 세 가지가 나타납니다. 패스를 잘라낸다는 결과는 같아서 비슷해 보이지만 차이점이 있습니다. 그럼 지금부터 하나씩 알아보겠습니다.

① ❖ Eraser Tool (Shift+E)
② ✂ Scissors Tool (C)
③ 🔪 Knife

> 도구바의 모양이 다르게 보인다면 도구바가 기본(Basic)으로 설정되어 있는 것입니다. 052쪽을 참고하여 고급(Advanced)으로 바꾼 후에 실습을 진행하기 바랍니다.

① **지우개 도구** ◆ | 지우개 도구를 클릭하면 마우스 포인터가 ⊕로 표시됩니다. 패스를 선택하고 지우개 도구를 클릭한 다음 지우개로 지우듯이 드래그하면 드래그한 부분이 지워집니다. 지우개 도구는 면과 선, 둘 다 지울 수 있습니다.

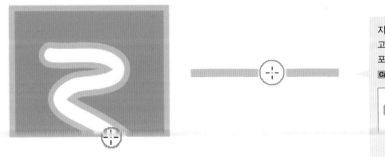

> 지우개 영역의 크기는 [를 누르면 작아지고]을 누르면 커집니다. 만약에 마우스 포인터의 모양이 ⊕로 표시되지 않는다면 CapsLock을 누릅니다.

기능 꼼꼼 익히기 ✏️ **지우개 도구와 가위 도구의 차이점 알아보기**

단순한 패스를 지울 때는 지우개 도구🔲가 유용하지만, 복잡한 패스라면 추천하지 않습니다. 다음과 같이 복잡한 패스 선의 모서리를 지우개 도구로 지우면 다른 모서리에 이상한 곡선이 추가되어 원하지 않는 형태로 변형됩니다. 지우개 도구는 단순한 패스일 때만 사용하고, 선을 수정하려면 가위 도구🔲를 사용하는 편이 낫습니다.

② **가위 도구** 🔲 | 패스를 선택하고 가위로 실을 자르듯이 끊고 싶은 위치에서 클릭하면 패스 선이 끊어집니다. 선을 끊는 도구이며, 섬세하고 정확하게 선을 자를 때 사용합니다.

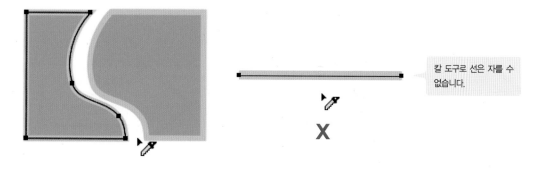

③ **칼 도구** 🔲 | 패스를 선택하고 칼로 케이크를 자르듯이 드래그하면 드래그하는 대로 면이 잘립니다. 면을 자르는 도구이며, 선은 자를 수 없습니다.

> 칼 도구로 선은 자를 수 없습니다.

X

패스를 지우고 잇는 [Anchors] 패널 알아보기

직접 선택 도구▷로 오브젝트의 일부를 드래그하여 고정점을 선택하면 화면 오른쪽에 [Properties]-[Anchors] 패널이 나타나고, 이 패널의 고정점 삭제◢를 클릭하면 고정점이 삭제됩니다.

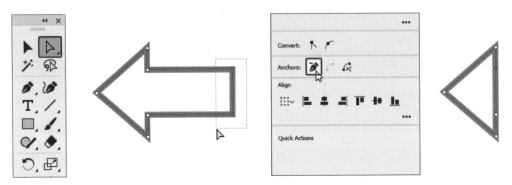

직접 선택 도구▷로 끊어져 있는 고정점 두 개를 함께 선택하고 ◢을 클릭하면 고정점이 연결됩니다. [Object]-[Path]-[Join] **Ctrl** + **J** 메뉴를 선택하는 것과 같은 결과입니다.

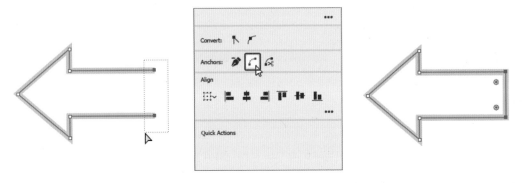

직접 선택 도구▷로 고정점을 선택하고 ◢을 클릭하면 선택한 고정점을 기준으로 패스가 잘립니다.

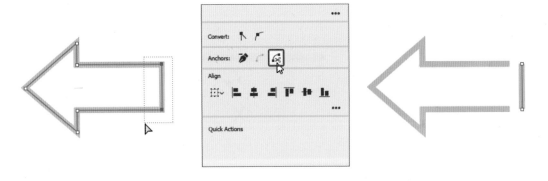

지우개 도구로 패스 지우기

준비 파일 기본/Chapter 03/패스 지우기1.ai
핵심 기능 **지우개 도구**

01 ❸ 마우스 포인터가 ⊕로 바뀜

❷

❶ 선택 도구 ▶로 클릭

Ⅰ를 누른 횟수만큼 크기가 줄어들고, Ⅰ를 누른 횟수만큼 크기가 커집니다. 도넛을 지울 만큼의 크기로 조절한 후에 실습을 진행합니다.

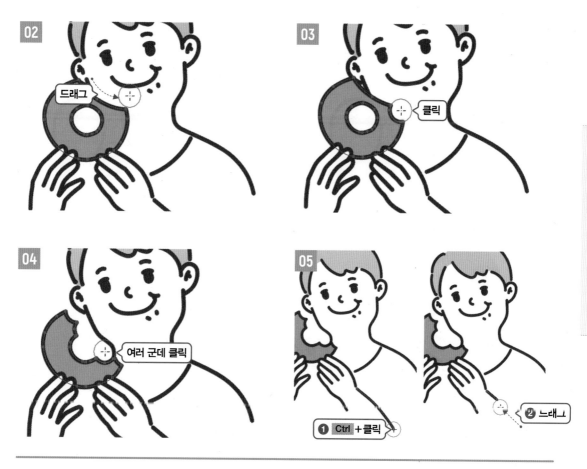

02 드래그

03 클릭

04 여러 군데 클릭

05 ❶ Ctrl +클릭 ❷ 느래그

준비 파일 기본/Chapter 03/패스 지우기2.ai
핵심 기능 가위 도구

01 선택 도구 ▶로 원 클릭

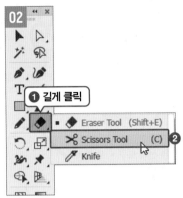

02
❶ 길게 클릭
◆ Eraser Tool (Shift+E)
✂ Scissors Tool (C) ❷
✏ Knife

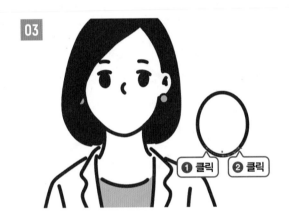

03 ❶ 클릭 ❷ 클릭

04 Ctrl +드래그

05
❶ Ctrl +클릭
❷ Delete
❸ 남은 오브젝트는 삭제됨

한눈에 실습 **칼 도구로 패스 자르기**

준비 파일 기본/Chapter 03/패스 지우기3.ai
핵심 기능 칼 도구

준비 파일 기본/Chapter 03/패스 지우기4.ai
핵심 기능 [Anchors] 패널

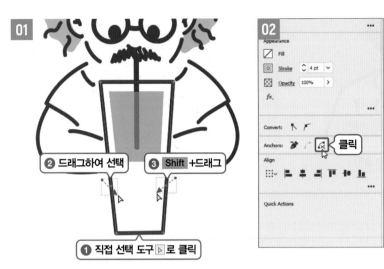

01

② 드래그하여 선택   **③** Shift +드래그

① 직접 선택 도구 ▷로 클릭

02

클릭

03

① 클릭

② Delete

04

잘린 부분이 삭제됨

05

직접 선택 도구 ▷로 드래그

06

클릭

연결할 고정점 두 개를 선택하고 Ctrl + J 를 눌러도 연결됩니다. 많이 쓰는 단축키이므로 알아두면 유용합니다.

07

고정점이 연결됨

도형 그리기

도형 도구로 다양한 동물 캐릭터 얼굴 그리기

일러스트레이터는 도형을 쉽게 그릴 수 있는 도형 도구를 제공합니다. 기본 도형을 그리고 변형하여 다양한 형태를 만들 수 있기 때문에 빠르게 작업할 수 있습니다. 이번 실습에서는 도형 도구와 Shaper 도구를 이용하여 귀여운 동물 캐릭터를 그려보겠습니다.

도형을 그리는 도형 도구 알아보기

사각형 도구▣를 길게 클릭하고 있으면 도형을 그릴 수 있는 도구들이 나타납니다. 원하는 도형 도구를 클릭하고 아트보드 위를 드래그하면 도형을 그릴 수 있습니다.

> 플레어 도구(Flare Tool)는 도형을 그리는 도구가 아닙니다. 플레어 도구를 클릭하고 오브젝트 위를 드래그하면 빛이 반짝이는 효과가 적용됩니다.

① **사각형 도구** ▣ | 드래그하여 사각형을 그릴 수 있습니다.

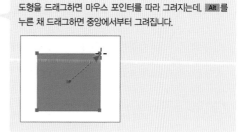

> 도형을 드래그하면 마우스 포인터를 따라 그려지는데, Alt 를 누른 채 드래그하면 중앙에서부터 그려집니다.

▲ 자유롭게 드래그

▲ Shift +드래그

② **둥근 사각형 도구** ▣ | 드래그하여 모서리가 둥근 사각형을 그릴 수 있습니다.

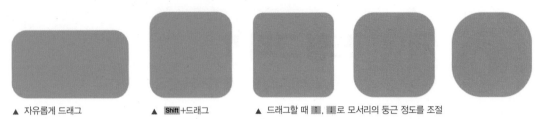

▲ 자유롭게 드래그   ▲ `Shift`+드래그   ▲ 드래그할 때 ↑ , ↓ 로 모서리의 둥근 정도를 조절

사각형 도구▣로 사각형을 그린 후 모서리 안쪽에 있는 라이브 코너 위젯⊙을 안쪽으로 드래그하면 모서리를 둥글게 수정할 수 있으므로 둥근 사각형 도구▣는 활용도가 낮습니다. 라이브 코너 위젯은 CC 2018 버전부터 제공된 신기능입니다.

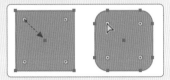

③ **원형 도구** ▣ | 드래그하여 원을 그릴 수 있습니다.

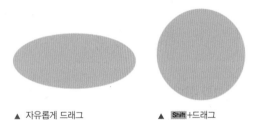

▲ 자유롭게 드래그   ▲ `Shift`+드래그

그려놓은 원을 선택 도구▶로 선택하면 외곽에 조절점⊙이 나타납니다. 조절점⊙을 드래그하면 부채꼴을 만들 수 있습니다. CC 2018 버전부터 제공된 신기능으로 CC 2017 이하 버전에서는 나타나지 않습니다.

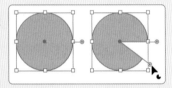

④ **다각형 도구** ▣ | 드래그하여 변이 여러 개인 다각형을 그릴 수 있습니다.

▲ `Shift`+드래그   ▲ 드래그할 때 ↑를 누르면 변의 개수가 많아지고 ↓를 누르면 적어짐

그려놓은 다각형을 선택하면 외곽에 개수 조절점◇이 나타납니다. 개수 조절점◇을 위로 드래그하면 변의 개수가 줄고 아래로 드래그하면 변의 개수가 늡니다. CC 2018 버전부터 제공된 신기능으로 CC 2017 이하 버전에서는 나타나지 않습니다.

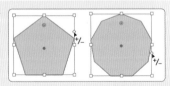

⑤ **별모양 도구** ☆ ┃ 드래그하여 별모양 도형을 그릴 수 있습니다.

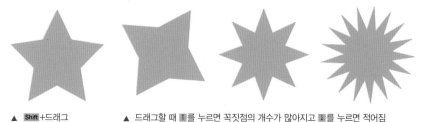

    ▲ `Shift`+드래그   ▲ 드래그할 때 `↑`를 누르면 꼭짓점의 개수가 많아지고 `↓`를 누르면 적어짐

정확한 수치로 도형 그리기

도구바에서 사각형 도구 등의 도형 도구를 클릭하고 아트보드의 빈 곳을 클릭하면 각 도형의 옵션 대화상자가 나타납니다. 정확한 수치를 입력하고 [OK]를 클릭하면 정확한 크기의 도형을 만들 수 있습니다.

사각형 도구, [Rectangle] 대화상자

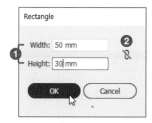

① **Width / Height** ┃ 가로와 세로 값을 수치로 입력할 수 있습니다.
② 연결하면 가로와 세로의 비율이 유지됩니다.

둥근 사각형 도구, [Rounded Rectangle] 대화상자

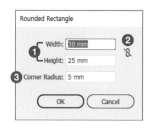

① **Width / Height** ┃ 가로와 세로 값을 수치로 입력할 수 있습니다.
② 연결하면 가로와 세로의 비율이 유지됩니다.
③ **Corner Radius** ┃ 모서리의 둥근 정도입니다.

원형 도구, [Ellipse] 대화상자

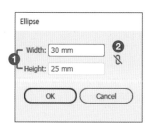

① **Width / Height** ┃ 가로와 세로 지름 값을 수치로 입력할 수 있습니다.
② 연결하면 가로와 세로의 비율이 유지됩니다.

다각형 도구, [Polygon] 대화상자

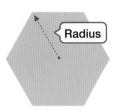

① **Radius** ㅣ 중심에서 바깥점까지의 거리입니다.
② **Sides** ㅣ 변(꼭짓점)의 개수입니다.

별모양 도구, [Star] 대화상자

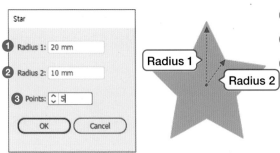

① **Radius 1** ㅣ 중심에서 바깥점까지의 거리입니다.
② **Radius 2** ㅣ 중심에서 안쪽점까지의 거리입니다.
③ **Points** ㅣ 꼭짓점의 개수입니다.

그려놓은 도형을 정확한 수치로 수정하기

선택한 오브젝트에 따라 항목이 다릅니다.

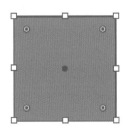

[Properties]-[Transform] 패널에서 이미 그려놓은 도형의 크기나 각도를 정확하게 수정할 수 있습니다. [Transform] 패널은 패스의 크기, 위치, 각도, 기울기를 조절하는 패널입니다. 패널이 안 보인다면 상단의 [Window]-[Transform] 메뉴를 선택합니다.

① 패스 중심점의 위치를 지정할 수 있습니다.

② X | 가로 위치를 지정할 수 있습니다.

③ Y | 세로 위치를 지정할 수 있습니다.

④ W | 가로 길이를 지정할 수 있습니다.

⑤ H | 세로 길이를 지정할 수 있습니다.

⑥ **링크** | 클릭하면 가로와 세로의 비율이 유지되면서 수정됩니다.

⑦ **각도** | 각도를 조절할 수 있습니다.

⑧ **기울기** | 기울기를 조절할 수 있습니다.

⑨ 가로와 세로의 길이를 지정할 수 있습니다. ④, ⑤와 같은 기능입니다.

⑩ 각도를 조절할 수 있습니다. ⑦과 같은 기능입니다.

⑪ 모서리의 둥근 정도를 지정할 수 있습니다.

⑫ **링크** | 클릭하면 모든 모서리의 비율이 유지되면서 수정됩니다.

⑬ **코너의 크기** | 체크한 상태로 크기를 수정하면 수정한 크기에 모서리의 둥근 정도도 함께 수정됩니다.

⑭ **선과 효과의 크기** | 체크한 상태로 크기를 수정하면 수정한 크기에 비례하여 선의 굵기나 효과도 함께 수정됩니다.

도형을 그리는 Shaper 도구 알아보기

Shaper 도구 로 아트보드 위에 대충 사각형을 드래그하면 반듯한 사각형이 만들어집니다. 같은 방법으로 원과 삼각형을 드래그해봅니다. 대충 드래그해도 비슷한 형태의 도형이 만들어집니다. Shaper 도구는 드래그하는 대로 도형이 만들어지므로 펜 마우스 사용자에게 편리한 도구입니다.

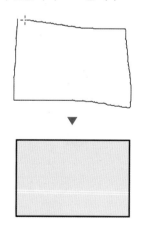
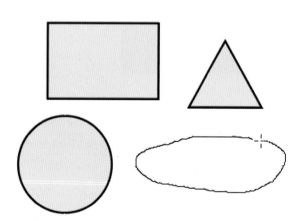

사각형, 원형 도구로 토끼 캐릭터 그리기

준비 파일 기본/Chapter 03/도형 그리기1.ai
핵심 기능 사각형 도구, 원형 도구, 라이브 코너 위젯

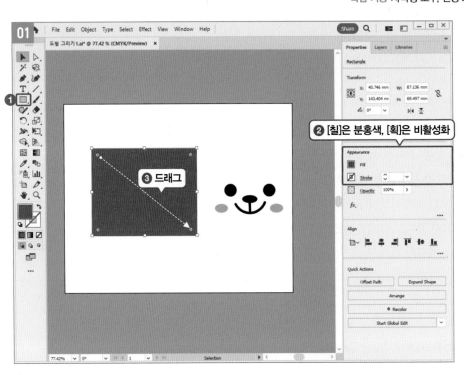

01

❷ [칠]은 분홍색, [획]은 비활성화

❸ 드래그

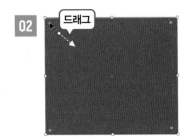

02 드래그

03 모서리 전체가 둥글게 수정됨

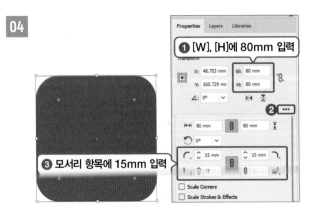

04
❶ [W], [H]에 80mm 입력
❸ 모서리 항목에 15mm 입력

05
❶ 길게 클릭

Rectangle Tool (M)
Rounded Rectangle Tool
Ellipse Tool (L) ❷
Polygon Tool
Star Tool
Flare Tool

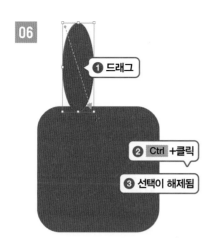

06
① 드래그
② Ctrl +클릭
③ 선택이 해제됨

07
Properties Layers Libraries
No Selection
Transform
X: 0 mm   W: 0 mm
Y: 0 mm   H: 0 mm
△: 0°
> Text to Vector Graphic (Beta)
Appearance
□ Fill   ① [칠]을 흰색으로 설정
Stroke
Opacity 100% >

② 드래그

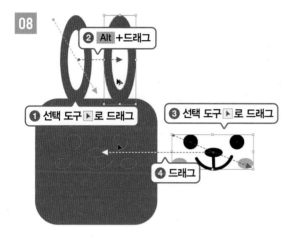

08
② Alt +드래그
① 선택 도구 ▶로 드래그
③ 선택 도구 ▶로 드래그
④ 드래그

09
Properties Layers Libraries ①
Search All
Layer 1
<Rectang...>
<Ellipse>
<Ellipse>
<Ellipse>
<Ellipse>
<Ellipse> ②
<Ellipse>
<Line>
<Path>
<Ellipse>
<Ellipse>
③ Shift +클릭

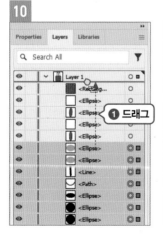
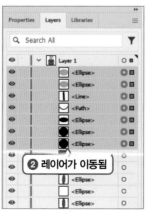

10
Properties Layers Libraries
Search All
Layer 1
<Rectang...>
<Ellipse>
<Ellipse>
<Ellipse>
<Ellipse>
<Ellipse>
<Ellipse>
<Line>
<Path>
<Ellipse>
<Ellipse>
① 드래그

Properties Layers Libraries
Search All
Layer 1
<Ellipse>
<Ellipse>
<Line>
<Path>
<Ellipse>
<Ellipse>
<Ellipse>
<Ellipse>
<Ellipse>
② 레이어가 이동됨

11
토끼 캐릭터 완성

치수 확인 하는 방법 [Transform] 패널과 [치수] 도구로 치수를 확인해보겠습니다. QR 코드로 접속하여 영상으로 확인해봅니다.

동영상 강의 확인하기

다각형, 원형 도구로 병아리 캐릭터 그리기

준비 파일 기본/Chapter 03/도형 그리기2.ai
핵심 기능 다각형 도구, 원형 도구

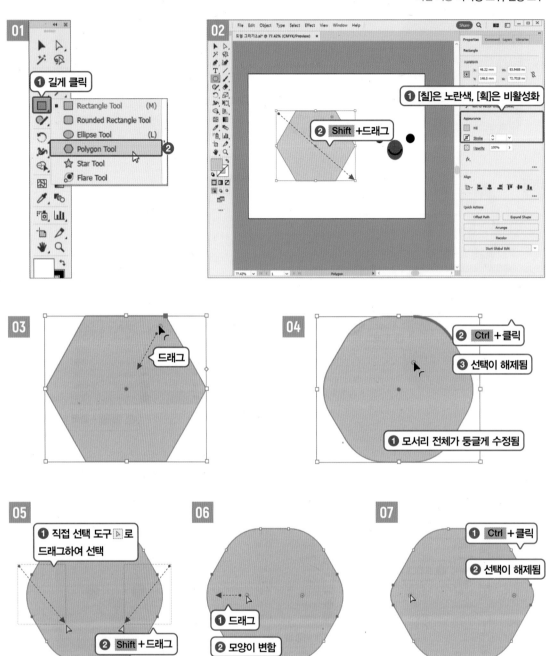

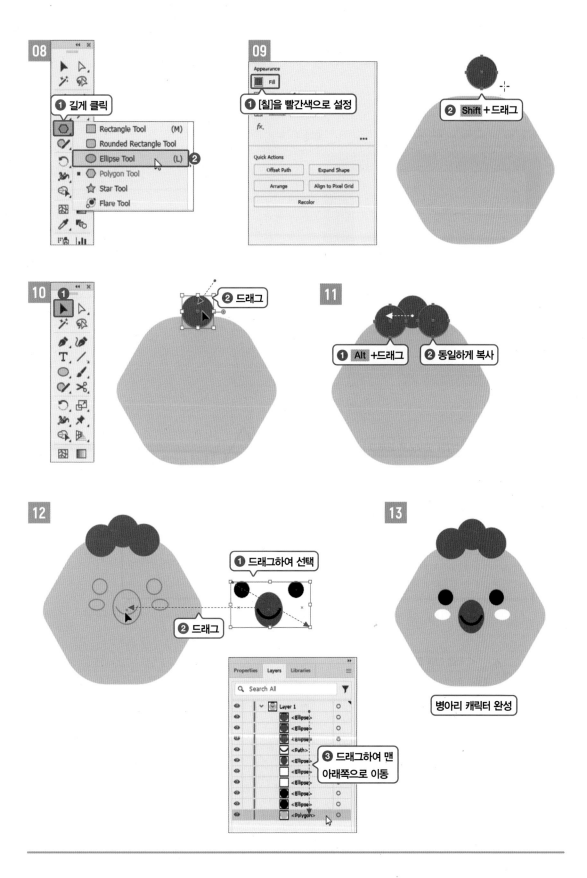

08

❶ 길게 클릭

Rectangle Tool (M)
Rounded Rectangle Tool
Ellipse Tool (L) ❷
Polygon Tool
Star Tool
Flare Tool

09

Appearance

Fill

❶ [칠]을 빨간색으로 설정

ƒx,

•••

Quick Actions

Offset Path | Expand Shape

Arrange | Align to Pixel Grid

Recolor

❷ Shift +드래그

10

❶

❷ 드래그

11

❶ Alt +드래그   ❷ 동일하게 복사

12

❶ 드래그하여 선택

❷ 드래그

Properties Layers Libraries

Search All

Layer 1
<Ellipse>
<Ellipse>
<Ellipse>
<Path>
<Ellipse>
<Ellipse>
<Ellipse>
<Ellipse>
<Ellipse>
<Polygon>

❸ 드래그하여 맨
아래쪽으로 이동

13

병아리 캐릭터 완성

Shaper 도구로 고양이 캐릭터 그리기

준비 파일 기본/Chapter 03/도형 그리기3.ai
핵심 기능 Shaper 도구

01

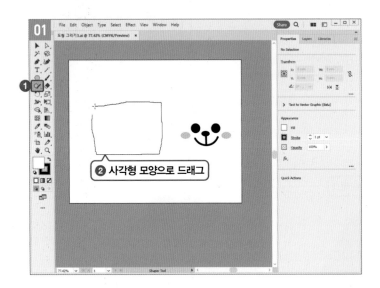

❶

❷ 사각형 모양으로 드래그

02

회색 사각형이 그려짐

03

삼각형 모양으로 드래그

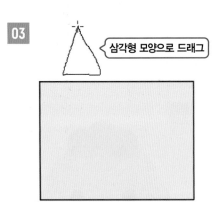

04

회색 삼각형이 그려짐

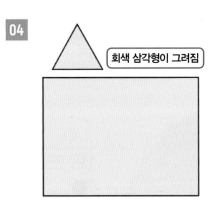

05

직접 선택 도구 ▷로 드래그

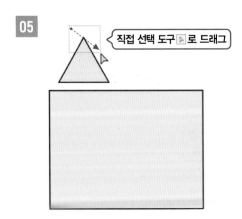

06

클릭

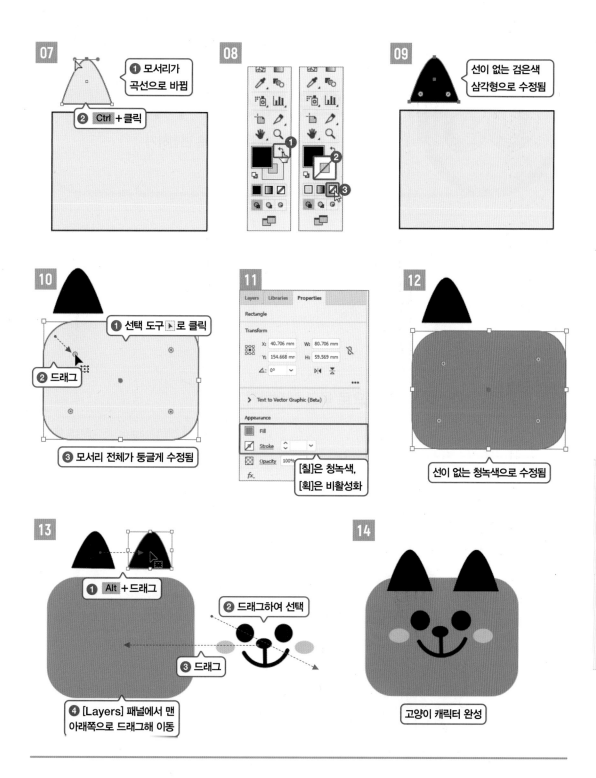

07
① 모서리가 곡선으로 바뀜
② Ctrl +클릭

08

09
선이 없는 검은색 삼각형으로 수정됨

10
① 선택 도구 ▶로 클릭
② 드래그
③ 모서리 전체가 둥글게 수정됨

11
Layers Libraries **Properties**

Rectangle

Transform
X: 40.706 mm   W: 80.706 mm
Y: 154.668 mr   H: 59.569 mm
∠: 0°

⟩ Text to Vector Graphic (Beta)

Appearance
☐ Fill
☐ Stroke
⊠ Opacity 100%
fx.

[칠]은 청녹색, [획]은 비활성화

12
선이 없는 청녹색으로 수정됨

13
① Alt +드래그
② 드래그하여 선택
③ 드래그
④ [Layers] 패널에서 맨 아래쪽으로 드래그해 이동

14
고양이 캐릭터 완성

그룹으로 패스 관리하기

여러 패스를 하나로 묶어 효율적으로 편집하기

파일이 많아지면 폴더로 묶어 관리하듯이, 여러 개의 패스를 하나의 그룹으로 묶어서 관리하면 편리합니다.
여러 개의 패스를 그룹으로 묶어두면 한꺼번에 선택하고 옮길 수 있어서 작업 시간이 많이 단축됩니다. 그럼
지금부터 패스를 묶는 그룹에 대해 알아보겠습니다.

간단 실습   여러 패스를 그룹으로 묶고 해제하기

준비 파일 기본/Chapter 03/그룹으로 묶기1.ai

01 ❶ 선택 도구▶를 클릭한 후 ❷ 여러 개의 패스를 전체 드래그하여 함께 선택합니다. ❸ Ctrl + G 를
누르면 하나의 그룹으로 묶입니다. ❹ [Layers] 패널을 보면 여러 개였던 레이어가 하나로 묶인 것을 확인할
수 있습니다.

02 ❶ 그룹으로 묶인 패스를 클릭하고 ❷ **Ctrl** + **Shift** + **G** 를 누르면 그룹이 다시 해제됩니다. ❸
[Layers] 패널을 보면 그룹이 해제되어 레이어가 여러 개임을 확인할 수 있습니다.

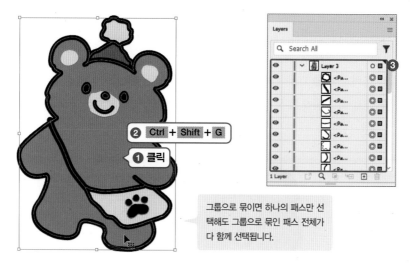

그룹으로 묶이면 하나의 패스만 선택해도 그룹으로 묶인 패스 전체가 다 함께 선택됩니다.

기능 꼼꼼 익히기 ✏️ **그룹 단축키 Ctrl + G 알아두기**

Ctrl + **G** 는 [Object]–[Group] 메뉴의 단축키입니다. 자주 사용하는 기능이므로 단축키를 알아두는 것이 좋습니다.

그룹 선택 도구 알아보기

준비 파일 기본/Chapter 03/그룹으로 묶기1.ai

그룹 선택 도구는 그룹으로 묶인 오브젝트를 개별 선택할 수 있는 도구입니다.

01 ❶ 직접 선택 도구▷를 길게 클릭하여 ❷ 그룹 선택 도구▷를 클릭합니다. ❸ Ctrl + A 를 눌러 모든 오브젝트를 선택하고 ❹ Ctrl + G 를 눌러 그룹으로 묶습니다. ❺ 아트보드의 빈 곳을 클릭하여 오브섹트의 선택을 해제합니다.

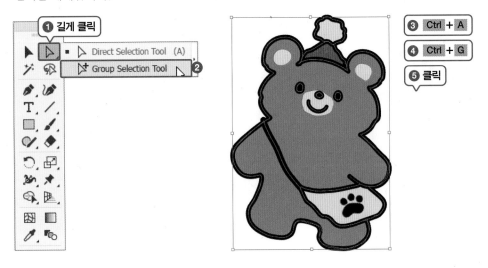

02 ❶ 그룹으로 묶여 있는 오브젝트의 한 부분을 클릭하면 클릭한 부분만 선택되고 ❷ 더블클릭하면 그룹으로 된 전체가 선택됩니다.

그룹으로 묶어 옮기고 복사하기

준비 파일 기본/Chapter 03/그룹으로 묶기2.ai
핵심 기능 **그룹**

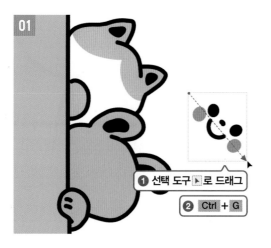

01

❶ 선택 도구 ▶로 드래그

❷ Ctrl + G

02

눈, 코, 입이 그룹으로 묶임

03

드래그

04

눈, 코, 입 전체가 이동됨

05

❶ Alt +드래그

❷ 눈, 코, 입 전체가 복제됨

여러 개의 패스를 정렬하기

[Align] 패널로 패스를 정확하게 정렬하기

여러 개의 오브젝트를 수직, 수평 정렬하려면 눈짐작만으로는 어렵습니다. 이때 얼라인(Align, 정렬) 기능을 이용하면 쉽고 정확하게 오브젝트를 정렬할 수 있습니다. [Align] 패널을 이용하여 오브젝트를 정확하게 정렬해보겠습니다.

[Align] 패널에 대해 알아보기

오브젝트를 두 개 이상 함께 선택하면 [Properties] 패널에 [Align] 패널이 나타납니다. 더 보기 ⋯를 클릭하면 더 많은 정렬 항목을 선택할 수 있습니다. [Align] 패널이 보이지 않는다면 [Window]-[Align] 메뉴를 선택합니다. [Align] 패널이 플로팅되어 나타납니다.

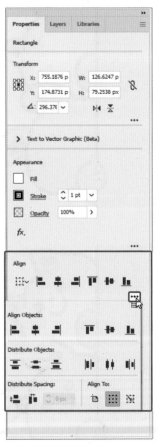

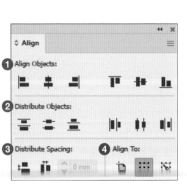

▲ 플로팅된 [Align] 패널

▲ [Properties]-[Align] 패널

① **Align Objects** | 오브젝트를 정렬하는 기본 방식입니다.

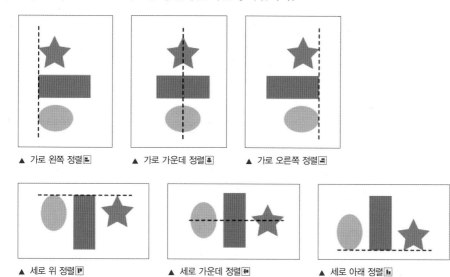

▲ 가로 왼쪽 정렬　　　▲ 가로 가운데 정렬　　　▲ 가로 오른쪽 정렬

▲ 세로 위 정렬　　　▲ 세로 가운데 정렬　　　▲ 세로 아래 정렬

② **Distribute Objects** | 임의의 선을 기준으로 선 사이의 간격을 정렬하는 방식입니다.

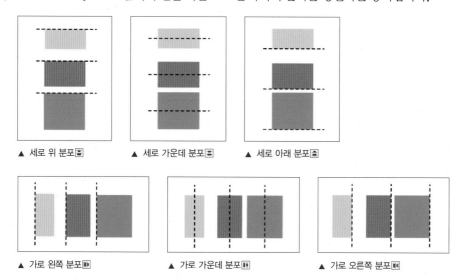

▲ 세로 위 분포　　　▲ 세로 가운데 분포　　　▲ 세로 아래 분포

▲ 가로 왼쪽 분포　　　▲ 가로 가운데 분포　　　▲ 가로 오른쪽 분포

③ **Distribute Spacing** | 오브젝트 사이의 간격을 수치로 조절할 수 있습니다. [Distribute Spacing]이 보이지 않는다면 옵션을 클릭하고 [Show Options]를 선택합니다.

④ **Align To** | 정렬 기준을 선택할 수 있습니다.

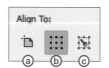

ⓐ **Align to Artboard** ㅣ 아트보드를 중심으로 정렬됩니다.

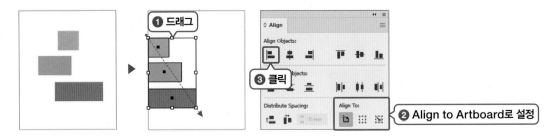

ⓑ **Align to Selection** ㅣ 선택한 오브젝트 사이의 평균 지점에서 정렬됩니다.

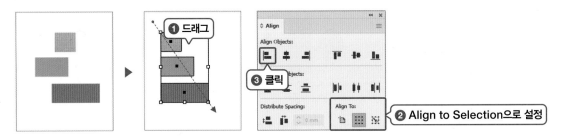

ⓒ **Align to Key Object** ㅣ 여러 개의 오브젝트를 모두 선택하고 기준으로 삼을 키 오브젝트를 클릭하면 키 오브젝트 기준으로 정렬됩니다.

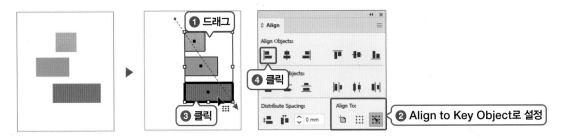

간단실습 **오브젝트의 간격 조절하기**

01 ❶ 여러 개의 오브젝트를 드래그하여 모두 선택하고 ❷ 기준이 될 오브젝트를 클릭합니다. ❸ 그런 다음 [Distribute Spacing]에 **30mm**을 입력하고 ❹ 세로 간격🔳 또는 가로 간격🔳을 클릭하면 입력한 수치만큼 세로 또는 가로로 오브젝트의 간격이 조절됩니다.

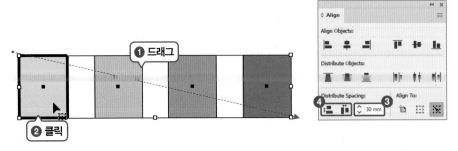

준비 파일 기본/Chapter 03/정렬하기1.ai
핵심 기능 Align

선택 도구 ▶ 로 하나씩
Shift +클릭해 함께 선택

클릭

세로선을 기준으로 가운데 정렬됨

하나씩 Shift +클릭해
함께 선택

클릭

가로선을 기준으로 가운데 정렬됨

준비 파일 기본/Chapter 03/정렬하기2.ai
핵심 기능 Align, Distribute Spacing

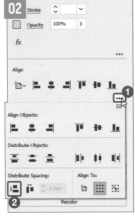

간격을 조절할 때 세로 가운데 분포□을 클릭해야 할 것 같지만, 오브젝트의 크기가 달라서 세로 가운데 분포□을 클릭하면 동일한 간격으로 정렬되지 않습니다.

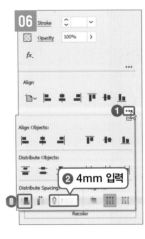

아트보드를 기준으로 정렬하기

준비 파일 기본/Chapter 03/정렬하기3.ai
핵심 기능 Align, Align To

01 선택 도구 ▶로 클릭

02

하위 버전 사용자 중에서 [Align] 패널의 Align To ▣가 보이지 않는다면 더 보기 ⋯를 클릭하고 Align To ▣를 클릭합니다.

03 아트보드 기준으로 정렬됨

[Align] 패널의 세부 기능을 많이 사용한다면 [Window] [Align] Shift + F7 메뉴를 선택해 [Align] 패널을 꺼내놓고 사용하기를 추천합니다. [Align] 패널의 세부 기능이 다 보이지 않는다면 옵션 ▤을 클릭하고 [Show Options]를 선택합니다.

패스를 합치고 나누기

도형 구성 도구와 [Pathfinder] 패널로 아이콘 만들기

두 개 이상의 오브젝트를 합치거나 나누면 복잡한 형태를 쉽게 만들 수 있습니다. 도형 구성 도구와 [Pathfinder] 패널로 다양한 모양의 아이콘을 만들어보겠습니다.

도형 구성 도구 알아보기

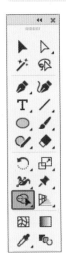

도형 구성 도구⊙는 두 개 이상의 오브젝트를 합치거나 나누는 도구입니다.

두 개의 오브젝트를 함께 선택하고 도형 구성 도구⊙로 드래그하면 합쳐집니다. 반대로 겹쳐진 부분을 클릭하면 오브젝트가 나뉩니다.

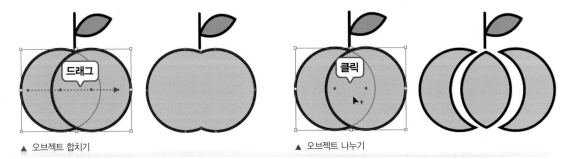

▲ 오브젝트 합치기   ▲ 오브젝트 나누기

[Pathfinder] 패널 알아보기

오브젝트를 두 개 이상 함께 선택하면 작업 화면 오른쪽에 [Properties]－[Pathfinder] 패널이 나타납니다. 더 보기 ⋯ 를 클릭하면 더 많은 기능이 나타납니다.

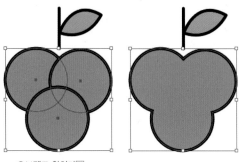

▲ 오브젝트 합치기 🔳

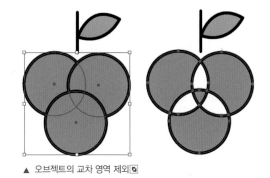

▲ 오브젝트의 교차 영역 제외 🔳

[Window]－[Pathfinder] 메뉴를 선택하면 [Pathfinder] 패널이 플로팅되어 나타납니다. 두 개의 오브젝트를 겹쳐놓고 하나씩 클릭해보겠습니다.

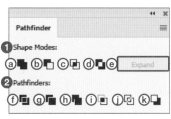

▲ 플로팅된 [Pathfinder] 패널

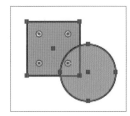

▲ 원본

① **Shape Modes** | 여러 가지 방식으로 오브젝트를 합칩니다.

ⓐ **합치기** 🔳 | 선택한 오브젝트를 하나로 합칩니다.

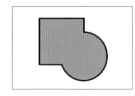

ⓑ **앞쪽 지우기** 🔳 | 맨 앞에 있는 오브젝트 영역을 지웁니다.

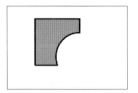

ⓒ **교차 영역** ▣ | 선택한 오브젝트 중 겹쳐진 부분만 남깁니다.

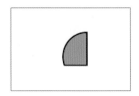

ⓓ **교차 영역 제외** ▣ | 선택한 오브젝트 중 겹쳐진 부분만 삭제됩니다.

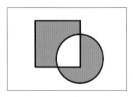

ⓔ **Expand** | **Alt** 를 누른 채 ⓐ, ⓑ, ⓒ, ⓓ를 클릭하면 효과가 바로 적용되지 않고 미리 보기가 됩니다. 미리 보기에서는 얼마든지 다른 것을 선택할 수 있습니다. 최종 선택한 다음 [Expand]를 클릭하면 효과가 적용됩니다.

② **Pathfinders** | 오브젝트에서 겹치는 패스를 이용하여 오브젝트를 나눕니다.

ⓕ **나누기** ▣ | 겹쳐지는 영역이 모두 나눠집니다.

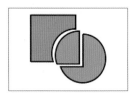

ⓖ **동색 오브젝트 분리** ▣ | 뒤에 있는 오브젝트의 겹쳐진 부분만 삭제됩니다.

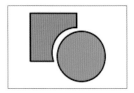

ⓗ **병합** ▣ | 오브젝트의 색이 같으면 합치고, 색이 다르면 나눠집니다.

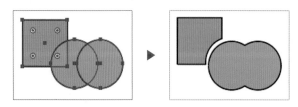

ⓘ **자르기** 🔳 | 겹쳐진 부분과 맨 앞쪽 오브젝트의 패스 선만 남깁니다.

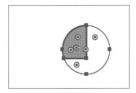

ⓙ **윤곽선** 🔳 | 오브젝트가 겹쳐진 상태를 패스 선으로 남깁니다.

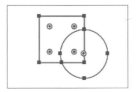

ⓚ **이면 오브젝트 제외** 🔳 | 뒤에 있는 오브젝트의 영역을 지우고, 맨 앞 오브젝트의 영역만 남깁니다.

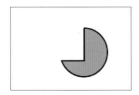

기능 꼼꼼 익히기 ✎ **도형 구성 도구와 [Pathfinder] 패널의 차이점 알아보기**

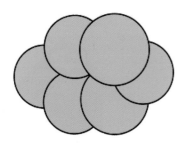

도형 구성 도구 🔳로는 나누거나 합치는 것만 할 수 있는데, [Pathfinder] 패널로는 다양한 방법으로 나누거나 합칠 수 있습니다. 예를 들어 다음과 같이 여러 개의 패스를 합쳐야 할 경우 도형 구성 도구로 합치려면 여러 번 드래그해야 하지만 [Pathfinder] 패널에서는 합치기를 한 번만 클릭하면 됩니다. 간단한 편집은 도형 구성 도구로 하고, 복잡한 편집은 [Pathfinder] 패널을 이용하면 편리합니다.

원을 여러 개 겹쳐놓고 합쳐서 구름을 만들어보겠습니다. ❶ 도형 구성 도구 🔳로는 여러 번 드래그해야 합쳐집니다. ❷ [Pathfinder] 패널에서는 합치기 🔳를 한 번 클릭하면 합쳐집니다.

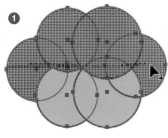

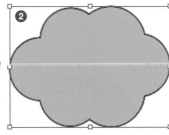

도형 구성 도구로 합치고 나누기

준비 파일 기본/Chapter 03/합치고 나누기1.ai
핵심 기능 도형 구성 도구

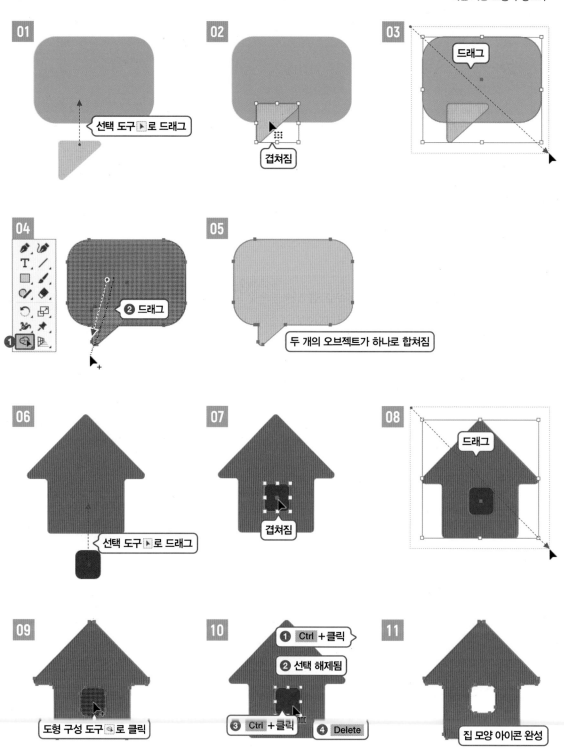

01 선택 도구 ▶로 드래그

02 겹쳐짐

03 드래그

04 ① ② 드래그

05 두 개의 오브젝트가 하나로 합쳐짐

06 선택 도구 ▶로 드래그

07 겹쳐짐

08 드래그

09 도형 구성 도구 ⊙로 클릭

10 ① Ctrl +클릭 ② 선택 해제됨 ③ Ctrl +클릭 ④ Delete

11 집 모양 아이콘 완성

[Pathfinder] 패널로 패스 합치고 나누기

준비 파일 기본/Chapter 03/합치고 나누기2.ai
핵심 기능 [Pathfinder] 패널

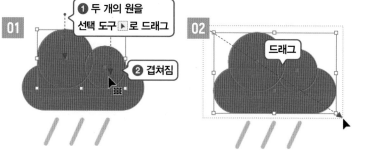

01
❶ 두 개의 원을
선택 도구 ▶로 드래그
❷ 겹쳐짐

02
드래그

03
Align
합치기 클릭
Expand
Quick Actions
Group   Recolor

04
구름 아이콘 완성

05
드래그

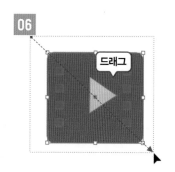

06
드래그

07
Align
Pathfinder
Expand
❶ ...
Shape Modes:
Expand
❷ 나누기 클릭
Pathfinders:
Make Clipping Mask

08
Propert ❶ Layers Libraries
Search All
Layer 1
> <Group>
<Path>
<Line>
❷ 그룹으로 묶여
있는 것 확인
❸ Ctrl + Shift + G
❹ 그룹이 해제됨

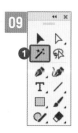

09
❶
❷ 클릭
❸ Delete

10
Ctrl +드래그

11
재생 아이콘 완성

한눈에 실습   선을 기준으로 면 나누기

준비 파일 기본/Chapter 03/합치고 나누기3.ai
핵심 기능 [Pathfinder] 패널

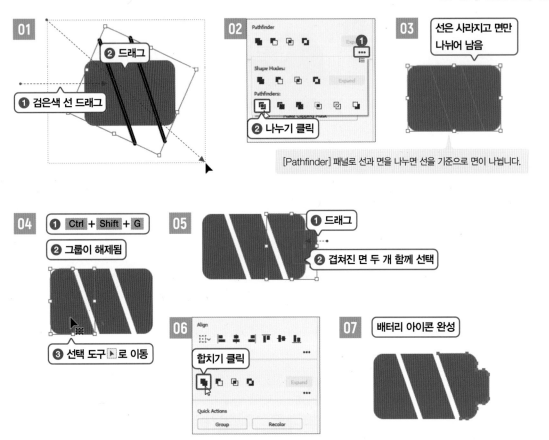

01 ② 드래그
① 검은색 선 드래그

02 Pathfinder
Shape Modes:
Pathfinders:
② 나누기 클릭

03 선은 사라지고 면만 나뉘어 남음

[Pathfinder] 패널로 선과 면을 나누면 선을 기준으로 면이 나뉩니다.

04 ① Ctrl + Shift + G
② 그룹이 해제됨
③ 선택 도구 ▶로 이동

05 ① 드래그
② 겹쳐진 면 두 개 함께 선택

06 Align
합치기 클릭
Quick Actions
Group   Recolor

07 배터리 아이콘 완성

한눈에 실습   Outline Stroke로 선을 면으로 바꾸어 합치기

준비 파일 기본/Chapter 03/합치고 나누기4.ai
핵심 기능 Outline Stroke

01
선택 도구 ▶로 클릭
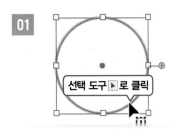

02 Appearance
Fill
Stroke   20 pt   ← 20pt 입력
Opacity 100%
fx.
Quick Actions
Arrange   Align to Pixel Grid
Recolor

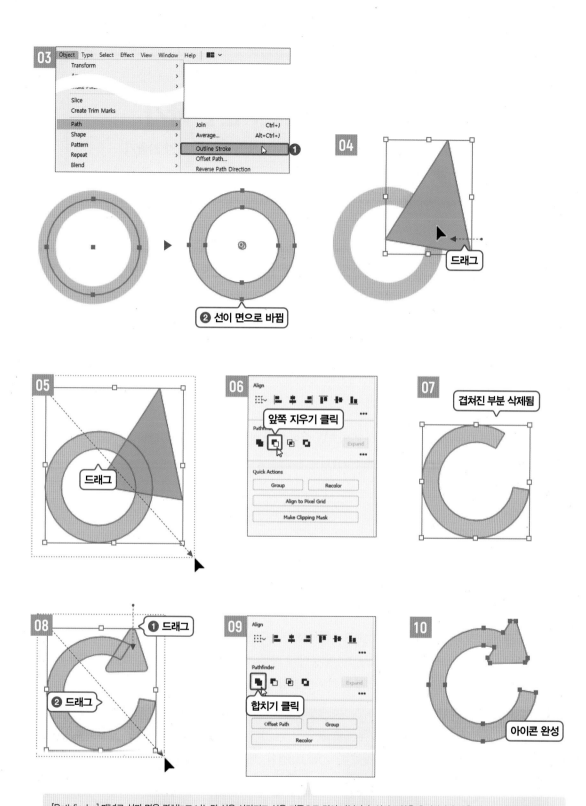

03 Object Type Select Effect View Window Help

Transform
Slice
Create Trim Marks
Path > Join Ctrl+J
Shape > Average... Alt+Ctrl+J
Pattern > Outline Stroke ❶
Repeat > Offset Path...
Blend > Reverse Path Direction

04 드래그

❷ 선이 면으로 바뀜

05 드래그

06 Align

앞쪽 지우기 클릭

Expand

Quick Actions
Group   Recolor
Align to Pixel Grid
Make Clipping Mask

07 겹쳐진 부분 삭제됨

08 ❶ 드래그
❷ 드래그

09 Align

Pathfinder

Expand

합치기 클릭

Offset Path   Group
Recolor

10 아이콘 완성

[Pathfinder] 패널로 선과 면을 겹쳐놓고 나누면 선은 사라지고 선을 기준으로 면이 나뉩니다. 선의 모양을 유지하려면 선을 면으로 바꾸어야 합니다.

LESSON

08 패스를 회전, 반전하기

회전 도구와 반사 도구로 활용도 높은 문양 만들기

일러스트레이터에서 패스를 선택하면 모양을 자유자재로 변형할 수 있는 바운딩 박스가 나타납니다. 바운딩 박스로도 패스를 회전하거나 반전할 수 있지만, 회전 도구와 반사 도구를 사용하면 좀 더 정확하고 다양한 방식으로 변형할 수 있습니다. 이번 실습에서는 회전 도구와 반사 도구로 활용도 높은 문양을 만들어보겠습니다.

회전 도구와 반사 도구 알아보기

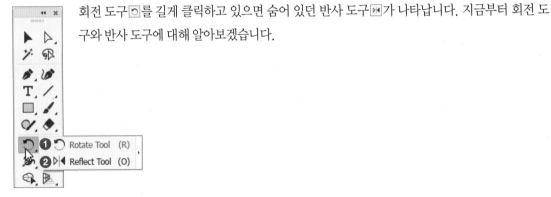

회전 도구⟳를 길게 클릭하고 있으면 숨어 있던 반사 도구◁가 나타납니다. 지금부터 회전 도구와 반사 도구에 대해 알아보겠습니다.

① **회전 도구** ⟳ | 오브젝트를 선택하고 도구바에서 회전 도구를 클릭하면 오브젝트 중앙에 고정점✛이 나타납니다. 이때 오브젝트를 바로 드래그하면 중앙에 있는 고정점을 기준으로 회전되고, 고정점을 옮기고 드래그하면 옮긴 지점에 있는 고정점을 기준으로 회전됩니다.

▲ 회전하기　　　　　　　　　　　　　　▲ 고정점 옮겨서 회전하기

② **반사 도구** ▷◁ | 오브젝트를 선택하고 도구바에서 반사 도구를 클릭하면 오브젝트 중앙에 고정점 ⊞이 나타납니다. 오브젝트를 바로 드래그하면 중앙에 있는 고정점을 기준으로 반전되고, 고정점을 옮기고 드래그하면 옮긴 지점에 있는 고정점을 기준으로 반전됩니다.

▲ 반전하기

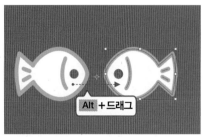

▲ 복제하여 반전하기

> 회전 도구 또는 반사 도구로 드래그할 때 Shift 를 누른 채 드래그하면 45°씩 회전 또는 반전되고 Alt 를 누른 채 드래그하면 복제되면서 회전 또는 반전됩니다.

정확한 수치로 회전, 반전하기

오브젝트를 선택하고 도구바에서 회전 도구나 반사 도구를 더블클릭하면 정확한 수치로 회전 또는 반전할 수 있습니다.

회전 도구, [Rotate] 대화상자

① **Angle** | 직접 선을 돌리거나 수치를 입력할 수 있습니다.
② **Options** | 패턴을 적용한 경우 패턴도 함께 회전할 수 있습니다.
③ **Preview** | 회전한 모습을 미리 확인할 수 있습니다.

반사 도구, [Reflect] 대화상자

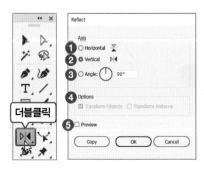

① **Horizontal** | 수평선을 기준으로 반전할 수 있습니다.
② **Vertical** | 수식선을 기순으로 반선알 수 있습니다.
③ **Angle** | 각도를 조절하여 반전할 수 있습니다. 회전 도구와 같은 결과가 나타납니다.
④ **Options** | 패턴을 적용한 경우 패턴도 함께 회전할 수 있습니다.
⑤ **Preview** | 반전한 모습을 미리 확인할 수 있습니다.

준비 파일 기본/Chapter 03/회전 반전하기1.ai
핵심 기능 회전 도구

01 선택 도구 ▶로 클릭

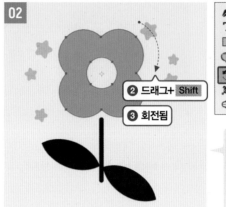

02 ② 드래그+ Shift

③ 회전됨

> Shift 를 먼저 누른 채 드래그를 시작하는 것이 아니라, 드래그를 시작한 후 조금 이동됐을 때 Shift 를 누릅니다.

03 ① Ctrl +클릭

② 클릭

04 ③ 자동 선택 도구 🪄로 클릭

④ 별이 모두 선택됨

① 고정점 ✦이 이동됨

② 드래그

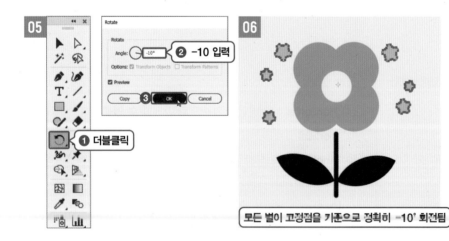

05 ① 더블클릭

Rotate

Rotate

Angle: -10° ② −10 입력

Options: ☑ Transform Objects ☐ Transform Patterns

☑ Preview

Copy ③ OK Cancel

06 모든 별이 고정점을 기준으로 정확히 −10° 회전됨

Transform Again으로 회전을 자동 반복하기

준비 파일 기본/Chapter 03/회전 반전하기2.ai
핵심 기능 회전 도구, Transform Again

01 선택 도구 ▶로 클릭

02 ❷ Alt +클릭

회전 도구 ⟳를 클릭하고 Alt 를 누른 채 아트보드의 빈 곳을 클릭하면 중심점이 클릭한 지점으로 이동되면서 [Rotate] 대화상자가 나타납니다.

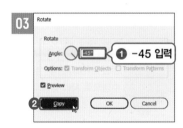

03 Rotate
Rotate
Angle: -45° ❶ −45 입력
Options: ☑ Transform Objects ☐ Transform Patterns
☑ Preview
❷ Copy OK Cancel

04 꽃잎이 회전+복제됨

05 Ctrl + D 여러 번 누름

06 꽃 모양 완성

Ctrl + D 는 [Object]–[Transform]–
[Transform Again] 메뉴의 단축키입니다.
'방금 전에 했던 변형을 반복하라'는 명령입
니다.

한눈에 실습 | 반사 도구로 하트 만들기

준비 파일 기본/Chapter 03/회전 반전하기3.ai
핵심 기능 반사 도구

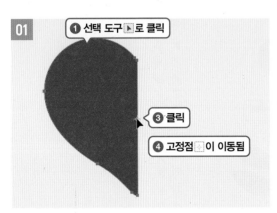

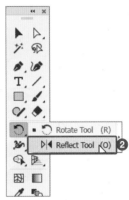

01
❶ 선택 도구 ▶로 클릭
❸ 클릭
❹ 고정점 ⬚이 이동됨
Rotate Tool (R)
Reflect Tool (O) ❷

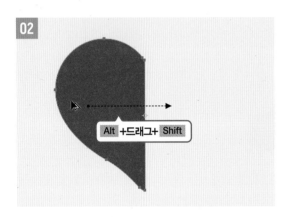

02
Alt +드래그+ Shift

03
반전+복제되면서
수평으로 자리 잡음

한눈에 실습 | 회전 도구와 반사 도구로 눈 결정체 문양 만들기

준비 파일 기본/Chapter 03/회전 반전하기4.ai
핵심 기능 회전 도구, 반사 도구

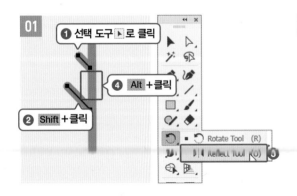

01
❶ 선택 도구 ▶로 클릭
❹ Alt +클릭
❷ Shift +클릭
Rotate Tool (R)
Reflect Tool (O) ❸

02
Reflect
Axis
○ Horizontal
◉ Vertical ▷◁ ❶ 클릭
○ Angle: 90°
Options
☑ Transform Objects ☐ Transform Patterns
☑ Preview
❷ Copy   OK   Cancel

03 반전+복제됨

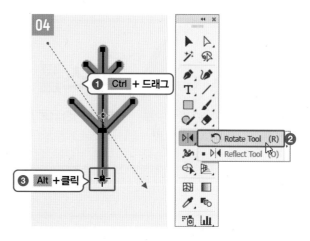

04
① Ctrl + 드래그
② Rotate Tool (R)
Reflect Tool (O)
③ Alt +클릭

05
Rotate
① −45 입력
Angle: -45°
Options: ☑ Transform Objects ☐ Transform Patterns
☑ Preview
② Copy   OK   Cancel

앞서 실습한 반사 도구로 하트 만들기 예제처럼 드래그하여 반전+복제해도 되고 지금처럼 [Reflect] 대화상자나 [Rotate] 대화상자로 반전+복제하거나 회전+복제해도 됩니다. 결과는 같습니다. 편한 방법을 선택하면 됩니다.

06 회전+복제됨

07
① Ctrl + D 여러 번 누름
② 방금 전에 했던 '회전+복제' 명령이 반복됨

08 눈 결정체 문양 완성

패스를 반복하여 그리기

반복 기능으로 대칭과 반복된 형태 표현하기

반복(Repeat) 기능은 오브젝트를 대칭 또는 연속해서 그리는 방식으로, 일러스트레이터 CC 2022 버전부터 추가된 신기능입니다. 반복 기능은 방사형, 격자형, 대칭형 이렇게 세 가지 유형을 활용해 다양한 형태를 만들 수 있고 수정 또한 쉽습니다. 176쪽에서 회전 도구와 반사 도구를 활용해 오브젝트를 대칭 또는 반복해 그리는 방법을 알아보았는데, 신기능인 반복 기능을 활용하면 좀 더 편리하게 작업할 수 있습니다.

반복 유형 알아보기

아트보드의 오브젝트를 클릭하고 [Object]-[Repeat] 메뉴를 선택합니다. 반복 기능은 세 가지 유형이 있는데 하나씩 살펴보겠습니다.

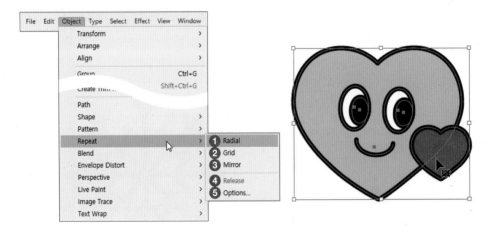

① **Radial** │ 오브젝트를 방사형으로 반복해 그립니다. 기본적으로는 여덟 개를 반복해 그리며 반복 횟수와 지름 등을 수정할 수 있습니다.
② **Grid** │ 오브젝트를 격자형으로 반복해 그립니다. 기본적으로는 네 개씩 두 줄로 배치되어 여덟 개가 그려지며 행, 열, 간격을 모두 수정할 수 있습니다.
③ **Mirror** │ 오브젝트를 거울에 비춘 것처럼 대칭형으로 그립니다. 오브젝트 간격과 대칭축의 각도를 수정할 수 있습니다.

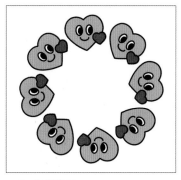
▲ Radial(방사형)

▲ Grid(격자)

▲ Mirror(뒤집기)

④ **Release** | 반복 기능을 취소합니다.

⑤ **Options** | 반복 기능의 옵션을 수정할 수 있는 [Repeat Options] 대화상자가 나타나며 [Properties]-
  [Repeat Options] 패널과 동일합니다.

기능 꼼꼼 익히기 ✏ **[Contextual Task Bar]로 반복 적용하기**

[Window]-[Contextual Task Bar(상황별 작업 표시줄)] 메뉴에 체크가 되어 있으면 오브젝트를 선택할 때마다 [Contextual Task Bar]가 나타납니다. ⚙를 클릭하여도 반복이 적용됩니다.

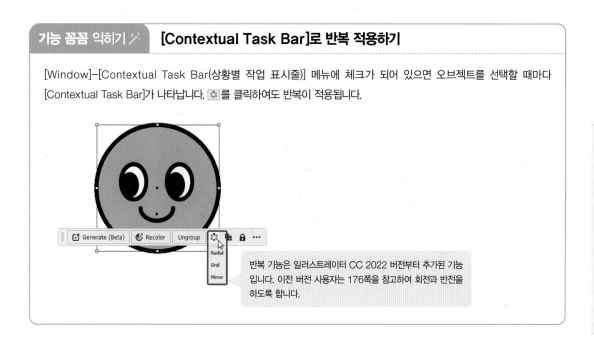

반복 기능은 일러스트레이터 CC 2022 버전부터 추가된 기능입니다. 이전 버전 사용자는 176쪽을 참고하여 회전과 반전을 하도록 합니다.

[Repeat Options] 패널 살펴보기

[Properties]-[Repeat Options] 패널 또는 [Object]-[Repeat]-[Options] 메뉴를 선택하면 나타나는 [Repeat Options] 대화상자에서 반복 기능의 옵션을 수정할 수 있습니다. 또한 아트보드에서 오브젝트의 조절점을 활용해 직접 수정할 수도 있습니다.

방사형 옵션 알아보기

① **Number of instances** ㅣ 반복 횟수를 조절합니다.

② **Radius** ㅣ 방사형의 지름을 조절합니다.

③ 반복이 시작되는 지점과 끝나는 지점을 수정합니다.

④ **Reverse Overlap** ㅣ 체크하면 반복하려는 오브젝트의 레이어가 여러 개일 때 레이어의 순서를 변경합
니다.

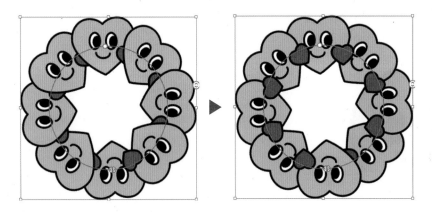

격자 옵션 알아보기

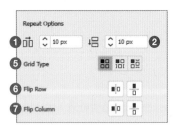

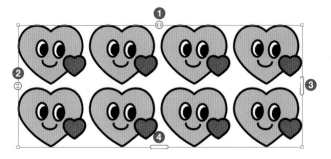

① **Horizontal spacing in grid** ｜ 오브젝트 간의 가로 간격을 조정합니다.

② **Vertical spacing in grid** ｜ 오브젝트 간의 세로 간격을 조정합니다.

③ 격자의 가로 영역을 조절합니다.

④ 격자의 세로 영역을 조절합니다.

⑤ **Grid Type** ｜ 행과 열의 배열 유형을 선택합니다. 기본 반복, 행이 엇갈리면서 반복, 열이 엇갈리면서 반복되는 것 중 하나를 선택할 수 있습니다.

⑥ **Flip Row** ｜ 행별로 가로 또는 세로로 반전할 수 있습니다.

⑦ **Flip Column** ｜ 열별로 가로 또는 세로로 반전할 수 있습니다.

뒤집기 옵션 알아보기

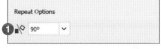

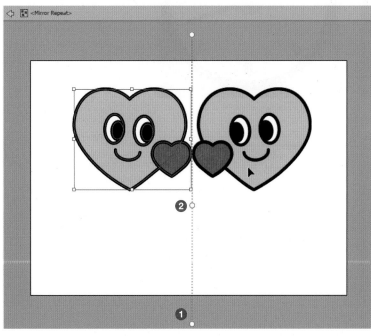

① 대칭축의 각도를 조절합니다.

② 오브젝트 간격을 조절합니다.

준비 파일 기본/Chapter 03/반복하기1.ai
핵심 기능 Repeat, Radial

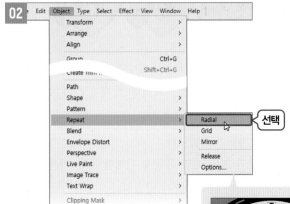

또는 [Contextual Task Bar]에서
⚙를 클릭 후 [Radial] 선택

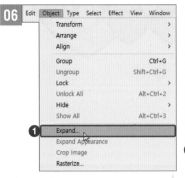

[Object]-[Expand] 메뉴를 선택하면 오브젝트가 완전한 패스로 처리됩니다.
패스로 처리되지 않으면 일러스트레이터 CC 2021 이하 버전에서 해당 파일을
열었을 때 오류가 발생할 수 있습니다.

한눈에 실습 · 뒤집기 반복으로 꽃병 만들기

준비 파일 기본/Chapter 03/반복하기2.ai
핵심 기능 Repeat, Mirror

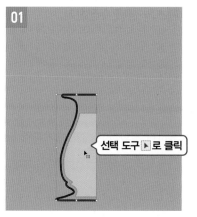

01 선택 도구 ▶로 클릭

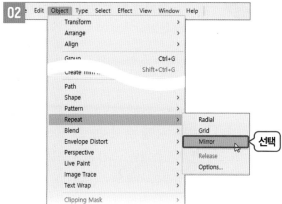

02 Repeat > Mirror 선택

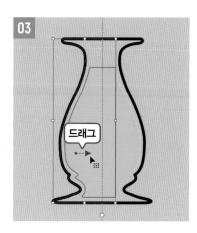

03 드래그

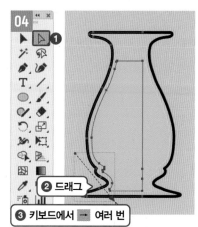

04
❶
❷ 드래그
❸ 키보드에서 → 여러 번

❺ 아트보드의 빈 곳을 더블클릭
❹ 오른쪽도 함께 수정됨

05
❶ vase / flower / back
3 Layers
❷ 꽃병 오브젝트 완성

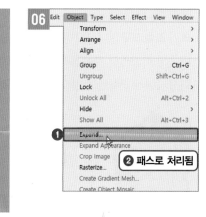

06
❶ Expand...
❷ 패스로 처리됨

대칭형 반복 기능을 적용한 오브젝트의 옵션을 수정하려면 [Expand]를 적용하기 전에 더블클릭해 수정합니다.

패스의 크기, 기울기 수정하기

크기 조절 도구와 기울이기 도구로 패스의 형태 수정하기

바운딩 박스로도 얼마든지 크기를 수정할 수 있지만 크기 조절 도구를 사용하면 정확한 수치로 크기를 조절할 수 있고, 선의 굵기도 조절할 수 있습니다. 크기 조절 도구를 비롯하여 기울기를 조절하는 기울이기 도구, 선의 굴곡을 조절하는 모양 변경 도구를 사용해보겠습니다.

크기 조절 도구, 기울이기 도구, 모양 변경 도구에 대해 알아보기

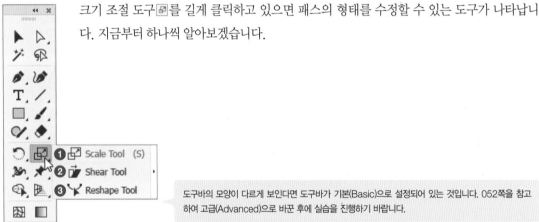

크기 조절 도구 🔲를 길게 클릭하고 있으면 패스의 형태를 수정할 수 있는 도구가 나타납니다. 지금부터 하나씩 알아보겠습니다.

❶ 🔲 Scale Tool (S)
❷ 🏹 Shear Tool
❸ ↘ Reshape Tool

> 도구바의 모양이 다르게 보인다면 도구바가 기본(Basic)으로 설정되어 있는 것입니다. 052쪽을 참고하여 고급(Advanced)으로 바꾼 후에 실습을 진행하기 바랍니다.

① **크기 조절 도구** 🔲 | 오브젝트의 크기를 조절하는 도구입니다. 크기 조절 도구로 오브젝트를 드래그하면 바운딩 박스처럼 자유롭게 크기를 조절할 수 있고, 크기 조절 도구를 더블클릭하면 나타나는 [Scale] 대화상자에서 정확한 수치로 크기를 조절할 수도 있습니다.

> Shift 를 누른 채로 드래그하면 가로와 세로의 비율이 유지되면서 조절됩니다. 선택 도구로 크기를 조절할 때와 같습니다.

② **기울이기 도구** ⬛ | 오브젝트의 기울기를 조절하는 도구입니다. 기울이기 도구로 오브젝트를 드래그하여 기울기를 조절할 수 있고, 기울이기 도구를 더블클릭하면 나타나는 [Shear] 대화상자에서 정확한 수치로 기울기를 조절할 수도 있습니다.

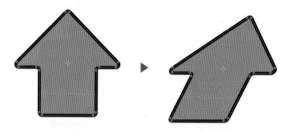

Shift 를 누른 채로 드래그하면 수평, 수직, 45°로 기울어집니다.

③ **모양 변경 도구** ⬛ | 선을 수정하는 도구입니다. 직접 선택 도구 ⬛ 로 오브젝트의 선을 선택한 다음 모양 변경 도구로 드래그하면 드래그하는 대로 직선이 곡선으로 바뀝니다.

정확한 수치로 패스의 형태 수정하기

도구바에서 크기 조절 도구나 기울이기 도구를 더블클릭하면 나타나는 대화상자에서 크기나 기울기를 정확한 수치로 수정할 수 있습니다. 크기 조절 도구를 더블클릭하면 나타나는 [Scale] 대화상자에서는 오브젝트의 크기뿐만 아니라 선의 굵기, 패턴의 크기, 모서리의 크기 등 세부적인 것도 함께 수정할 수 있습니다.

크기 조절 도구, [Scale] 대화상자

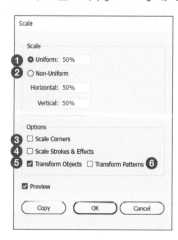

① **Uniform** | 오브젝트의 가로/세로 비율을 함께 조절합니다.

② **Non-Uniform** | 오브젝트의 가로/세로 비율을 다르게 조절합니다.

③ **Scale Corners** | 모서리의 크기를 조절합니다.

④ **Scale Strokes & Effects** | 선의 굵기와 적용된 효과를 함께 조절합니다.

⑤ **Transform Objects** | 오브젝트의 크기를 조절합니다. 기본적으로는 체크되어 있습니다.

⑥ **Transform Patterns** | 오브젝트에 적용된 패턴의 크기를 조절합니다.

[Scale] 대화상자에서 [Scale Strokes & Effects]에 체크하고 크기를 50% 줄였다면 오브젝트의 크기와 선의 굵기가 함께 반으로 줄어듭니다. 만약 [Scale Strokes & Effects]에 체크하지 않고 크기를 줄였다면 선의 굵기는 그대로 유지된 채 크기만 줄어듭니다.

▲ 체크함　　　　　▲ 체크하지 않음

기울이기 도구, [Shear] 대화상자

① **Shear Angle** ┃ 오브젝트의 기울기를 각도로 조절합니다.

② **Horizontal** ┃ 가로축을 기준으로 기울어집니다.

③ **Vertical** ┃ 세로축을 기준으로 기울어집니다.

④ **Angle** ┃ 축을 각도로 돌립니다.

⑤ **Transform Objects** ┃ 오브젝트의 기울기를 조절합니다. 기본적으로는 체크되어 있습니다.

⑥ **Transform Patterns** ┃ 오브젝트에 적용된 패턴의 기울기를 조절합니다.

크기 조절 도구로 정확하게 크기 수정하기

준비 파일 기본/Chapter 03/크기와 기울기 변형하기1.ai
핵심 기능 크기 조절 도구

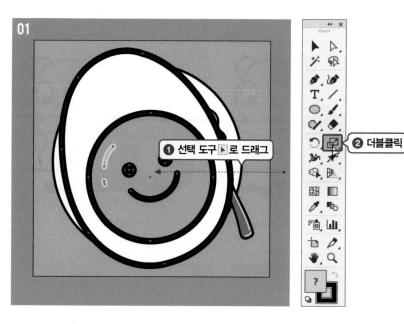

01
❶ 선택 도구 ▶로 드래그
❷ 더블클릭

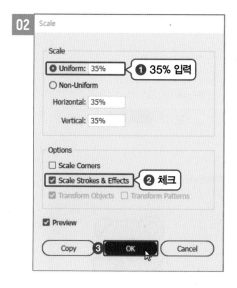

02 Scale

Scale
◉ Uniform: 35% ❶ 35% 입력
○ Non-Uniform
Horizontal: 35%
Vertical: 35%

Options
☐ Scale Corners
☑ Scale Strokes & Effects ❷ 체크
☑ Transform Objects ☐ Transform Patterns

☑ Preview

Copy ❸ OK Cancel

03
오브젝트의 크기와 선의 굵기가 35%의 비율로 줄어듦

기울이기 도구로 정확하게 기울기 조절하기

준비 파일 기본/Chapter 03/크기와 기울기 변형하기2.ai
핵심 기능 기울이기 도구

모양 변경 도구로 곡선 만들기

준비 파일 기본/Chapter 03/크기와 기울기 변형하기3.ai
핵심 기능 모양 변경 도구

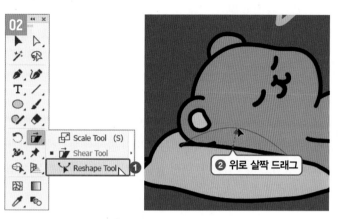

일러스트레이터에서 색을 적용하는 모든 방법

컬러 믹서 패널, 스와치 패널과
[Color Picker], [Recolor Artwork]로 색 적용하기

일러스트레이터에는 색을 적용하는 방법이 많아서 복잡하게 여겨질 수 있지만, 색이 적용된다는 결과는 같고 적용 방법도 비슷합니다. 이번 실습에서는 색을 적용하는 방법에 대해 하나씩 알아보고, 다양한 방법으로 오브젝트에 색을 적용해보겠습니다.

컬러 믹서 패널로 색 적용하기

색을 적용할 수 있는 방법 중 가장 기본은 컬러 믹서 패널입니다. 오브젝트를 선택하고 [Properties]-[Appearance] 패널의 [칠]이나 [획]을 클릭하면 컬러 믹서 패널이 나타납니다. 아래와 다르게 보인다면 🎨을 클릭하여 컬러 믹서 패널이 나타나게 합니다.

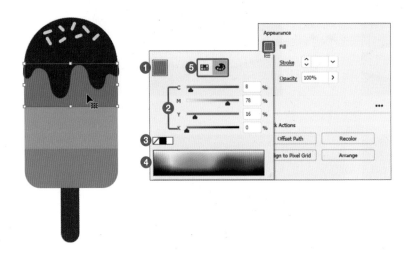

① **Color** ㅣ 현재 선택된 색을 나타냅니다.

② **슬라이더바 영역** ㅣ 슬라이더바를 움직이거나 숫자를 입력하여 색을 수정할 수 있습니다.

③ 비활성화/검은색/흰색으로 색을 설정할 수 있습니다.

④ **스펙트럼** ㅣ 모든 색이 다 나타나 있습니다. 원하는 지점을 클릭하면 색이 적용됩니다.

⑤ Swatches 🔲/Color Mixer 🎨 ㅣ 스와치 패널 또는 컬러 믹서 패널로 전환할 수 있습니다.

옵션⊟을 클릭하면 다양한 컬러 모드로 변경할 수 있으며, 변경된 컬러 모드에 따라 슬라이더바 영역이 다르게 나타납니다.

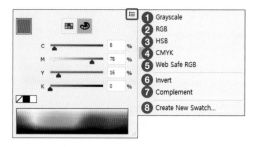

① **Grayscale** | 흑백 모드로, 흰색/회색/검은색만 선택할 수 있습니다. 여기서는 흰색과 검은색을 256단계로 나누어 표현합니다.

② **RGB** | 웹, 영상, 모바일, 멀티미디어 디바이스 작업을 위한 컬러 모드입니다. 빛의 3원색인 빨간색(Red), 초록색(Green), 파란색(Blue)을 사용하며, 색을 섞으면 섞을수록 밝아집니다.

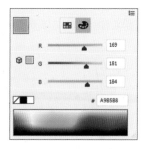

③ **HSB** | 색의 3요소인 색상(Hue), 채도(Saturation), 명도(Brightness)를 이용해 색을 만드는 모드로 채도와 명도를 수정하기가 편리합니다.

④ **CMYK** | 인쇄 작업을 위한 컬러 모드입니다. 각각 파란색(Cyan), 자주색(Magenta), 노란색(Yellow), 검은색(Black) 잉크를 뜻합니다. 색을 섞을수록 탁하고 어두워집니다.

⑤ **Web Safe RGB** ｜ 웹 안전 컬러 모드입니다. 웹에서 보이는 색은 모두 '코드' 로 되어 있습니다. 빨간색이나 검은색과 같은 기본색은 잘 표현되지만 파 스텔 톤과 같은 중간색은 모니터마다 다르게 보이기도 합니다. Web Safe RGB 모드는 이를 보완하여 안전하게 보일 수 있는 기본색을 선택할 수 있 습니다.

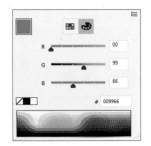

⑥ **Invert** ｜ 슬라이더바의 값을 반대로 설정합니다. 클릭하면 보색으로 바뀝니다.

⑦ **Complement** ｜ 슬라이더바의 비율을 반전시킵니다. 클릭하면 보색으로 바뀝니다.

⑧ **Create New Swatch** ｜ 선택한 패스의 색을 스와치 패널에 별색으로 등록합니다.

기능 꼼꼼 익히기 ✎ **컬러 믹서 패널 플로팅하여 사용하기**

[Window]–[Color] 메뉴를 선택하면 [Properties]–[Appearance] 패널에 숨어 있던 컬러 믹서 패널이 플로팅되어 나타납 니다. 컬러 믹서 패널을 플로팅하면 숨어 있던 패널을 클릭하지 않아도 바로 보이므로 색을 적용할 때 편리합니다. 사용자의 모니터가 넓다면 컬러 믹서 패널을 플로팅하여 사용하는 것을 권장합니다. 플로팅된 컬러 믹서 패널에는 [칠]과 [획]의 속성 이 함께 있으므로 색을 [칠]에 적용할 것인지 [획]에 적용할 것인지 선택해야 합니다.

 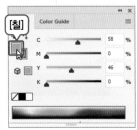 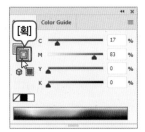

스와치 패널로 색 적용하기

자주 쓰는 물감을 팔레트에 짜놓듯이 스와치 패널은 자주 쓰는 색을 모아 둔 패널입니다. 오브젝트를 선택하 고 [Properties]–[Appearance] 패 널의 [칠]이나 [획]을 클릭한 다음 ⊞ 을 클릭하면 나타납니다. 원하는 색 을 클릭하면 오브젝트에 바로 적용됩 니다.

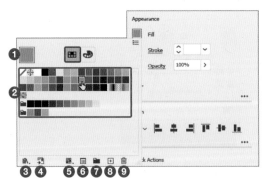

① **Color** | 현재 선택된 색을 나타냅니다.

② 색이 칩 형식으로 나타납니다. 색뿐만 아니라 그레이디언트와 패턴도 있습니다.

③ **견본 라이브러리 메뉴** | [Swatches Libraries]를 불러올 수 있습니다.

④ **현재 내 라이브러리에 선택한 색상 견본 및 색상 그룹 추가** | 선택한 색이 [Libraries] 패널에 추가됩니다.

⑤ **견본 종류 표시 메뉴** | 원하는 색만 꺼내거나 숨길 수 있습니다.

⑥ **견본 옵션** | 색을 선택하고 클릭하면 [Swatches Options] 대화상자에서 색을 수정할 수 있습니다.

⑦ **새 색상 그룹** | 색 그룹을 만들 수 있습니다.

⑧ **견본** | 색을 등록할 수 있습니다. [칠] 색을 스와치 패널로 드래그하여 넣어도 등록됩니다.

⑨ **견본 삭제** | 컬러 칩을 선택하고 삭제🗑를 클릭하면 삭제됩니다.

기능 꼼꼼 익히기 ✏ **스와치 패널 플로팅하여 사용하기**

[Window]–[Swatches] 메뉴를 선택하여 스와치(견본) 패널을 플로팅하면 색상 칩이 바로 보인다는 장점이 있습니다. 컬러 믹서 패널과 마찬가지로 사용자의 모니터가 넓다면 스와치 패널을 플로팅하여 사용하면 편리합니다. 플로팅한 스와치 패널에는 [칠]과 [획]의 속성이 함께 있으므로 색을 [칠]에 적용할 것인지, [획]에 적용할 것인지 선택해야 합니다. [칠]과 [획] 중에 선택된 것이 앞으로 나오게 됩니다.

스와치 패널로 패턴 적용하기

스와치(견본) 패널에서 🔖를 클릭하고 [Patterns] 메뉴를 선택하면 다양한 [Patterns] 패널을 불러올 수 있습니다. 패스를 선택하고 [Patterns] 패널에서 원하는 패턴을 선택하면 패턴을 적용할 수 있습니다.

① **Basic Graphics** | 흑백으로 된 기본 패턴입니다. 도트, 라인, 텍스처로 구성되어 있습니다.

② **Decorative** | 장식 무늬가 들어간 패턴입니다.

③ **Nature** | 자연적인 소재로 만들어진 패턴입니다. 꽃과 동물 가죽 등으로 구성되어 있습니다.

[Color Picker] 알아보기

도구바 하단에 있는 [칠]이나 [획]을 더블클릭하면 [Color Picker] 대화상자가 나타납니다. [Color Picker] 대화상자는 원하는 색을 자유롭게 클릭하여 선택할 수 있습니다.

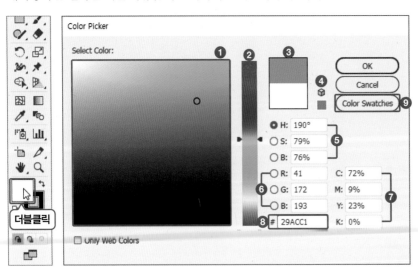

① **색상 선택 영역** | 색의 명암과 채도를 한눈에 볼 수 있습니다. 원하는 부분을 클릭하여 선택합니다.

② **스펙트럼** | 모든 색을 스펙트럼으로 볼 수 있습니다. 스펙트럼 옆의 화살표를 드래그하여 선택합니다.

③ 색상 선택 영역에서 선택한 색을 나타냅니다.

④ 선택한 패스의 원래 색을 나타냅니다.

⑤ HSB 수치를 입력할 수 있습니다.

⑥ RGB 수치를 입력할 수 있습니다.

⑦ CMYK 수치를 입력할 수 있습니다.

⑧ 컬러 코드를 직접 입력할 수 있습니다.

⑨ Color Swatches | 스와치 패널의 색을 선택할 수 있습니다.

[Recolor] 알아보기

오브젝트를 선택한 후 [Properties]–[Quick Actions] 패널의 [Recolor(다시 칠하기)]를 클릭하면
[Recolor] 패널이 나타납니다. 또는 [Edit]–[Edit Colors]–[Recolor Artwork] 메뉴를 선택해도 [Recolor]
패널이 나타납니다. [Recolor]는 색이 여러 개일 때 한꺼번에 수정할 수 있어 편리합니다.

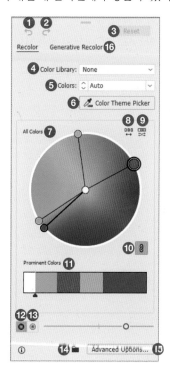

① ↺ | 수정을 한 단계 전으로 되돌립니다.

② ↻ | 되돌린 수정을 다시 한 단계 앞으로 되돌립니다.

③ Reset | 색을 수정하기 전의 처음 상태로 되돌립니다.

④ Color Library | [Swatches Libraries]에서 제공하는 색을 적용할 수 있습니다.

⑤ **Colors** | 색의 수를 제한할 수 있습니다.

⑥ **Color Theme Picker** | 선택한 오브젝트를 다른 오브젝트의 색으로 수정할 수 있습니다.

⑦ **All Colors** | 선택한 오브젝트의 색을 색상원으로 표시합니다.

⑧ 🏮 | 색의 순서를 무작위로 수정할 수 있습니다.

⑨ 🏮 | 채도와 명암을 무작위로 수정할 수 있습니다.

⑩ 🔗, 🔗 | 클릭하면 색상원 안에 있는 모든 색이 연결되어 함께 이동됩니다.

⑪ **Prominent Colors** | 선택한 오브젝트의 색을 색상바 형태로 표시합니다.

⑫ ◉ | 클릭하면 ⑦ 색상원에 색과 채도만 표시됩니다.

⑬ ◉ | 클릭하면 ⑦ 색상원에 명암만 표시됩니다. 선택한 상태로 슬라이더바를 조절하면 명암이 수정됩니다.

⑭ 📁 | 현재 색상원에 표시된 색들을 [Color Groups]에 저장합니다.

⑮ **Advanced Options** | 클릭하면 더 많은 옵션으로 색을 수정할 수 있습니다.

⑯ **Generative Recolor** | 원하는 색상 테마를 텍스트로 입력하면 색상이 수정됩니다.

　ⓐ **Prompt** | 텍스트를 입력할 수 있습니다.

　ⓑ **User Guidelines** | AI 기능에 대한 안내를 제공합니다. 영문으로 되어 있습니다.

　ⓒ **Colors** | 원하는 컬러로 제안받을 수 있습니다.

　ⓓ **Generate** | 클릭하면 샘플이 생성됩니다.

　ⓔ **Sample Prompts** | 클릭하면 아트보드에 배색이 적용됩니다.

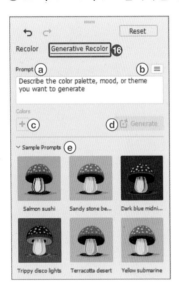

막대형 목록으로 표시하는 [Assign]

[Recolor Artwork] 패널의 [Advanced Options]를 클릭하면 다음과 같이 더 많은 옵션으로 색을 수정할 수 있는 [Recolor Artwork] 대화상자가 나타납니다. [Assign] 탭은 색을 막대형 목록으로 표시합니다. [Recolor Artwork] 대화상자를 열면 [Assign] 탭이 기본으로 보입니다.

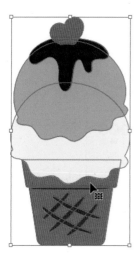

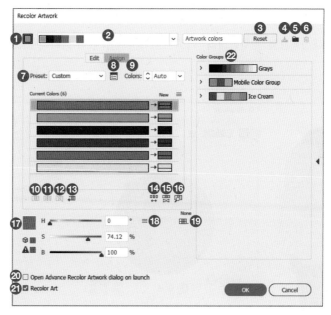

① 선택된 색 한 개를 나타냅니다.

② 선택된 모든 색을 나타냅니다. ⌄를 클릭하면 추천 배색을 선택할 수 있습니다.

③ **Reset** ㅣ 원래 배색으로 되돌립니다.

④ 🔽 ㅣ 배색을 저장합니다.

⑤ 🗀 ㅣ 배색을 [Color Groups]에 저장합니다.

⑥ 🗑 ㅣ 배색을 삭제합니다.

⑦ **Preset** ㅣ 막대형 색 목록을 어떻게 볼 것인지 선택할 수 있습니다.

⑧ 🖿 ㅣ [Recolor] 옵션이 나타납니다.

⑨ **Colors** ㅣ 색의 수를 정합니다.

⑩ 🏢 ㅣ 목록에서 색을 두 개 이상 함께 선택하고 클릭하면 하나의 열로 합칩니다.

⑪ 🏢 ㅣ 목록에서 합쳐진 색을 별도로 구분합니다.

⑫ 🗙 ㅣ 한 개의 열에 여러 가지 배색이 있을 경우 색을 따로 구분합니다.

⑬ 🢐 ㅣ 새로운 열을 만듭니다.

⑭ 🎲 ㅣ 랜덤으로 색을 배치합니다.

⑮ 🎲 ㅣ 랜덤으로 채도와 명도를 배치합니다.

⑯ 🖾 ㅣ 색을 선택하고 클릭하면 선택한 색이 적용된 오브젝트만 보입니다.

⑰ 컬러 믹서 패널과 같은 방식으로 색을 수정할 수 있습니다.

⑱ 🗉 ㅣ 컬러 모드를 선택할 수 있습니다.

⑲ 🖽 ㅣ [Swatches Libraries]를 불러올 수 있습니다.

⑳ **Open Advance Recolor Artwork dialog on launch** ㅣ 체크한 후 [Properties]-[Quick Actions] 패널에서 [Recolor]를 클릭하면 [Recolor Artwork] 대화상자가 나타납니다.

㉑ **Recolor Art** ㅣ 체크하면 변경된 결과를 미리 확인할 수 있습니다.

㉒ **Color Groups** ㅣ 컬러 그룹을 저장하거나 편집합니다.

색상원으로 표시하는 [Edit]

[Edit] 탭은 색을 색상원으로 표시합니다. 기본으로 [Assign] 탭이 나타나므로 [Edit] 탭을 클릭하여 [Edit]로 전환합니다.

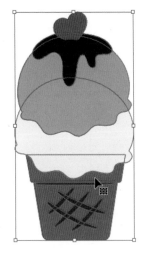
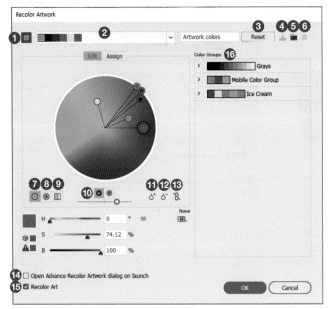

① 선택된 색 한 개를 나타냅니다.

② 선택된 모든 색을 나타냅니다. ⬇를 클릭하면 추천 배색을 선택할 수 있습니다.

③ **Reset** ｜ 원래 배색으로 되돌립니다.

④ 🔖 ｜ 배색을 저장합니다.

⑤ 📁 ｜ 배색을 [Color Groups]에 저장합니다.

⑥ 🗑 ｜ 배색을 삭제합니다.

⑦ ⊙ ｜ 색상원을 부드럽게 표시합니다.

⑧ ✳ ｜ 색상원을 구역으로 나누어 표시합니다.

⑨ ▥ ｜ 색상원을 막대바 형태로 나눠서 표시합니다.

⑩ 🔲 ｜ 명도를 조절합니다.

⑪ ♂⁺ ｜ 색을 추가합니다.

⑫ ♂⁻ ｜ 색을 삭제합니다.

⑬ 🔗 ｜ 클릭하면 색상원 안에 있는 모든 색이 연결되어 함께 수정됩니다.

⑭ **Open Advance Recolor Artwork dialog on launch** ｜ 체크한 후 [Properties]-[Quick Actions] 패널에서 [Recolor]를 클릭하면 [Recolor Artwork] 대화상자가 나타납니다.

⑮ **Recolor Art** ｜ 체크하면 변경된 결과를 미리 확인할 수 있습니다

⑯ **Color Groups** ｜ 컬러 그룹을 저장하거나 편집합니다.

간단 실습　**컬러 믹서 패널로 색 적용하기**

준비 파일 기본/Chapter 03/색 적용하기1.ai

01　❶ 선택 도구▶로 회색 'a'를 클릭합니다. ❷ [Properties]–[Appearance] 패널에서 [칠]을 클릭한 후 ❸ 컬러 믹서 패널🎨을 클릭합니다. ❹ 옵션☰을 클릭하고 ❺ [RGB]를 선택하여 RGB 모드로 변경한 후 ❻ R:255, G:140, B:30으로 설정합니다.

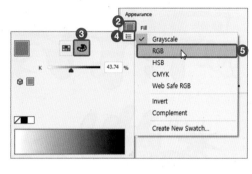

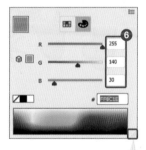

▢를 아래로 드래그하면 스펙트럼의 영역이 넓어집니다.

02 ❶ 선택 도구▶로 'D'를 클릭합니다. ❷ [Properties]-[Appearance] 패널에서 [칠]을 클릭한 후 ❸
옵션▤을 클릭합니다. ❹ [HSB]를 선택한 후 ❺ [H]만 320으로 수정합니다.

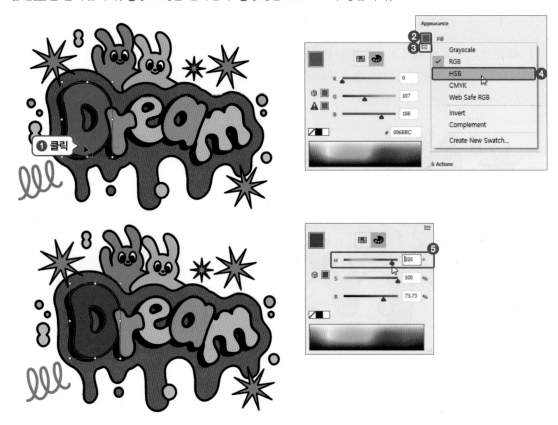

03 ❶ 구불구불하게 꼬인 선을 클릭합니다. ❷ [Properties]-[Appearance] 패널에서 [획]을 클릭하고
❸ 컬러 믹서 패널▧에 있는 ❹ 하단의 스펙트럼에서 마음에 드는 색을 클릭합니다.

스와치 패널로 색 적용하고 등록하기

준비 파일 **기본/Chapter 03/색 적용하기2.ai**

01 ❶ 선택 도구▶로 노란색 사과를 클릭합니다. ❷ [Properties]−[Appearance] 패널의 [칠]을 클릭하고 ❸ 스와치 패널◫을 클릭합니다. ❹ 빨간색을 클릭하여 빨간색을 적용합니다.

02 ❶ 초록색 'C'를 클릭합니다. ❷ [Properties]−[Appearance] 패널의 [칠]을 클릭하고 ❸ 스와치 패널 하단에 있는◫를 클릭합니다. ❹ [New Swatch] 대화상자에서 [Swatch Name]에 **그린**을 입력하고 ❺ [Global]을 클릭해 체크를 해제한 후 ❻ [OK]를 클릭합니다. 색이 스와치 패널에 등록됩니다.

03 ❶ 회색 't'를 클릭하고 ❷ 스와치 패널에서 방금 전에 등록한 '그린'의 컬러 칩을 클릭합니다. 회색 글자에 초록색이 적용됩니다.

04 ❶ Ctrl + A 를 눌러 모든 오브젝트를 선택하고 ❷ [Properties]-[Appearance] 패널의 [칠]을 클릭해 스와치 패널 하단에 있는 ❸ 📁를 클릭합니다. ❹ [New Color Group] 대화상자에서 [Name]에 **사과**를 입력하고 ❺ [OK]를 클릭합니다. 선택한 모든 색이 스와치 패널에 그룹으로 등록됩니다.

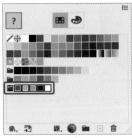

스와치 패널의 컬러 칩을 더블클릭하면 [Swatch Options] 대화상자가 나타납니다. 여기서 색을 수정하고 [OK]를 클릭하면 색이 수정됩니다.

 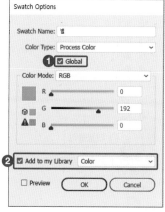

❶ [Global]에 체크하고 색을 등록한 경우

[Global]에 체크하고 색을 등록하면 컬러 칩에 흰색 삼각형◪이 생깁니다. [Global]에 체크하면 이 색을 사용한 패스들이 연결됩니다. 445쪽 **02** 단계에서 색을 처음 등록할 때 [Global]에 체크한 상태로 등록하고, 등록한 색을 [Swatch Options] 대화상자에서 수정하면 이 색을 사용한 아트보드 위의 모든 패스는 함께 수정됩니다.

 ▶

❷ [Add to my Library]에 체크하고 색을 등록한 경우

[Add to my Library]에 체크하고 색을 등록하면 [Libraries] 패널에도 색이 함께 등록됩니다. [Swatch Options] 대화상자에서 색을 수정하면 [Libraries] 패널에 색이 재등록됩니다. 주의할 점은 도구바 하단에서 [칠] 색이 앞으로 나와야만 [칠] 색으로 등록됩니다. [획] 색이 앞으로 나온 상태로 색을 등록하면 [획] 색으로 등록되니 주의해야 합니다.

준비 파일 기본/Chapter 03/색 적용하기3.ai
핵심 기능 Color Picker

01

❶ 선택 도구 ▶로 클릭

❷ 더블클릭

02

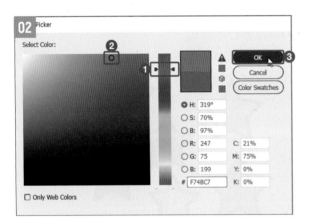

03

Grayscale 모드일 때는 [Color Picker] 대화상자에서 색을 수정할 수 없습니다. 다음과 같이 Grayscale 모드라면 [Color Picker] 대화상자에서 색을 수정해도 수정한 색이 적용되지 않습니다. 이때는 컬러 믹서 패널의 옵션에서 컬러 모드를 바꾼 후에 색을 수정하도록 합니다.

[Recolor]로 색 수정하기

준비 파일 기본/Chapter 03/색 적용하기4.ai
핵심 기능 Recolor Artwork

01

선택 도구 ▶로 클릭

02
Align

Pathfinder

Expand

Quick Actions

클릭

Ungroup

Save as Symbol | Recolor

Arrange

Start Global Edit

03
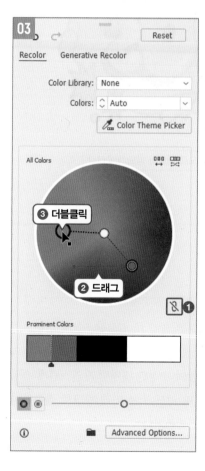
Reset

Recolor   Generative Recolor

Color Library: None

Colors: Auto

Color Theme Picker

All Colors

❸ 더블클릭

❷ 드래그

❶

Prominent Colors

Advanced Options...

04
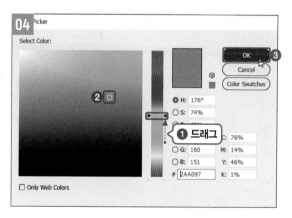
Picker

Select Color:

OK ❸
Cancel
Color Swatches

❷ ☐

H: 176°
S: 74%

❶ 드래그

C: 76%
G: 160   M: 14%
B: 151   Y: 46%
2AA097   K: 1%

☐ Only Web Colors

❹ 아트보드의 빈 곳 클릭

05 드래그하여 전체 선택

06 클릭

Align

Pathfinder

Expand

Quick Actions

Group | Recolor

Align to Pixel Grid

Make Clipping Mask

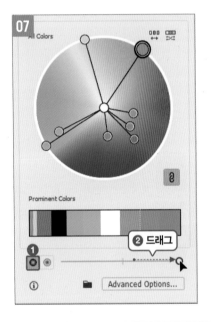

07 All Colors

Prominent Colors

❷ 드래그

❶

Advanced Options...

08 전체적으로 채도와 명도가 올라감

간단 실습 **AI를 이용하여 색상 변경하기** 온라인 강좌

사용자가 원하는 색상 테마를 텍스트로 입력하면 자동으로 색상을 수정해줍니다. 인공지능 기반의 기능으로 사람이 수정한 것처럼 자연스럽게 수정이 됩니다. QR 코드 또는 아래 링크로 접속하여 영상으로 확인해봅니다.

동영상 강의 확인하기

[Color Theme Picker]를 통해 손쉽게 색을 수정할 수 있습니다. ❶ Ctrl + O 를 눌러 **색 적용하기 예시.ai** 파일을 불러옵니다. ❷ 오브젝트를 드래그하여 전체 선택한 후 ❸ [Recolor]를 클릭합니다. [Recolor Artwork] 패널이 나타나면 ❹ [Color Theme Picker]를 클릭합니다. ❺ 오른쪽에 있는 오브젝트를 클릭한 후 ❻ [Prominent Colors]의 슬라이더바를 드래그해 색을 조정합니다.

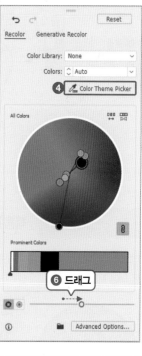

일러스트레이터 CC 2024 파헤치기

일러스트레이터 맛보기

이것만 알아도 디자인이 된다

중급 테크닉으로 실력 업그레이드하기

준비 파일 기본/Chapter 03/색 적용하기5.ai
핵심 기능 패턴

선택 도구 ▶로 클릭

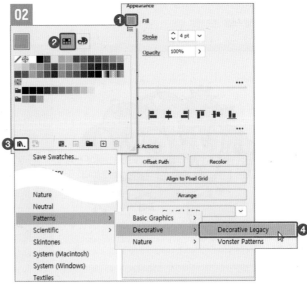

클릭

패턴이 적용됨

스와치 패널에도 자동으로 등록됨

기능 꼼꼼 익히기 ✏ 적용된 패턴 취소하기

패턴이 적용된 오브젝트의 면을 선택하고 스와치 패널이나 컬러 믹서 패널에서 원하는 색을 클릭하면 패턴이 취소되고 선택한 색이 적용됩니다.

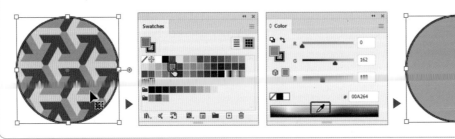

LESSON 12

그레이디언트를 적용하여 화려한 색 만들기

[Gradient] 패널, 그레이디언트 도구로 여러 가지 색 섞기

그레이디언트(Gradient)란 한 색상에서 다른 색상으로 자연스럽게 변하는 것을 말합니다. 그레이디언트를 적용하면 입체적인 표현도 가능하고 화려한 느낌을 표현할 수 있습니다. 일러스트레이터에서 그레이디언트를 적용하려면 [Gradient] 패널과 그레이디언트 도구를 이용합니다. 지금부터 [Gradient] 패널과 그레이디언트 도구 사용법을 알아보겠습니다.

[Gradient] 패널 알아보기

[Gradient] 패널은 도구바에서 그레이디언트 도구▣를 더블클릭하거나 도구바 하단의 그레이디언트▣를 클릭하면 나타납니다. 또는 [Window]-[Gradient] Ctrl + F9 메뉴를 선택해도 됩니다. 오브젝트를 선택하고 [Type]을 선택하면 직선, 원형, 자유형 그레이디언트를 적용할 수 있습니다.

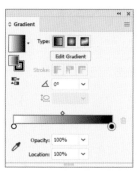

그레이디언트를 취소하려면 그레이디언트가 적용된 패스를 선택하고 도구바의 하단의 컬러▢를 클릭하거나 스와치 패널에서 색상 칩을 클릭합니다.

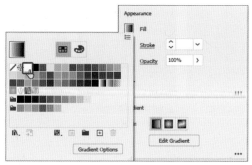

[Gradient] 패널 조작하기

슬라이더바 바로 아래에 있는 색상 점을 드래그하면 위치가 이동됩니다. 색상
점을 더블클릭하면 컬러 믹서 패널이 나타나고 여기서 원하는 색을 선택하여
그레이디언트의 색을 바꿀 수 있습니다.

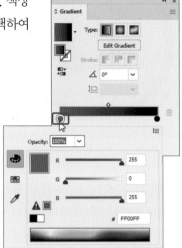

색상 점 사이를 클릭하거나 Alt 를 누른 채 색상
점을 드래그하면 색상 점이 추가됩니다. 이때 슬
라이더바 위를 클릭하는 것이 아니라 슬라이더
바 아래의 색상 점 사이를 클릭해야 추가됩니다.

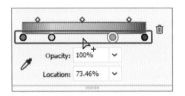

색상 점을 바깥쪽으로 드래그하거나 색상 점을 클릭
하여 선택한 다음 삭제를 클릭하면 삭제됩니다.

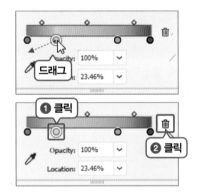

[Gradient] 패널 살펴보기

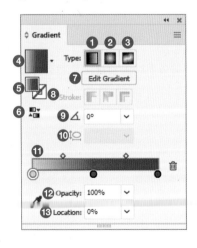

① Linear ◼ | 직선 그레이디언트가 적용됩니다.

② Radial ◼ | 원형 그레이디언트가 적용됩니다.

③ Freeform ◼ | 자유형 그레이디언트가 적용됩니다. 자유롭게 색상
점을 이용해서 그레이디언트를 적용할 수 있습니다.

▲ 직선 그레이디언트　　　　▲ 원형 그레이디언트　　　　▲ 자유형 그레이디언트

④ 그레이디언트의 종류를 선택할 수 있습니다.

⑤ 그레이디언트를 면에 적용할지 선에 적용할 것인지 선택할 수 있습니다.

⑥ 그레이디언트의 색상 점을 반전합니다.

⑦ **Edit Gradient** | 클릭하면 그레이디언트 도구가 선택됩니다.

⑧ **Stroke** | 선에 그레이디언트를 적용할 때 세 가지 모양으로 선택할 수 있습니다.

⑨ 그레이디언트의 각도를 조절할 수 있습니다.

⑩ 원형 그레이디언트일 때 그레이디언트의 가로와 세로 비율을 조절할 수 있습니다.

⑪ **슬라이더바** | 색상 점을 이용하여 그레이디언트의 위치, 색, 색의 개수를 조절할 수 있습니다.

⑫ **Opacity** | 색상 점의 투명도를 조절할 수 있습니다.

⑬ **Location** | 색상 점의 위치를 조절할 수 있습니다.

그레이디언트 도구 알아보기

그레이디언트가 적용된 패스를 선택한 상태에서 그레이디언트 도구■를 클릭하면 패스 위에 슬라이더바가 나타납니다. 이 슬라이더바로 적용된 그레이디언트를 수정할 수 있습니다. [Gradient] 패널의 [Edit Gradient]를 클릭해도 그레이디언트 도구가 선택됩니다.

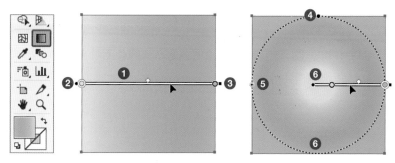

① [Gradient] 패널의 슬라이더바 사용법과 같습니다. 색상 점을 드래그하면 위치를 옮길 수 있으며, Alt 를 누른 채 이동하면 복제되고, 슬라이더바 바깥쪽으로 드래그하면 삭제됩니다. 또한, 슬라이더바 위에 있는◧을 드래그하면 그레이디언트의 정도를 조절할 수 있습니다.

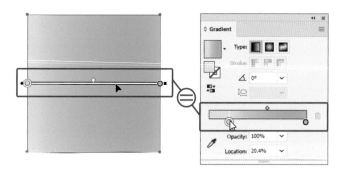

슬라이더바를 드래그하여 그레이디언트의 위치를 바꿀 수 있습니다.

② ▣을 드래그하면 그레이디언트의 위치를 바꿀 수 있습니다.

③ ▣을 드래그하면 그레이디언트의 크기를 조절할 수 있습니다.

④ ⦿에 마우스 포인터를 올리면 마우스 포인터가 ▣로 변합니다. 이때 드래그하면 그레이디언트의 세로 길이를 조절할 수 있습니다.

⑤ ⊞에 마우스 포인터를 올리면 마우스 포인터가 ▣로 변합니다. 이때 드래그하면 그레이디언트의 크기를 조절할 수 있습니다.

⑥ 원형 그레이디언트에서 외곽 점선에 마우스 포인터를 가져가면 마우스 포인터가 ▣로 변합니다. 이때 드래그하면 그레이디언트가 회전됩니다. 마찬가지로 슬라이더바의 ▣를 드래그하여 그레이디언트를 회전할 수도 있습니다.

자유형 그레이디언트 알아보기

자유형 그레이디언트는 일러스트레이터 CC 2019 버전부터 제공된 신기능입니다. 패스를 선택하고 그레이디언트 패널에서 [Type]을 자유형 그레이디언트 ▣로 선택하면 패스에 자동으로 색상 점이 추가됩니다. 색상 점을 이용해서 자유롭게 그레이디언트를 적용할 수 있습니다.

색 적용하기

색상 점을 더블클릭하면 컬러 믹서 패널이 나타납니다. 점마다 색을 적용할 수 있습니다.

색상 점의 위치 수정하기

색상 점을 드래그하여 위치를 바꿀 수 있습니다.

색상 점의 범위 조절하기

색상 점을 클릭하여 선택하면 점 주변에 점선으로 된 원이 생깁니다. ◉을 드래그하면 영역이 조절됩니다.

색상 점 추가, 삭제하기

비어 있는 면을 클릭하면 색상 점이 추가되고, 색상 점을 패스 바깥쪽으로 드래그하면 삭제됩니다. 또는 [Gradient] 패널에서 삭제🗑를 클릭하여 삭제할 수도 있습니다.

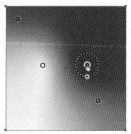
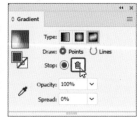

색상 선으로 변경하기

[Gradient] 패널에서 [Lines]를 클릭하고 패스 위를 클릭합니다. 패스 위를 선택하면 색상 점이 추가되고 다음 점을 클릭하면 선으로 연결됩니다.

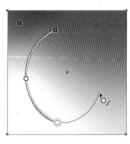

[Gradient] 패널로 직선 그레이디언트 적용하기

준비 파일 기본/Chapter 03/그레이디언트 적용하기1.ai

01 ❶ 도구바에서 그레이디언트 도구▣를 더블클릭합니다. [Gradient] 패널이 나타납니다. ❷ 선택 도구▶로 흰색 면을 클릭합니다. ❸ [Gradient] 패널에서 [Type]의 직선 그레이디언트▣를 클릭합니다. 직선 그레이디언트가 적용됩니다.

02 ❶ [Gradient] 패널에서 왼쪽 색상 점을 더블클릭합니다. ❷ 옵션▤을 클릭하여 [RGB]를 선택한 다음 ❸ R:255, G:180, B:0으로 설정합니다. 노란색이 적용됩니다. ❹ 같은 방법으로 오른쪽 색상 점을 더블클릭하고 ❺ R:170, G:35, B:140으로 설정합니다. 보라색이 적용됩니다.

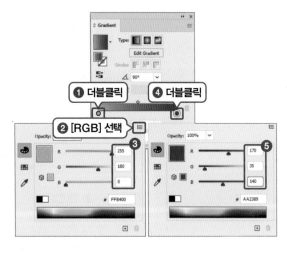

03 ❶ [Gradient] 패널에서 슬라이더바의 바로 아래 지점을 클릭합니다. 색상 점이 추가됩니다. ❷ 추가된 색상 점을 더블클릭하고 ❸ R:245, G:5, B:115로 설정합니다. ❹ 각도를 120°로 설정합니다. 그레이디언트가 수정됩니다.

04 ❶ 선택 도구▶로 별을 클릭합니다. ❷ [Gradient] 패널에서 [획]을 클릭하여 [획]이 앞으로 나오게 합니다. ❸ ▮를 클릭하고 ❹ [White, Black]을 선택합니다.

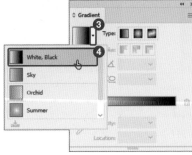

05 ❶ 오른쪽의 검은색 색상 점을 더블클릭하고 ❷ 흰색을 클릭합니다. ❸ [Opacity]는 **0%**로 설정합니다.

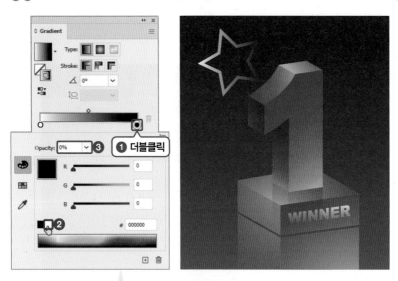

[Opacity]를 적용할 때는 반드시 어떤 색상 점에 적용할지 선택해야 합니다. 여기서는 오른쪽 색상 점을 클릭하여 선택한 후에 [Opacity]를 0%로 설정했으므로 오른쪽 색상 점에만 투명도가 적용되고, 왼쪽 색상 점에는 아무런 영향을 주지 않습니다.

간단 실습 **[Gradient] 패널로 원형 그레이디언트 적용하기**

준비 파일 기본/Chapter 03/그레이디언트 적용하기2.ai

01 ❶ 선택 도구 ▶로 흰색 타원을 클릭합니다. ❷ [Gradient] 패널에서 [칠]을 클릭하여 [칠]이 앞으로 나오게 하고 ❸ [Type]의 원형 그레이디언트 ■를 클릭합니다. 원형 그레이디언트가 적용됩니다.

02 ❶ [Gradient] 패널에서 높이를 **70%**로 설정합니다. 원형 그레이디언트의 높이가 줄어듭니다. ❷ 오른쪽 색상 점을 더블클릭하고 ❸ 스와치 패널▦을 클릭합니다. ❹ 연두색을 선택하고 ❺ [Opacity]는 0%로 설정합니다.

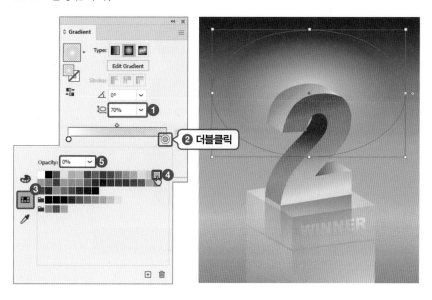

간단 실습 **그레이디언트 도구로 그레이디언트 수정하기**

준비 파일 기본/Chapter 03/그레이디언트 적용하기3.ai

01 ❶ 선택 도구▶로 '3'을 클릭하고 ❷ 그레이디언트 도구▮를 클릭합니다. 그레이디언트바가 나타납니다. ❸ ⓐ 지점에서 ⓑ 지점으로 크게 드래그합니다. 그레이디언트의 방향이 바뀝니다.

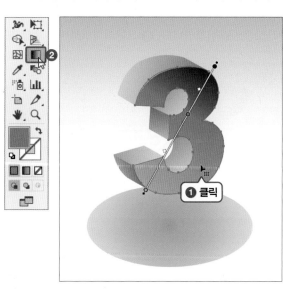

02 ❶ Ctrl 을 누른 채 타원을 클릭하여 선택합니다. 그레이디언트 도구 ▣ 가 선택되어 있는 상태이므로 타원 위에 그레이디언트바가 나타납니다. ❷ ·•· 를 아래로 드래그합니다. 세로 길이가 줄어듭니다.

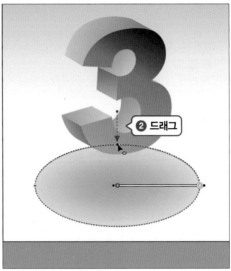

03 ⬚ 을 오른쪽으로 드래그합니다. 크기가 작아집니다.

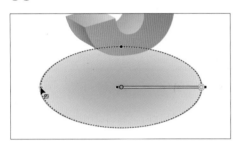
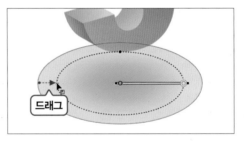

04 ❶ 오른쪽 색상 점을 더블클릭하고 ❷ [Opacity]를 0%로 설정합니다. ❸ 그레이디언트바를 위로 드래그하여 옮깁니다.

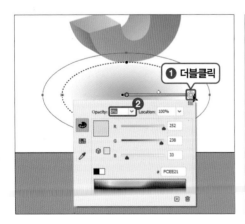
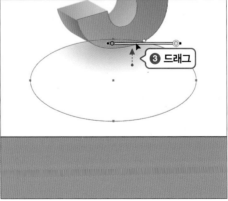

05 그레이디언트 적용이 완료되었습니다.

간단 실습   **자유형 그레이디언트로 섬세한 그레이디언트 적용하기**

CC 2019 이상 버전에서만 정상적으로 불러올 수 있습니다.   **준비 파일** 기본/Chapter 03/그레이디언트 적용하기4.ai

01 ❶ 선택 도구▶로 회색 사각형을 클릭합니다. ❷ 도구바에서 그레이디언트 도구▦를 더블클릭하여 [Gradient] 패널을 불러옵니다. ❸ [Gradient] 패널에서 [Type]의 자유형 그레이디언트▦를 클릭합니다. 색상 점이 추가됩니다.

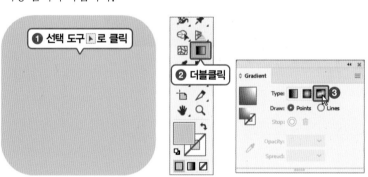

02 ❶ 왼쪽 위에 있는 색상 점을 더블클릭합니다. ❷ 스와치 패널▦을 클릭하고 ❸ 분홍색을 클릭합니다.

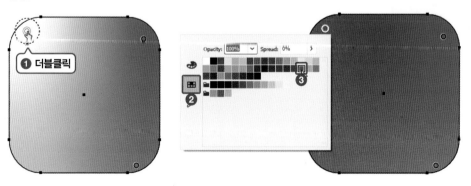

03 같은 방법으로 **①** 오른쪽 위에 있는 색상 점을 더블클릭하여 **②** 보라색으로 바꿉니다. **③** 오른쪽 아래에 있는 색상 점도 더블클릭하여 **④** 분홍색으로 바꿉니다.

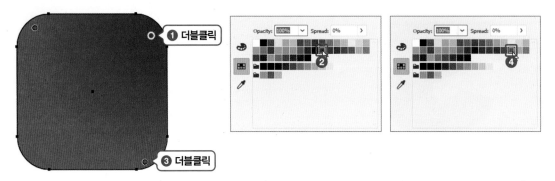

04 **①** 왼쪽 아래를 클릭하여 색상 점을 추가합니다. **②** 추가된 색상 점을 더블클릭하고 **③** 노란색으로 설정합니다.

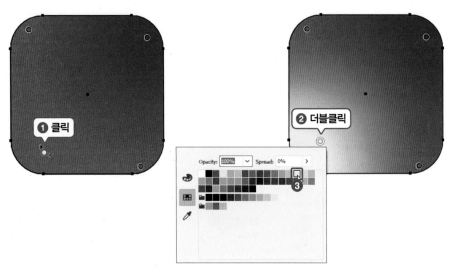

05 노란색 색상 점을 안쪽으로 드래그합니다. 색상 점의 위치가 변경되면서 그레이디언트가 수정됩니다.

06 ❶ 중앙을 클릭하여 색상 점을 추가합니다. ❷ 추가된 색상 점을 더블클릭하고 ❸ 주황색으로 설정합니다.

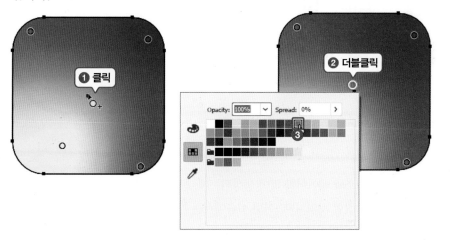

07 아트보드 바깥쪽에 있는 말풍선 아이콘을 드래그하여 옮겨와 완성합니다.

아트보드 아래에 있는 여러 아이콘을 참고해서 다양한 색을 적용해보세요.

자유형 그레이디언트는 일러스트레이터 CC 2019 버전부터 제공된 신기능입니다. 이전 버전에서 망 도구로 표현했던 효과를 자유형 그레이디언트로 보다 편하게 수정할 수 있습니다.

패스를 격리하여 쉽게 수정하기

격리 모드를 이용하여 패스를 개별적으로 관리하기

일러스트레이터에서 작업하다 보면 패스와 레이어가 많이 생성되는데, 선택한 오브젝트를 주변에 영향받지 않고 수정할 수 있다면 작업이 훨씬 수월할 것입니다. 이번 실습에서는 패스와 레이어가 많을 때 격리 모드로 오브젝트를 편리하게 수정하는 방법을 알아보겠습니다.

격리 모드 알아보기

격리 모드(Isolation Mode)란 마치 다른 패스들은 없는 것처럼 원하는 패스만 작업할 수 있는 상태를 말합니다. 다음과 같이 주황색 배를 선택 도구▶로 더블클릭하면 격리 모드로 들어갑니다. 전체를 드래그해도 주황색 배만 선택되는데, 이 상태가 바로 다른 패스들과 격리된 상태입니다. 이처럼 패스가 여러 개 겹쳐져 있거나 복잡한 경우에 격리 모드를 사용하면 원하는 패스만 활성화되어 다른 패스의 방해 없이 수정할 수 있습니다.

격리 모드로 들어오면 아트보드 상단에 위상(Depth)이 표시됩니다. 지금은 [Layer 1]에 있는 패스로 들어왔다는 뜻입니다. 격리 모드에서 나오려면 선택 도구로 아트보드의 빈 곳을 더블클릭하거나 아트보드 상단에 있는 격리 모드 표시에서 가장 왼쪽에 있는 화살표를 여러 번 클릭하면 됩니다.

한눈에 실습   격리 모드에서 패스 수정하기

준비 파일 기본/Chapter 03/격리 모드에서 수정하기.ai
핵심 기능 격리 모드

❷ 더블클릭

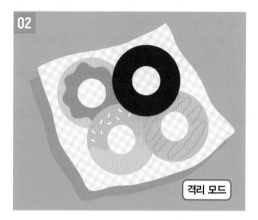

격리 모드

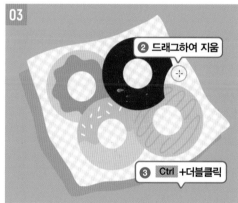

❷ 드래그하여 지움

❸ Ctrl +더블클릭

격리 모드에서 나옴

격리 모드일 때 코코아 도넛 영역만 제외하고 어느 곳이라도 더블클릭하면 격리
모드에서 나올 수 있습니다.

LESSON 14

정확한 작업을 도와주는 안내선

룰러, 가이드, 그리드를 설정하여 정확하게 작업하기

종이에 펜으로 반듯한 도형을 그리려면 눈금이 있는 자가 필요하고, 모눈종이가 있으면 더 편리할 것입니다. 일러스트레이터에서도 눈금자나 모눈종이와 같은 기능이 있습니다. 눈금자의 역할을 하는 룰러, 쉽게 그릴 수 있도록 안내해주는 가이드, 모눈종이의 역할을 하는 그리드에 대해 알아보겠습니다.

룰러 알아보기

[View]-[Rulers]-[Show Rulers] 메뉴를 선택하면 아트보드 왼쪽과 상단 외곽에 눈금자(룰러)가 나타납니다. 눈금자를 마우스 오른쪽 버튼으로 클릭하면 단위를 바꿀 수 있습니다.

눈금자(룰러)의 단축키는 Ctrl + R 입니다. Ctrl + R 을 누르면 눈금자(룰러)가 나타나고 다시 Ctrl + R 을 누르면 사라집니다.

① **Show Rulers** | 아트보드 외곽에 눈금자를 표시합니다. 눈금자가 활성화되면 이 메뉴는 [Hide Rulers]로 바뀌며, [Hide Rulers] 메뉴를 선택하면 눈금자가 사라집니다.

② **Change to Artboard Rulers** | 아트보드가 여러 개일 때 아트보드마다 개별적으로 눈금자를 사용할 수 있게 합니다.

③ **Show Video Rulers** | 아트보드 외곽에 비디오 형식의 눈금자가 추가됩니다.

가이드 알아보기

가이드(Guide)란 형태를 정확하게 잡을 수 있도록 도움을 주는 안내선입니다. 가이드 선을 나타나게 하려면 먼저 눈금자(룰러)가 있어야 합니다. `Ctrl` + `R` 을 누르면 아트보드 외곽에 눈금자가 나타납니다. 눈금자를 아트보드 안쪽으로 드래그하면 가이드 선이 마우스 포인터를 따라 나타납니다.

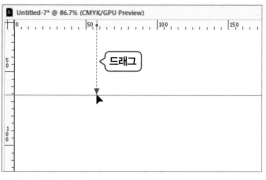

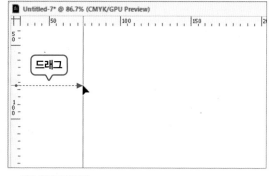

▲ 가로 안내선 만들기　　　　　　　　　　　　　　　▲ 세로 안내선 만들기

가이드 선을 삭제하려면 선택 도구▶로 가이드 선을 드래그하여 선택하고 `Delete` 를 누르거나, [Layers] 패널에서 가이드 레이어를 선택하고 삭제🗑를 클릭합니다.

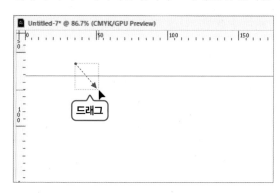

가이드 선은 선택 도구▶로 이동할 수 있으며, 이동할 수 없다면 [View]–[Guide]–[Lock Guides] 메뉴에 체크되어 있는 상태입니다. 클릭해서 체크를 해제하면 이동할 수 있습니다.

① **Hide Guides** ｜ 가이드가 보이지
　　않도록 숨깁니다.

② **Lock Guides** ｜ 가이드가 움직이지
　　않도록 고정합니다.

③ **Make Guides** | 선택한 오브젝트를 가이드로 만듭니다. 예를 들어 박스를 만들 때 지기구조를 그린 다음 [Make Guides] 메뉴를 선택하면 가이드로 바뀝니다.

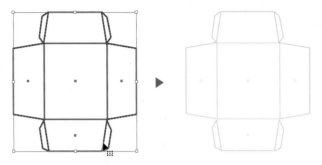

④ **Release Guides** | 가이드를 일반 패스로 만듭니다.

⑤ **Clear Guides** | 가이드를 삭제합니다.

가이드는 일러스트레이터에서만 보이며, 인쇄하거나 JPG(JPEG)로 저장하면 나타나지 않습니다.

그리드 알아보기

그리드(Grid)란 일러스트레이터에서만 보이는 모눈종이라고 할 수 있습니다. 일정한 간격으로 가로세로 선이 있어서 정확한 그림을 그릴 때 사용하면 좋습니다. [View]—[Show Grid] 메뉴를 선택하면 아트보드에 그리드가 나타납니다.

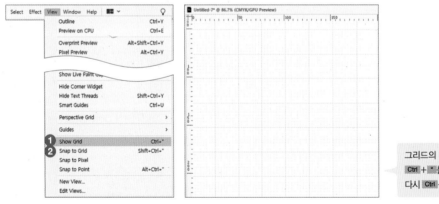

그리드의 단축키는 `Ctrl` + `"` 입니다. `Ctrl` + `"`를 누르면 그리드가 나타나고 다시 `Ctrl` + `"`를 누르면 사라집니다.

① **Show Grid** | 그리드를 표시합니다. 그리드가 활성화되면 이 메뉴는 [Hide Grid]로 바뀌며, [Hide Grid] 메뉴를 선택하면 그리드가 사라집니다.

② **Snap to Grid** | 체크하면 그리드에 맞춰서 패스가 생성되고, 그리드에 맞춰서 패스가 이동됩니다.

가이드와 마찬가지로 그리드는 일러스트레이터에서만 보이며, 인쇄하거나 JPG(JPEG)로 저장하면 나타나지 않습니다.

가이드와 그리드 세부 옵션 설정하기

[Edit]–[Preferences]–[Guides & Grid] 메뉴를 선택하면 [Preferences] 대화상자가 나타납니다. 가이드와 그리드의 색이나 크기와 같은 세부 옵션을 설정할 수 있습니다. 알아두면 매우 유용한 옵션입니다.

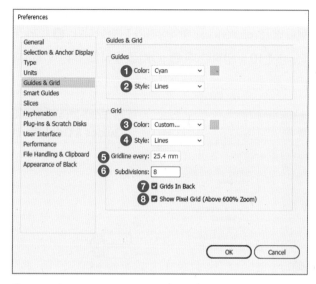

❶ **Color** | 가이드의 색을 선택할 수 있습니다.

❷ **Style** | 가이드의 스타일을 직선 또는 점선으로 선택할 수 있습니다.

❸ **Color** | 그리드의 선 색을 선택할 수 있습니다.

❹ **Style** | 그리드의 선 스타일을 직선 또는 점선으로 선택할 수 있습니다.

❺ **Gridline every** | 그리드 한 칸의 가로세로 크기입니다.

❻ **Subdivisions** | 그리드 한 칸을 분할하는 개수입니다.

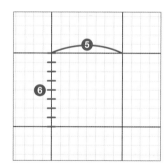

❼ **Grids In Back** | 패스를 그리면 그리드 위에 그려집니다.

❽ **Show Pixel Grid** | [View]–[Pixel Preview] 메뉴를 선택하면 일러스트레이터에서 그린 모든 패스가 포토샵처럼 벡터가 아닌 픽셀로 보입니다. 이때 [Show Pixel Grid]에 체크되어 있으면 픽셀 단위로 된 그리드가 나타납니다.

---

macOS 사용자라면 [Illustrator CC]–[Preferences]–[Guides & Grid] 메뉴를 선택합니다. macOS는 [Preferences] 메뉴가 [Illustrator CC] 메뉴 아래에 있습니다.

룰러, 가이드, 그리드 설정하여 정확하게 작업하기

준비 파일 기본/Chapter 03/정확하게 작업하기.ai

01 ① [View]–[Show Grid] `Ctrl` + `"` 메뉴를 선택합니다. 아트보드에 그리드가 나타납니다. ② [Edit]–[Preferences]–[Guides & Grid] 메뉴를 선택하면 [Preferences] 대화상자가 나타납니다. ③ [Gridline every]에 **100mm**를 입력하고 ④ [Subdivisions]에 **10**을 입력한 후 ⑤ [OK]를 클릭합니다. 이제부터 그리드 한 칸의 크기는 10mm입니다.

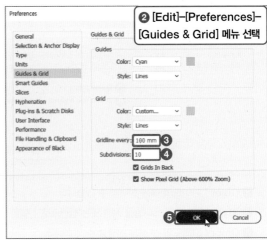

macOS 사용자라면 [Illustrator CC]–[Preferences]–[Guides & Grid] 메뉴를 선택합니다.

02 [View]–[Rulers]–[Show Rulers] `Ctrl` + `R` 메뉴를 선택합니다. 아트보드 외곽에 눈금자가 표시됩니다.

03 ❶ 왼쪽 눈금자를 오른쪽으로 드래그하면 나타나는 가이드 선을 100mm 지점에 놓습니다. ❷ 같은 방법으로 왼쪽 눈금자를 오른쪽으로 드래그하여 350mm 지점에 놓습니다.

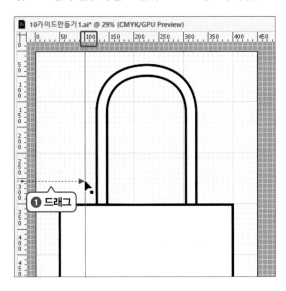
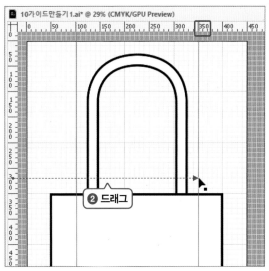

04 ❶ 선택 도구▶로 에코백을 클릭하고 [View]-[Guide]-[Make Guides] 메뉴를 선택합니다. 에코백 도안이 가이드 선으로 바뀝니다. ❷ [View]-[Guide]-[Lock Guides] 메뉴를 선택합니다. 가이드 선이 고정됩니다. ❸ 선택 도구▶로 꽃 도안을 에코백 안쪽으로 드래그하고 ❹ 양쪽에 있는 가이드 선을 넘지 않도록 크기를 줄입니다. 도안이 에코백 양쪽으로 50mm를 넘지 않게 되었습니다.

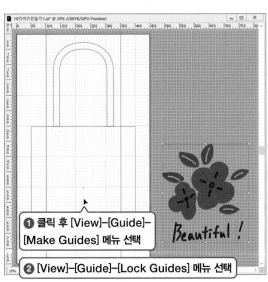
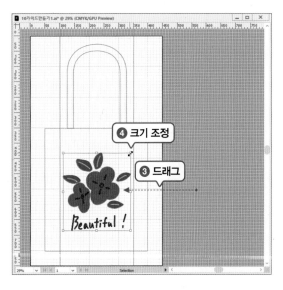

이번 CHAPTER에서는 실무에서 많이 사용하는
필수 그래픽 기능을 알아봅니다.
그래픽 작업을 멋지게 하려면
딱딱하고 단순한 형태를 업그레이드해야 합니다.
패스에 효과를 넣는 기능을 학습해보고
자연스러운 선을 드로잉할 수 있는 도구도 다뤄봅니다.
실무에서는 텍스트가 들어가는 그래픽 작업을
일러스트레이터로 많이 하므로
글자를 넣고 편집하는 기능도 함께 배워보겠습니다.

CHAPTER 04

중급 테크닉으로
실력 업그레이드하기

원하는 부분만 보이게 하기

클리핑 마스크로 불필요한 부분 숨기고 특정 부분만 나타내기

☑ **CC 모든 버전**
☐ **CC 2024 버전**

준비 파일 기본/Chapter 04/마스크 적용하기.ai
완성 파일 기본/Chapter 04/마스크 적용하기_완성.ai

─| A F T E R |─

이 예제를 따라 하면

우리 얼굴의 일부분을 가리기 위해 쓰는 것을 마스크라 부릅니다. 일러스트레이터에서 사용하는 클리핑 마스크(Clipping Mask) 기능도 비슷한 의미입니다. 패스의 일부만 보이게 하고 나머지는 가리는 기능입니다. 이번 예제에서는 불필요한 부분은 가리고 필요한 부분만 보이게 하여 그림을 완성해보겠습니다.

─| B E F O R E |─

- 일러스트레이터의 클리핑 마스크 기능을 익힐 수 있습니다.
- 오브젝트의 일정 부분만 보이게 하거나 숨길 수 있습니다.

클리핑 마스크 적용하기

01 ❶ `Ctrl` + `O` 를 눌러 **마스크 적용하기.ai** 파일을 불러옵니다. ❷ 선택 도구 ▶로 오른쪽 그림을 크게 드래그하여 전체 선택한 후 ❸ 왼쪽으로 드래그하여 옮깁니다.

 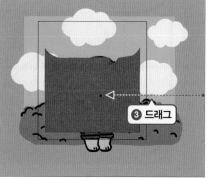

02 ❶ `Ctrl` + `A` 를 누릅니다. 빨간색 면도 함께 선택됩니다. ❷ 마우스 오른쪽 버튼을 클릭하고 ❸ [Make Clipping Mask]를 선택합니다. 빨간색 면이 마스크 영역으로 지정되어 겹쳐 있는 부분의 패스들만 보이게 됩니다. 클리핑 마스크가 적용된 상태입니다.

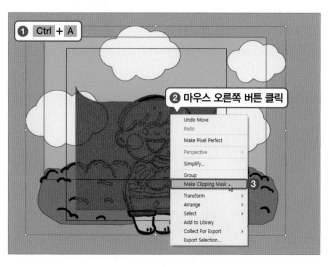 

03 [Layers] 패널에서 [프레임] 레이어의 을 클릭해 이 나타나게 합니다. 보이지 않았던 프레임 오브젝트가 아트보드에 나타납니다.

두 개 이상의 오브젝트를 함께 선택한 다음 마우스 오른쪽 버튼을 클릭하고 [Make Clipping Mask]를 선택하면 가장 위에 있는 오브젝트(여기에서는 빨간색 면)는 마스크 영역으로 지정되고 나머지 오브젝트는 마스크 영역 안에서만 보이게 됩니다. 실습한 것처럼 마우스 오른쪽 버튼을 클릭하고 [Make Clipping Mask]를 선택해도 되지만 [Object]–[Clipping Mask]–[Make] Ctrl + 7 메뉴를 선택해도 됩니다.

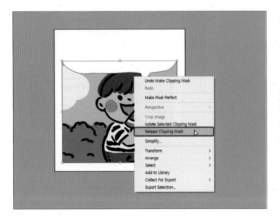

클리핑 마스크 기능을 해제하고 싶다면 마스크가 적용된 오브젝트를 선택하고 마우스 오른쪽 버튼을 클릭해 [Release Clipping Mask] 메뉴를 선택합니다. 혹은 [Object]–[Clipping Mask]–[Release] Ctrl + Alt + 7 메뉴를 선택해도 됩니다.

클리핑 마스크 수정하기

04 ❶ 선택 도구▶로 마스크가 적용된 오브젝트를 더블클릭해 격리 모드로 들어갑니다. ❷ [Layers] 패널에서 ▶를 클릭해 하위 레이어가 나타나게 합니다. ❸ 마스크 영역인 첫 번째 레이어의 잠금 칸을 클릭하여 움직이지 않게 합니다. ❹ 전체를 드래그하고 ❺ 원하는 위치에 오도록 드래그해 이동합니다.

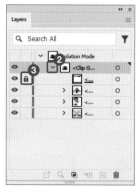

05 ❶ [Layers] 패널에서 마스크 영역 레이어의 잠금🔒을 클릭하여 잠금을 해제합니다. ❷ 아트보드의 빈 곳을 더블클릭하여 격리 모드에서 나옵니다.

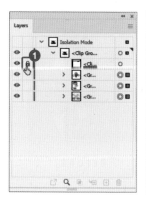

LESSON

02

끝이 사라지는 효과 표현하기

투명 마스크로 패스가 점점 사라지는 효과 표현하기

☑ **CC 모든 버전**
☐ **CC 2024 버전**

준비 파일 기본/Chapter 04/투명 마스크 적용하기.ai
완성 파일 기본/Chapter 04/투명 마스크 적용하기_완성.ai

AFTER

BEFORE

이 예제를 따라 하면

앞에서 클리핑 마스크를 먼저 배웠습니다. 이번 실습에서는 마스크에 투명도를 적용하여 아래에 있는 배경이 비쳐 보이는 투명 마스크를 만들어보겠습니다.

- 투명 마스크 기능을 익힐 수 있습니다.
- 물이나 거울에 비친 듯한 표현, 끝이 사라지는 표현을 적용할 수 있습니다.

투명 마스크 적용하기

01 ❶ `Ctrl` + `O`를 눌러 **투명 마스크 적용하기.ai** 파일을 불러옵니다. ❷ [Layers] 패널에서 [배경] 레이어
가 움직이지 않도록 잠금 칸을 클릭합니다. ❸ [뒤집힌 배] 레이어를 클릭합니다. ❹ 사각형 도구□를 클릭
하고 ❺ 하단에서 [획]을 클릭한 후 ❻ ◪를 클릭하여 선을 비활성화합니다. ❼ 뒤집힌 배가 다 덮이도록 드
래그하여 사각형을 만듭니다.

02 ❶ 도구바에서 [칠]을 클릭하고 ❷ 그레이디언트■를 클릭합니다. 사각형에 그레이디언트가 적용되
면서 [Gradient] 패널이 나타납니다. ❸ 흑백 그레이디언트가 아니라면 [Gradient] 패널에서 ⯆를 클릭하
고 ❹ [White, Black]을 선택합니다.

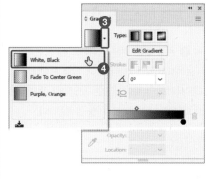

03 ❶ [Window]−[Transparency] `Ctrl` + `Shift` + `F10` 메뉴를 선택하여 [Transparency] 패널을 불러옵니다. ❷ 선택 도구 ▶로 아트보드를 크게 드래그하여 뒤집힌 배와 앞서 만든 사각형을 함께 선택합니다. ❸ [Transparency] 패널에서 [Make Mask]를 클릭합니다. 투명 마스크가 적용되었습니다.

기능 꼼꼼 익히기 ✏ **투명 마스크를 적용하는 [Transparency] 패널 알아보기**

[Transparency] 패널에서 ❶ 왼쪽 칸은 원본 영역이고 ❷ 오른쪽 칸은 마스크 영역입니다. 마스크 영역에서 흰색은 보여지는 부분이고 검은색은 보여지지 않는 부분입니다. 지금 흰색에서 검은색으로 서서히 변화하는 그레이디언트가 적용되어 있으므로 원본이 보이다가 서서히 안 보이게 되는 것입니다. 투명 마스크를 취소하려면 투명 마스크가 적용된 오브젝트를 선택하고 [Transparency] 패널에서 ❸ [Release]를 클릭합니다.

투명 마스크 수정하기

04 투명 마스크 영역을 수정해보겠습니다. ❶ 투명 마스크가 적용된 오브젝트가 선택된 상태에서 ❷ [Transparency] 패널의 마스크 영역을 클릭하여 선택합니다. 마스크 영역 외곽에 파란색 테두리가 생깁니다. 달라진 게 없는 것 같지만, 마스크 영역이 선택된 상태입니다.

05 ❶ [Gradient] 패널에서 각도를 **-90**°로 설정합니다. ❷ 오른쪽 색상 점을 왼쪽으로 살짝 드래그합니다. 검은색 영역이 늘어나면서 가려진 부분이 더 많아집니다. 반전된 이미지의 아래쪽 끝부분이 깔끔하게 사라집니다. ❸ 왼쪽 색상 점을 더블클릭하고 ❹ K:40으로 설정합니다. 투명도가 낮아집니다.

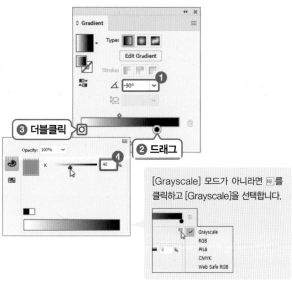

06 ❶ [Transparency] 패널에서 원본 영역을 클릭하고 ❷ 아트보드의 다른 곳을 클릭하여 마스크 영역 선택을 해제합니다.

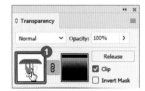 

마스크 영역 선택을 해제하지 않고 다음과 같이 아트보드에 빨간색 원을 그리면 원본 영역에 그려지는 것이 아니라, 마스크 영역에 그려집니다. 반드시 마지막에는 원본 영역을 클릭하여 마스크 영역 선택을 해제하도록 합니다.

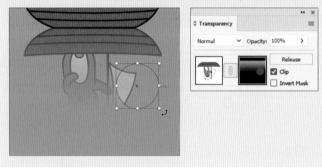

3D 입체 상자 그리기

원근감 격자 도구로 입체 일러스트 쉽게 그리기

☑ **CC 모든 버전**
☐ **CC 2024 버전**

준비 파일 기본/Chapter 04/입체 일러스트 그리기.ai
완성 파일 기본/Chapter 04/입체 일러스트 그리기_완성.ai

⌐ A F T E R ⌐

이 예제를 따라 하면

종이와 같은 평면에 입체 일러스트를 그리기란 쉽지 않습니다. 일러스트레이터의 아트보드에 그리는 것도 마찬가지입니다. 그래서 일러스트레이터에서는 원근감이 느껴지는 입체 일러스트를 쉽게 그릴 수 있도록 원근감 격자 도구를 제공합니다. 원근감 격자 도구는 소실점을 사용하여 원근감이 있는 가이드 선을 만들고, 그 안에서 오브젝트를 만들면 자동으로 3D 입체 효과를 표현할 수 있습니다. 이번 실습에서는 입체 상자 일러스트를 그려보며 원근감 격자 도구 사용법을 익혀보겠습니다.

⌐ B E F O R E ⌐

- 원근감이 느껴지는 입체 일러스트를 그릴 수 있습니다.
- 나망안 각노에서 3D 입제 효과를 표현할 수 있습니다.

원근감 격자 도구를 이용하여 상자 그리기

01 ❶ Ctrl + O 를 눌러 **입체 일러스트 그리기.ai** 파일을 불러옵니다. ❷ 도구바에서 원근감 격자 도구 를 클릭합니다. 아트보드 안에 2점 투시 격자가 나타납니다.

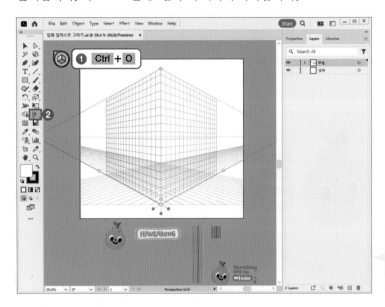

> 도구바의 모양이 다르게 보인다면 도구바가 기본(Basic)으로 설정되어 있는 것입니다. 292쪽을 참고하여 고급(Advanced)으로 바꾼 후에 실습을 진행하기 바랍니다.

02 상자를 그려보겠습니다. ❶ 도구바에서 사각형 도구 를 클릭합니다. ❷ [Layers] 패널에서 [상자] 레이어를 클릭합니다. ❸ [Properties]-[Appearance] 패널에서 [칠]만 활성화하고 ❹ [칠] 색을 #E89658로 설정합니다. ❺ 위젯의 오른쪽 면을 클릭하고 ❻ 아트보드 위를 드래그합니다.

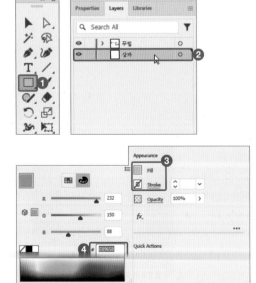

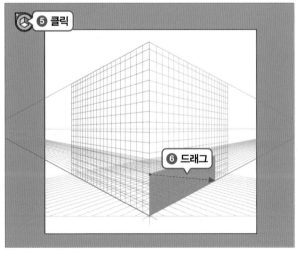

03 ❶ 위젯의 왼쪽 면을 클릭하고 ❷ 아트보드 위를 드래그합니다. ❸ [Properties]−[Appearance] 패널에서 [칠] 색을 ❹ #FFAA63으로 설정합니다.

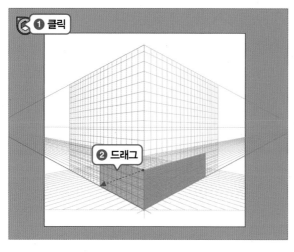

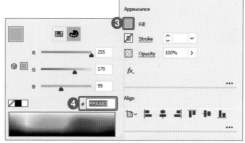

04 ❶ 위젯의 아래쪽 면을 클릭하고 ❷ 아트보드 위를 드래그합니다. ❸ [Properties]−[Appearance] 패널에서 [칠] 색을 ❹ #FFBC85로 설정합니다.

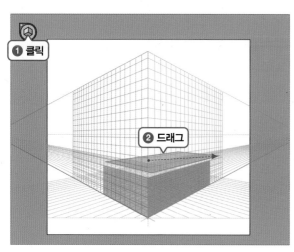

기능 꼼꼼 익히기 〉　**3D 원근감 위젯 알아보기**

현재 실습 중인 아트보드는 평면이 아니라 원근감이 있는 3D 상태입니다. 따라서 오브젝트를 그리려면 어느 방향에 오브젝트를 그릴지 선택해야 합니다. 위젯의 각 면을 클릭하여 세 방향 중 하나를 선택할 수 있으며, 선택된 면(방향)에는 색이 나타납니다.

▲ 위쪽(파란색)　　▲ 오른쪽(주황색)　　▲ 아래쪽(초록색)

05 상자를 수정해보겠습니다. [View]-[Perspective Grid]-[Snap to Grid] 메뉴를 선택하여 체크를 해제합니다.

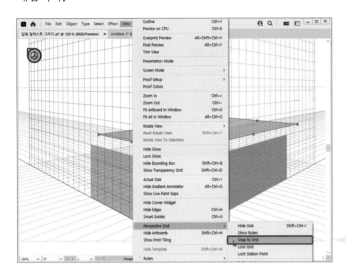

[Snap to Grid]가 활성화되어 있으면 드래그 시 격자에 물려서 이동되기 때문에 오브젝트의 위치를 정교하게 조절할 수 없습니다.

06 ❶ 원근감 격자 도구 🔲를 길게 클릭하여 ❷ 원근감 선택 도구 🔲를 클릭합니다. ❸ 가장 마지막에 만든 사각형 오브젝트를 적당한 위치로 드래그해 옮깁니다. ❹ 사각형 오브젝트 외곽의 바운딩 박스를 이용해 크기를 수정하여 상자 모양으로 만듭니다. 다른 사각형 오브젝트도 수정이 필요하다면 같은 방법으로 수정합니다.

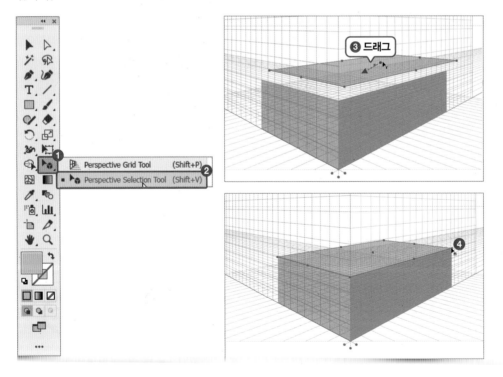

원근감 선택 도구 알아보기

원근감이 적용된 상태에서 선택 도구▶로 오브젝트의 크기를 줄이거나 위치를 옮기면 원근감이 적용되지 않습니다. 따라서 수정할 때는 반드시 원근감 전용 선택 도구인 원근감 선택 도구▶를 사용합니다.

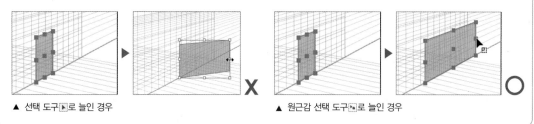

▲ 선택 도구▶로 늘인 경우   ▲ 원근감 선택 도구▶로 늘인 경우

07 ❶ 위젯에서 오른쪽 면을 클릭합니다. ❷ 원근감 선택 도구▶로 한라봉 일러스트를 상자의 오른쪽 면으로 드래그합니다.

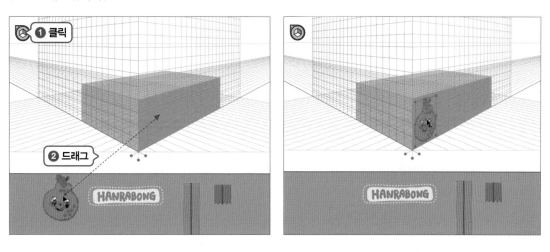

08 ❶ 원근감 선택 도구▶로 한라봉 일러스트를 클릭하고 Alt 를 누른 채 오른쪽으로 드래그합니다. 한라봉 일러스트가 복제되면서 원근감이 적용됩니다.

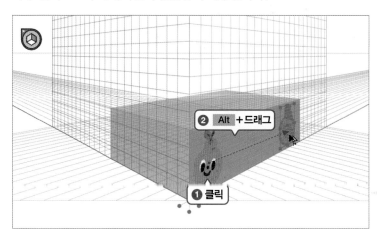

한라봉 일러스트가 보이지 않는다면 한라봉 레이어가 맨 아래쪽에 있기 때문입니다. [Layers] 패널에서 한라봉 레이어를 맨 위로 옮깁니다.

09 ❶ 원근감 선택 도구 █로 한라봉 라벨 일러스트를 상자의 오른쪽 면으로 드래그합니다. ❷ 외곽의 바운딩 박스를 드래그하여 적절한 크기로 수정합니다.

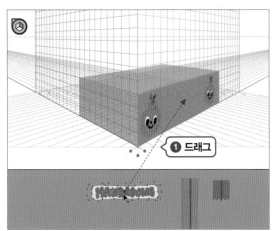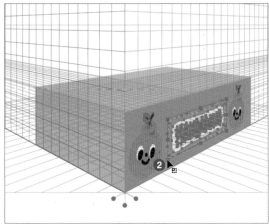

10 ❶ 위젯에서 아래쪽 면을 클릭합니다. ❷ 원근감 선택 도구 █로 긴 테이프 모양 일러스트를 상자의 위쪽 면으로 드래그합니다. ❸ 외곽의 바운딩 박스를 드래그하여 적절한 크기와 방향으로 수정합니다.

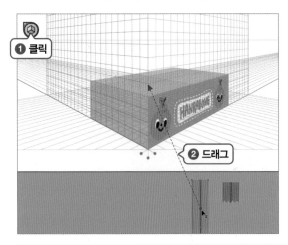

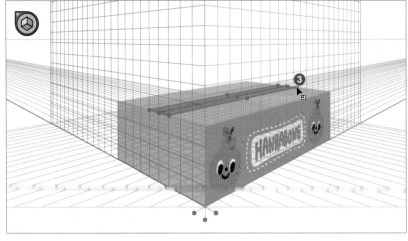

11 ❶ 위젯에서 왼쪽 면을 클릭합니다. ❷ 원근감 선택 도구 ⟋로 짧은 테이프 모양 일러스트를 상자의 왼쪽 면으로 드래그합니다. ❸ 외곽의 바운딩 박스를 드래그하여 적절한 크기로 수정합니다.

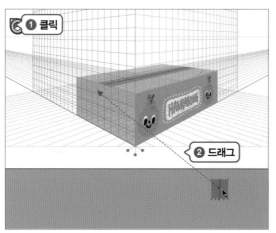
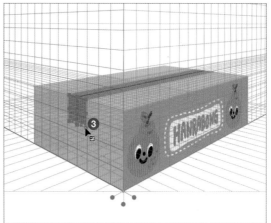

12 ❶ 위젯의 닫기 ✕를 클릭하거나 [View]-[Perspective Grid]-[Hide Grid] `Ctrl` + `Shift` + `I` 메뉴를 선택합니다. 2점 투시 격자가 사라집니다. ❷ 선택 도구 ▶로 아트보드 바깥쪽에 있는 가격표 일러스트를 옮겨 완성합니다.

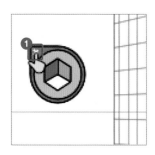

[3D and Materials] 패널을 활용하여 3D 오브젝트를 만들면 렌더링과 매핑이 가능하여 자연스러운 표현이 가능합니다.
QR코드로 접속하여 실습 과정을 확인할 수 있습니다.

 동영상 강의 확인하기

소실점 조절하기

원근감 격자 도구 🗗를 클릭하면 아트보드에 원근감 있는 그리드가 나타납니다. 원근감 격자 끝에 있는 마름모나 원을 드래 그하면 원근감 격자를 수정할 수 있습니다.

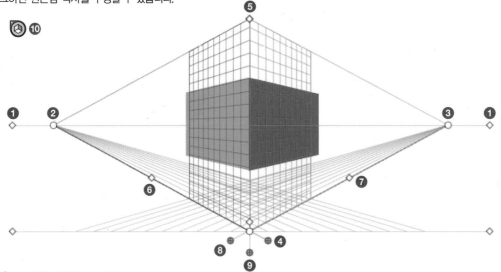

❶ 눈높이를 조절할 수 있습니다.

❷ 왼쪽 격자의 너비를 조절합니다.

❸ 오른쪽 격자의 너비를 조절합니다.

❹ 아래쪽 격자의 너비를 조절합니다.

❺ 원근감 격자의 위쪽 영역을 늘입니다.

❻ 원근감 격자의 왼쪽 영역을 늘입니다.

❼ 원근감 격자의 오른쪽 영역을 늘입니다.

❽ 원근감 격자의 위쪽, 왼쪽, 오른쪽 영역을 한꺼번에 조절합니다.

❾ 원근감 격자의 아래쪽, 왼쪽, 오른쪽 영역의 각도를 각각 조절합니다.

❿ 오브젝트를 그리려면 어느 방향에 오브젝트를 그릴지 선택해야 합니다. 위젯의 각 면을 클릭하여 세 방향 중 하나를 선 택할 수 있으며, 선택된 면(방향)에는 색이 나타납니다.

원근감 격자의 메뉴 살펴보기

[View]–[Perspective Grid] 메뉴를 선택하면 원근감 격자에 관련된 모든 메뉴가 나타납니다.

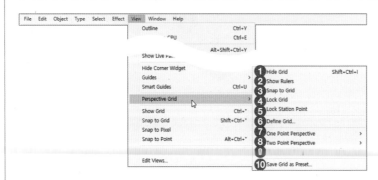

❶ Hide Grid | 원근감 격자를 보이지 않게 합니다.

❷ Show Rulers | 눈금자를 표시합니다.

❸ Snap to Grid | 패스를 옮기거나 그릴 때 스냅이 걸립니다.

❹ Lock Grid | 원근감 격자가 움직이지 못하게 고정합니다.

❺ Lock Station Point | 소실점 하나를 옮기면 그 안에 있는 오브젝트들이 같이 움직입니다.

❻ Define Grid | 원근감 격자의 옵션 대화상자를 열어 자세히 설정합니다.

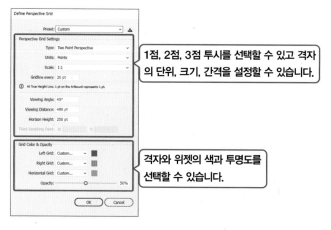

1점, 2점, 3점 투시를 선택할 수 있고 격자의 단위, 크기, 간격을 설정할 수 있습니다.

격자와 위젯의 색과 투명도를 선택할 수 있습니다.

❼ One Point Perspective | 1점 투시 격자를 만듭니다.

❽ Two Point Perspective | 2점 투시 격자를 만듭니다.

❾ Three Point Perspective | 3점 투시 격자를 만듭니다.

❿ Save Grid as Preset | 설정한 격자를 저장합니다.

오브젝트가 있는 상태에서 원근감 격자 수정하기

[View]–[Perspective Grid]–[Lock Station Point] 메뉴를 선택하고 원근감 격자의 소실점을 움직이면 그 안에 있는 오브젝트들이 함께 움직입니다.

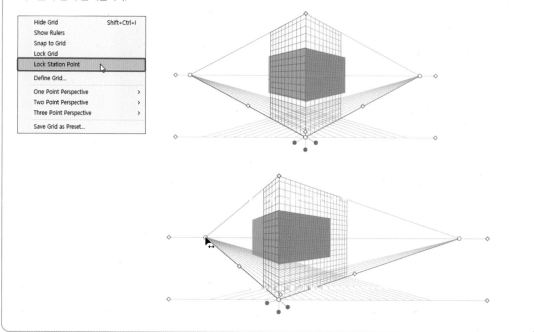

사진을 그림으로 바꾸기

Image Trace를 이용하여
비트맵 이미지를 벡터 이미지로 바꾸기

☑ **CC 모든 버전**
☐ **CC 2024 버전**

준비 파일 기본/Chapter 04/벡터 이미지 만들기.ai, 야자나무.jpg
완성 파일 기본/Chapter 04/벡터 이미지 만들기_완성.ai

AFTER

이 예제를 따라 하면

Image Trace(이미지 추적)는 JPG(JPEG)와 같은
비트맵 이미지를 벡터 이미지로 만들어주는 기능입니
다. 비트맵 이미지를 벡터 이미지로 만드는 것은 사진
을 그림으로 만드는 것과 같습니다. 이번 실습에서는
Image Trace 기능을 이용하여 야자나무가 있는 풍
경 사진을 그림으로 만들어보겠습니다.

BEFORE

비트맵 이미지를 벡터 이미지로 바꾸기

01 ❶ `Ctrl` + `O` 를 눌러 **벡터 이미지 만들기.ai** 파일을 불러옵니다. ❷ [File]–[Place] 메뉴를 선택하고 **야자나무.jpg** 파일을 불러옵니다. ❸ 아트보드를 클릭하고 사진을 아트보드의 가운데로 옮깁니다.

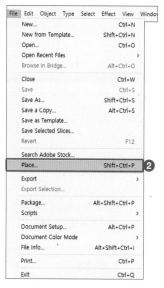

02 ❶ 선택 도구 ▶ 로 야자나무 사진을 선택합니다. ❷ [Properties]–[Quick Actions] 패널에서 [Image Trace]를 클릭하고 ❸ [Default]를 선택합니다. 흑백 그림으로 바뀝니다.

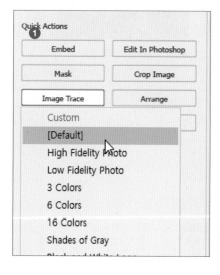
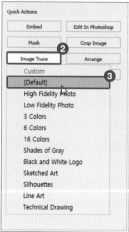

[Image Trace] 버튼이 없어요!
비트맵 이미지를 선택해도 [Image Trace] 버튼이 보이지 않는다면 [Object]–[Image Trace]–[Make] 메뉴를 선택합니다.

비트맵을 벡터로 만드는 [Image Trace] 기능 알아보기

Image Trace란 비트맵 이미지를 벡터 이미지로 바꿔주는 기능입니다. 일러스트레이터에서 비트맵 이미지를 선택하면 [Properties]–[Quick Actions] 패널에 [Image Trace] 버튼이 생깁니다. 클릭하면 메뉴가 나타나고, 원하는 메뉴를 선택하여 다양한 스타일로 벡터화할 수 있습니다.

> Image Trace는 CS6 이하 버전에서는 Live Trace라고 했는데, CC 버전부터 Image Trace 로 이름을 바꿨습니다.

▲ Default로 변환한 경우

▲ 3 Colors로 변환한 경우

▲ 16 Colors로 변환한 경우

❶ **Default** | 기본이 되는 모드로, 흑백 모드의 벡터로 표현됩니다.

❷ **High Fidelity Photo** | 고해상도의 벡터로 변환합니다.

❸ **Low Fidelity Photo** | 저해상도의 벡터로 변환합니다.

❹ **3 Colors** | 선택한 이미지에서 가장 많이 사용된 3가지 컬러로 변환합니다.

❺ **6 Colors** | 선택한 이미지에서 가장 많이 사용된 6가지 컬러로 변환합니다.

❻ **16 Colors** | 선택한 이미지에서 가장 많이 사용된 16가지 컬러로 변환합니다.

❼ **Shades of Gray** | 전체를 회색 모드로 바꾸고 벡터로 변환합니다.

❽ **Black and White Logo** | 흑백 모드의 벡터로 표현됩니다. ❶과 결과가 같습니다.

❾ **Sketched Art** | 스케치 형태로 변환됩니다.

❿ **Silhouettes** | 실루엣 형태로 변환됩니다.

⓫ **Line Art** | 명암을 선으로 표현합니다.

⓬ **Technical Drawing** | 명암 부분이 디테일하게 선으로 그린 듯한 형태로 변환됩니다.

03 [Properties]-[Quick Actions] 패널에서 [Expand]를 클릭하면 패스로 처리됩니다.

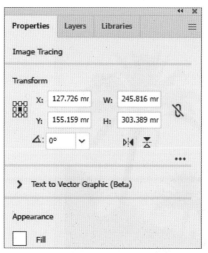

> [Expand] 버튼이 보이지 않는다면 [Object]-[Expand] 메뉴를 선택합니다.

기능 꼼꼼 익히기 ✏️ **[Image Trace] 패널의 세부 옵션 알아보기**

벡터화된 이미지는 [Properties]-[Quick Actions] 패널의 [Expand]를 클릭하면 패스로 처리됩니다. 패스로 처리하기 전에 [Properties]-[Image Trace] 패널에서 [Preset]의 ☑을 클릭하면 다른 스타일로 바꿀 수 있고, 옵션📋을 클릭해 세부 옵션을 설정할 수도 있습니다. [Image Trace] 패널이 보이지 않는다면 [Window]-[Image Trace] 메뉴를 선택합니다.

❶ 선택한 이미지에서 많이 사용된 색으로 벡터화합니다.

❷ 고해상도의 벡터로 변환합니다.

❸ 저해상도의 벡터로 변환합니다.

❹ 전체를 회색 모드로 바꾼 후에 벡터로 변환합니다.

❺ 흑백 모드의 벡터로 표현됩니다.

❻ 이미지의 외곽선만 표현됩니다.

❼ 다양한 스타일로 바꿀 수 있습니다.

❽ 이미지의 미리 보기 형식을 설정합니다. 기본 설정은 결과를 보여주는 것입니다. 👁을 클릭하면 원본을 볼 수 있습니다.

❾ 컬러 모드를 선택할 수 있습니다.

❿ 변화의 한계치를 지정할 수 있습니다.

⓫ 변화될 이미지에서 생성될 패스의 양을 조절합니다. [High]로 갈수록 세밀하게 패스가 생성되고 [Low]로 갈수록 패스가 적어져 심플한 형태가 됩니다.

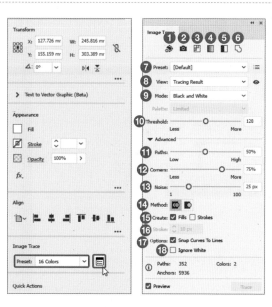

⓬ 변화될 이미지에서 생성될 모서리의 양을 조절합니다. [More]로 갈수록 섬세한 형태가 됩니다.

⓭ 노이즈를 조절합니다.

⓮ Image Trace 방식을 선택합니다.

⓯ 면 또는 선으로 변환됩니다.

⓰ 선으로 변환할 때 선의 굵기를 선택합니다.

⓱ 곡선의 경우 선을 끊을 것인지 말 것인지 결정합니다.

⓲ 선택된 이미지에서 흰색을 삭제할 것인지 말 것인지 결정합니다.

04 ❶ Ctrl 을 누른 채 빈 곳을 클릭하여 선택을 해제합니다. ❷ 자동 선택 도구 ✎를 클릭하고 ❸ 흰색 면을 클릭합니다. ❹ Delete 를 누릅니다. 흰색 면만 삭제됩니다.

05 ❶ 선택 도구 ▶로 검은색 야자나무를 클릭하고 ❷ [Properties]-[Appearance] 패널에서 [칠]을 클릭합니다. ❸ 옵션 ▤을 클릭하여 HSB 모드로 변경한 후 ❹ 원하는 색으로 설정합니다.

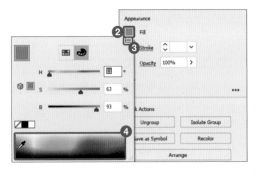

06 선택 도구 ▶ 로 아트보드 왼쪽에 있는 텍스트를 드래그하여 아트보드 중앙으로 옮깁니다.

07 ❶ [Layers] 패널을 보면 ❷ [텍스트] 레이어가 야자나무 레이어 아래에 있습니다. 텍스트가 선택된 상태에서 ❸ Ctrl +] 을 누르면 [텍스트] 레이어가 위로 올라갑니다. 텍스트가 맨 위로 올라와 잘 읽힙니다. 이렇게 포스터가 완성되었습니다.

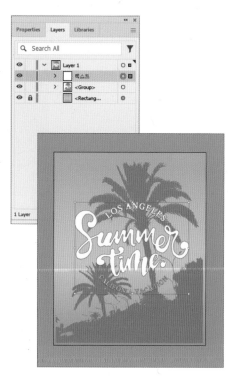

단축키로 레이어 순서 정하기

오브젝트를 클릭하고 [Object]–[Arrange] 메뉴를 선택하면 레이어 순서를 조절하는 메뉴가 나타납니다. 단축키를 더 많이 사용하므로 외워두고 활용하면 작업 시 매우 유용합니다.

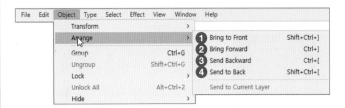

❶ **Bring to Front** `Ctrl` + `Shift` + `]` | 맨 위로 올리기
❷ **Bring Forward** `Ctrl` + `]` | 한층 올리기
❸ **Send Backward** `Ctrl` + `[` | 한층 내리기
❹ **Send to Back** `Ctrl` + `Shift` + `[` | 맨 아래로 내리기

복잡한 형태를 단순화하기

[Simplify] 메뉴로 단순화하기

❶ [Object]–[Path]–[Simplify] 메뉴를 클릭하면 ❷ [Simplify] 슬라이더바가 나타납니다. ❸ 왼쪽으로 이동할수록 형태가 점점 단순해지면서 고정점의 개수가 줄어듭니다. 고정점이 너무 많아서 복잡해 보이는 형태를 단순화할 때 매우 유용한 기능입니다.

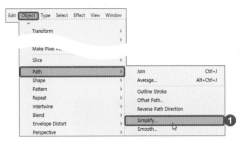

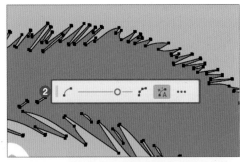

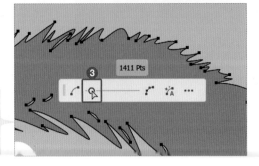

를 클릭하면 불필요하다고 판단되는 고정점이 자동으로 삭제됩니다.
를 클릭하면 단순화하는 정도를 더욱 디테일하게 설정할 수 있습니다.

[Smooth]와 [Simplify]의 차이점

[Object]–[Path]–[Smooth] 메뉴를 클릭하면 [Smooth] 슬라이더바가 나타납니다. [Smooth] 슬라이더바를 오른쪽으로 이동해도 형태가 단순해지기 때문에 Simplify와 비슷한 기능 같아 보이지만 다른 기능입니다. 차이점을 이해하고 필요한 경우 적절히 사용하도록 합니다.

원본 외곽의 찌글찌글한 선에는 30개의 고정점이 있습니다. 수정해보겠습니다.

[Simplify]를 적용하면 고정점의 개수가 줄어들면서 형태가 단순해집니다. 여기서는 고정점이 30개에서 13개로 줄었습니다. 형태가 왜곡되지 않을 때까지만 단순화할 수 있습니다.

동영상 강의 확인하기

[Smooth]를 적용하면 찌글거리는 선이 매끄럽고 반듯해집니다.

면이 겹쳐 보이는 효과 주기

[Transparency] 패널로 블렌딩하거나 투명도 조절하기

☑ **CC 모든 버전**
□ **CC 2024 버전**

준비 파일 기본/Chapter 04/혼합하기.ai
완성 파일 기본/Chapter 04/혼합하기_완성.ai

AFTER

이 예제를 따라 하면

두 개 이상의 오브젝트를 겹쳐놓고 투명도를 적용하면 신비로운 효과를 줄 수 있습니다. [Transparency] 패널의 혼합 모드(Blending Mode)를 이용하면 투명도뿐만 아니라 여러 가지 방식으로 오브젝트를 합성할 수 있습니다. 이번 실습에서는 혼합 모드를 이용하여 과일이 겹쳐 보이도록 합성해보겠습니다.

▪ **혼합 모드**를 이용하여 합성할 수 있습니다.
▪ **투명도**를 조절할 수 있습니다.

BEFORE

01 ❶ `Ctrl` + `O` 를 눌러 **혼합하기.ai** 파일을 불러온 후 ❷ [Window]–[Transparency] `Ctrl` + `Shift` + `F10` 메뉴를 선택하여 [Transparency] 패널을 불러옵니다.

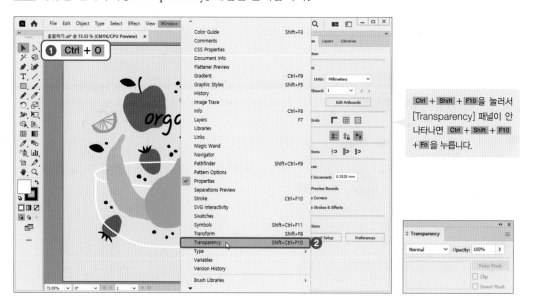

`Ctrl` + `Shift` + `F10`을 눌러서 [Transparency] 패널이 안 나타나면 `Ctrl` + `Shift` + `F10` + `Fn` 을 누릅니다.

02 ❶ 선택 도구 ▶ 를 클릭한 후 ❷ 녹색 배를 클릭합니다. ❸ [Transparency] 패널에서 [Multiply]를 선택합니다. 겹쳐진 부분이 어둡게 섞입니다.

03 ❶ 선택 도구▶로 흰색 선을 클릭합니다. ❷ [Transparency] 패널에서 [Opacity]를 **60%**로 설정합니다. 흰색 선이 투명해집니다.

기능 꼼꼼 익히기 **[Transparency] 패널과 혼합 모드 알아보기**

[Transparency] 패널을 자세히 살펴보겠습니다. 혼합 모드뿐만 아니라 마스크 등도 적용할 수 있습니다.

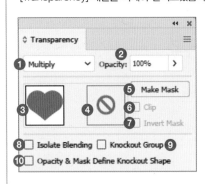

❶ 혼합 모드를 선택할 수 있습니다.

❷ **Opacity** | 투명도를 조절할 수 있습니다.

❸ 선택한 오브젝트의 형태를 보여줍니다.

❹ Opacity Mask를 적용할 수 있습니다.

❺ **Make Mask** | 마스크를 식용할 수 있습니다.

❻ **Clip** | Opacity Mask를 적용하면 활성화됩니다.

❼ **Invert Mask** | 마스크의 적용 범위를 반전합니다.

❽ **Isolate Blending** | 혼합 모드가 각각 적용된 그룹을 겹쳐놓으면 혼합 모드는 적용되지 않습니다.

❾ **Knockout Group** | 혼합 모드가 적용된 오브젝트를 그룹으로 묶으면 혼합 모드는 적용되지 않습니다.

❿ **Opacity & Mask Define Knockout Shape** | Knockout Group 효과를 Opacity와 Mask 기능에 의해 바뀌도록 합니다.

두 개의 오브젝트를 겹쳐놓은 후 상위 오브젝트(여기서는 하트)를 클릭해 선택하고 [Transparency] 패널의 혼합 모드 (Blending Mode)에서 옵션을 선택하면 다양한 방식으로 합성됩니다. 하나씩 살펴보겠습니다.

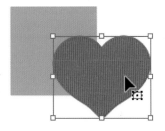

▲ 원본

▲ 혼합 모드를 적용했을 때

❶ **Normal** | 어떤 혼합도 적용하지 않은 기본 상태입니다.

❷ **Darken** | 어둡게 겹쳐집니다.

❸ **Multiply** | 겹쳐진 오브젝트의 색을 섞습니다.

❹ **Color Burn** | 겹쳐진 부분의 색, 채도를 강하게 합니다.

❺ **Lighten** | 겹쳐진 부분이 밝아집니다.

❻ **Screen** | 밝은색 부분이 더 밝아집니다.

❼ **Color Dodge** | [Color Burn]과 정반대입니다. 오브젝트의 색을 전반적으로 밝게 합니다.

❽ **Overlay** | [Multiply]와 [Screen]이 합쳐진 상태입니다. 밝은색은 더 밝게, 어두운색은 더 어둡게 겹쳐집니다.

❾ **Soft Light** | 위쪽에 겹쳐진 오브젝트의 명도가 50% 이상이면 밝게 합성되고, 50% 이하면 어둡게 합성됩니다.

❿ **Hard Light** | [Soft Light]와 거의 비슷한 효과인데 [Soft Light]보다 대비가 큽니다.

⓫ **Difference** | 보색으로 겹쳐집니다. 대체로 어둡게 겹쳐지며 검은색인 경우 변화가 없습니다.

⓬ **Exclusion** | [Difference]와 비슷한 효과지만 좀 더 약하게 합성됩니다.

⓭ **Hue** | 겹쳐진 부분의 색상, 명도, 채도가 각각 중간으로 합성됩니다.

⓮ **Saturation** | 겹쳐진 부분의 채도만 합성됩니다. 겹쳐진 부분의 채도가 같은 경우 아무런 변화가 없습니다.

⓯ **Color** | 겹쳐진 부분의 색만 합성됩니다. 겹쳐진 부분의 색이 같은 경우 아무런 변화가 없습니다.

⓰ **Luminosity** | [Color]의 반대입니다. 겹쳐진 부분의 채도와 명도만 합성됩니다.

LESSON

06

자연스러운 선 드로잉하기

연필 도구로 드래그하여 낙서화 그리기

☑ **CC 모든 버전**
☐ CC 2024 버전

준비 파일 기본/Chapter 04/연필 도구로 드로잉하기.ai
완성 파일 기본/Chapter 04/연필 도구로 드로잉하기_완성.ai

AFTER

이 예제를 따라 하면

연필 도구를 사용하면 마우스로 드래그하는 대로 삐뚤빼뚤한 선이 그려져 자연스러운 느낌을 만들 수 있으므로 다양한 곳에 활용할 수 있습니다. 타블렛 펜 사용자라면 연필 도구를 사용하여 연필로 종이에 그림을 그리듯 패스를 그려낼 수 있어서 매우 유용합니다.

BEFORE

- 연필 도구로 선과 면을 그릴 수 있습니다.
- 선을 그리거나 지우며 자연스럽게 드로잉할 수 있습니다.
- 패스에 따라 선과 면에 색을 적용할 수 있습니다.

연필 도구로 선 그리고 수정하기

01 ❶ Ctrl + O 를 눌러 **연필 도구로 드로잉하기.ai** 파일을 불러옵니다. ❷ 스포이트 도구 를 클릭하고 ❸ 검은색 선을 클릭합니다. ❹ 도구바 하단의 [칠]은 비활성화, [획]은 검은색으로 설정됩니다.

02 ❶ 도구바에서 Shaper 도구 를 길게 클릭하여 ❷ 연필 도구 를 클릭합니다. ❸ 머리카락의 회색 스케치 선을 따라 드래그합니다. 선이 그려집니다.

책과 똑같이 드래그하지 않아도 됩니다. 비슷하게 드래그합니다.

03 그려놓은 선을 수정해보겠습니다. ❶ 직접 선택 도구 ▷를 클릭하고 ❷ 고정점 하나만 드래그하여 선택합니다. ❸ 고정점을 원하는 위치로 드래그하여 옮깁니다. 고정점이 이동되면서 선의 모양이 수정됩니다.

04 ❶ 고정점 하나를 드래그하여 선택합니다. ❷ 방향선을 드래그하면서 조절하여 굴곡도 수정합니다.

05 ❶ 펜 도구 ✎를 클릭합니다. ❷ 불필요한 고정점을 클릭합니다. 고정점이 삭제됩니다.

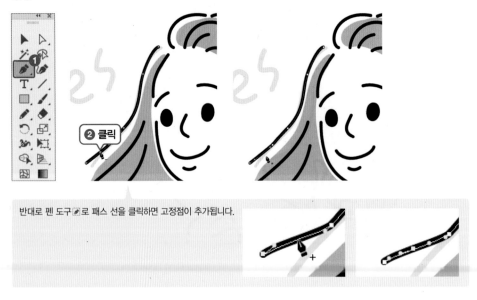

반대로 펜 도구 ✎로 패스 선을 클릭하면 고정점이 추가됩니다.

06 ❶ 연필 도구 ✐를 길게 클릭하여 ❷ 패스 지우개 도구 ✐를 클릭합니다. ❸ Ctrl 을 누른 채 왼쪽 어깨 선을 클릭합니다. ❹ 어깨 선의 중간 지점을 드래그합니다. 드래그한 만큼 선이 지워집니다.

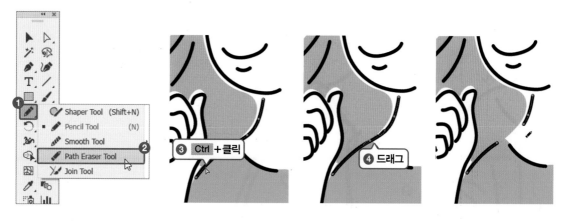

07 이번에는 끊어진 선을 이어보겠습니다. ❶ 다시 연필 도구 ✐를 클릭합니다. ❷ Ctrl 을 누른 채 오른쪽 목 선을 클릭하고 ❸ Ctrl + Shift 를 누른 채 어깨 선을 클릭해 함께 선택합니다. ❹ ⓐ 고정점에서 ⓑ 고정점으로 드래그합니다. 선이 이어지지 않았다면 고정점 위를 정확히 드래그한 것이 아닙니다. 반드시 고정점 위를 드래그합니다.

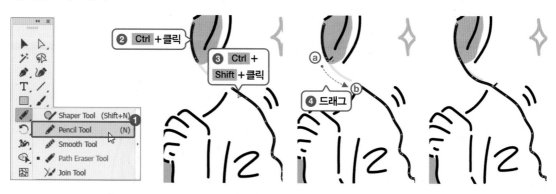

08 패스 선이 보이는 상태에서 연필 도구 ✐로 선 위를 드래그합니다. 패스가 보이는 상태에서 패스 선 위를 연필 도구 ✐로 드래그하면 선이 새로 생기는 것이 아니라 다시 그려집니다.

연필 도구는 일러스트레이터에서 프리 드로잉을 할 때 많이 사용합니다. 마우스가 아닌 타블렛 펜을 사용하면 더욱 쉽고 빠르게 드로잉을 할 수 있습니다.

09 이번에는 면을 그려보겠습니다. ❶ Ctrl 을 누른 채 빈 곳을 클릭하여 선택을 해제합니다. ❷ 연필 도구 ✏️로 오른쪽 어깨 면 부분을 드로잉합니다. 처음 드래그를 시작한 지점에 가까워지면 마우스 포인터의 모양이 ✏️에서 ✏️로 바뀝니다. ❸ 마우스 포인터의 모양이 ✏️로 바뀌었을 때 마우스 버튼에서 손을 뗍니다. 자동으로 닫힌 패스가 됩니다.

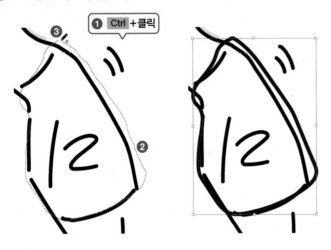

10 ❶ 스포이트 도구 ✏️를 클릭하고 ❷ 연두색 면을 클릭합니다. ❸ Ctrl + Shift + [를 눌러 해당 레이어를 맨 아래로 옮깁니다. ❹ Ctrl 을 누른 채 빈 곳을 클릭하여 선택을 해제합니다. 일러스트가 완성되었습니다.

연필 도구로 글씨 쓰기

11 연필 도구로 글씨를 써보겠습니다. ❶ 스포이트 도구 🖊로 ❷ 검은색 선을 클릭합니다. ❸ 연필 도구 🖊
로 ❹ 첫 번째 획을 드래그하여 그립니다. ❺ 두 번째 획을 그린 후 ❻ `Ctrl` 을 누른 채 빈 곳을 클릭하여 선택
을 해제합니다. ❼ 세 번째 획도 드래그하여 그립니다.

❷ 클릭

❻에서 선택을 해제하지 않고 바로 그
리면 다음과 같이 선이 이어집니다.

❻ `Ctrl` +클릭

12 ❶ 나머지 'e'와 's'를 드래그하여 완성합니다. ❷ [Layers] 패널에서 [스케치] 레이어를 선택하고 ❸ 삭
제 🗑를 클릭해 삭제합니다. 스케치 선이 삭제되면서 일러스트가 완성되었습니다.

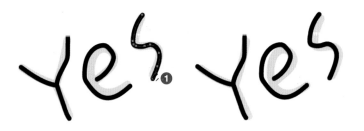

도구바에서 Shaper 도구☑를 길게 클릭하면 연필 도구✎와 관련된 도구들이 나타납니다. 지금부터 하나씩 살펴보겠습니다.

❶ Shaper 도구☑ | 사각형을 대충 드래그하면 반듯한 사각형이 그려집니다. 같은 방법으로 원형과 삼각형도 그릴 수 있습니다.

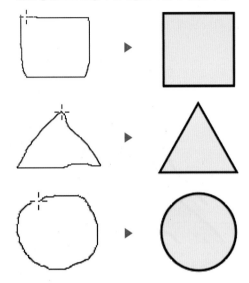

❷ 연필 도구✎ | 아트보드에 드래그하면 패스가 자동 생성되면서 선이 그려집니다.

❸ 매끄럽게 도구✎ | 각진 모서리를 드래그하면 부드러운 곡선으로 바꾸어줍니다.

❹ 패스 지우개 도구✎ | 선을 드래그하면 삭제됩니다.

❺ 연결 도구☑ | 열린 패스의 뚫린 부분을 드래그하면 패스 선이 연결되어 닫힌 패스가 됩니다.

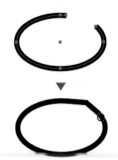

도구바에서 연필 도구 ✐를 더블클릭하면 [Pencil Tool Options] 대화상자가 나타납니다. 고정점을 추가하거나 면을 만드는 등 각 항목의 옵션을 지정할 수 있습니다. 연필 도구의 다양한 옵션에 대하여 알아보겠습니다.

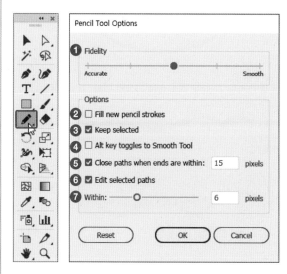

❶ **Fidelity** | 패스 고정점의 개수를 조절합니다. [Accurate]에 가까울수록 고정점이 많아지고 [Smooth]에 가까울수록 고정점이 적어집니다. 고정점이 적으면 파일의 용량이 줄어들고 조금 더 매끄러워 보입니다. 그러나 섬세한 작업을 할 때는 [Accurate]에 가깝게 설정하여 고정점을 촘촘히 한 후 작업하는 것이 좋습니다.

▲ [Accurate]에 가까우면 고정점의 개수가 많습니다.　　　▲ [Smooth]에 가까우면 고정점의 개수가 적습니다.

❷ **Fill new pencil strokes** | 연필 도구 ✐로 드래그할 때 면을 만들 수 있습니다.

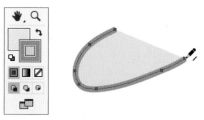

▲ 체크했을 때 면에 색이 있는 경우 연필 도구로 드래그하　　　▲ 체크하지 않았을 때 면에 색이 있지만 연필 도구로 드래
면 면이 같이 그려집니다.　　　　　　　　　　　　　　　　그하면 면은 그려지지 않고 선만 그려집니다. 도구바의
　　　　　　　　　　　　　　　　　　　　　　　　　　　　변 색도 없어집니다.

❸ **Keep selected** | 연필 도구 ✐로 드로잉하면 패스가 선택된 상태가 됩니다.

❹ **Alt key toggles to Smooth Tool** | 연필 도구 ✐가 선택된 상태에서 `Alt`를 누르면 `Alt`를 누르고 있는 동안은 매끄럽게 도구 ✐가 됩니다.

⑤ Close paths when ends are within | 연필 도구 ✐ 로 드래그하여 면을 만드는 경우 처음 지점과 가까워지면 면이 자동으로 닫힙니다. 이때 얼마나 가까워지면 면이 닫히는지 그 간격을 정할 수 있습니다. 15pixels로 설정되어 있다면 처음 지점과 15pixels 정도 가까워지면 자동으로 닫힙니다.

⑥ Edit selected paths | 패스 선이 선택된 상태에서 연필 도구 ✐ 로 그 위에 패스 선을 그으면 다시 그려집니다.

▲ 체크했을 때 선을 선택하고 그 위에 선을 그으면 선이 다시 그려집니다.

▲ 체크하지 않았을 때 선을 선택하고 그 위에 선을 그으면 선이 다시 그려지지 않고 새로 그려집니다.

⑦ Within | 패스 선이 이어지는 정도를 수치로 나타냅니다.

▲ 수치가 2일 때 10pixels 정도 띄우고 드래그하면 이어지지 않습니다.

▲ 수치가 20일 때 10pixels 정도 띄우고 드래그해도 이어집니다.

> 이어지지 않는다면 [Pencil Tool Options] 대화상자에서 [Keep selected] 항목에 체크되어 있는지 확인합니다. 체크가 되어 있지 않으면 이어지지 않습니다.

기능 꼼꼼 익히기 ✎ **찌글찌글한 선을 매끄럽게 수정하기(손 떨림 수정)**

[Smooth]로 매끄럽게 수정하기

선을 선택하고 **①**[Object]–[Path]–[Smooth] 메뉴를 클릭하면 [Smooth] 슬라이더바가 나타납니다. **②**슬라이더바를 오른쪽으로 옮기면 선이 매끄러워집니다. 🖋를 클릭하면 자동으로 매끄러운 정도가 적당하게 설정됩니다. 연필 도구로 드로잉을 하고 나면 손 떨림 때문에 선이 찌글찌글해지는 경우가 많습니다. 함께 사용하면 좋은 기능입니다.

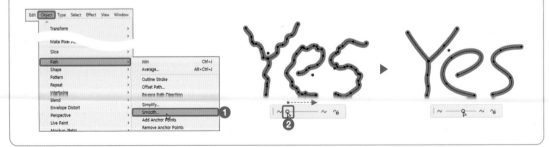

붓으로 그린 듯한 선 느낌 내기

브러시 도구로 드래그하여 수작업 느낌 내기

☑ **CC 모든 버전**
☐ **CC 2024 버전**

준비 파일 기본/Chapter 04/브러시 도구로 드로잉하기.ai
완성 파일 기본/Chapter 04/브러시 도구로 드로잉하기_완성.ai

AFTER

이 예제를 따라 하면

브러시 도구를 사용하면 마치 종이에 붓으로 그림을 그린 듯한 효과를 낼 수 있습니다. 브러시의 송류는 매우 다양합니다. 마른 붓 느낌, 수채화 느낌, 분필 느낌, 잉크가 튀는 느낌 등을 표현할 수 있어 활용도가 높습니다.

- 브러시 도구로 패스 선을 그릴 수 있습니다.
- 브러시 라이브러리의 활용법을 익힐 수 있습니다.
- 붓으로 직접 그린 듯한 수채화 느낌을 표현할 수 있습니다.

BEFORE

브러시 도구로 선 그리기

01 ❶ Ctrl + O 를 눌러 **브러시 도구로 드로잉하기.ai** 파일을 불러옵니다. ❷ 페인트브러시 도구 🖌를 클릭하고 ❸ [Properties]−[Appearance] 패널에서 [획] 색을 연두색으로 설정합니다. ❹ [Properties]−[Brush] 패널에서 목록⎵을 클릭하고 ❺ [Charcoal − Feather] ——————— 브러시를 선택합니다.

02 회색 스케치 선을 따라서 잎을 드래그합니다. 목탄 느낌의 선이 그려집니다.

03 ❶ Ctrl 을 누른 채 연두색 선을 클릭하고 ❷ [Properties]−[Appearance] 패널에서 굵기를 2pt로 설정합니다. ❸ Ctrl 을 누른 채 빈 곳을 클릭하여 선택을 해제합니다.

04 ❶ [Properties]-[Brush] 패널에서 브러시 라이브러리 메뉴 를 클릭하고 ❷ [Artistic]-[Artistic_Ink] 메뉴를 선택합니다. 물감이 번진 듯한 브러시가 있는 [Artistic_Ink] 패널이 나타납니다.

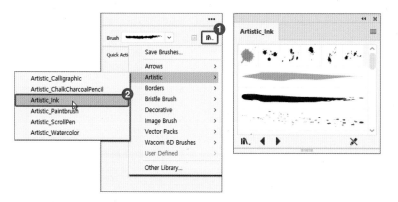

05 ❶ [Artistic_Ink] 패널에서 [Fountain Pen] ●━━━━━ 브러시를 선택합니다. ❷ 브러시 선택과 동시에 브러시 스타일이 바로 [Properties]-[Brush] 패널에 등록됩니다. ❸ [Properties]-[Appearance] 패널에서 [획] 색을 분홍색으로 바꾸고 ❹ 굵기를 **2pt**로 설정합니다. ❺ 회색 스케치 선을 따라서 꽃 모양을 드래그합니다. ❻ [Layers] 패널에서 [스케치] 레이어를 선택하고 ❼ 삭제 를 클릭하여 삭제합니다. 스케치 선이 삭제되었습니다.

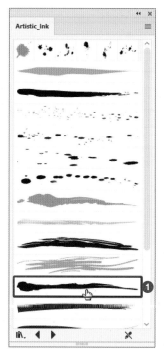

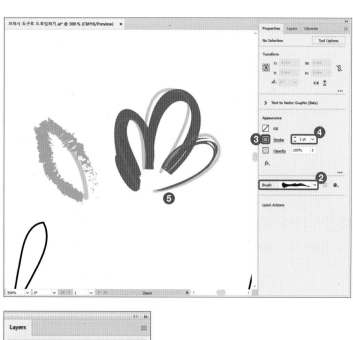

브러시가 적용된 패스를 선택하고 [Brushes] 패널에서 ⊠를 클릭하면 일반 패스 선이 됩니다.

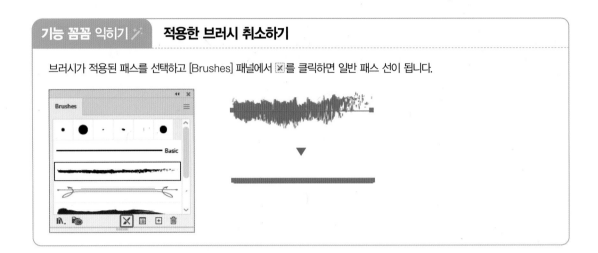

일반 패스에 브러시 적용하기

06 [Window]-[Brushes] F5 메뉴를 선택하여 [Brushes] 패널을 나타나게 합니다.

07 ❶ 선택 도구▶로 연두색 잎을 클릭하고 ❷ [Brushes] 패널에서 [Charcoal – Feather] ━━━━━ 브러시를 선택합니다. ❸ [Properties]-[Appearance] 패널에서 굵기를 **2pt**로 설정합니다.

 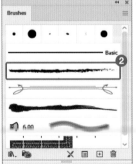 

08 ❶ 선택 도구▶로 분홍색 꽃을 클릭합니다. ❷ [Brushes] 패널에서 [Fountain Pen] 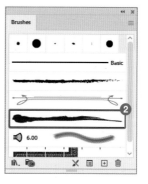 브러시를 선택합니다.

09 ❶ 선택 도구▶로 텍스트를 클릭하고 ❷ [Brushes] 패널에서 [5pt. Round]⊡ 브러시를 선택합니다.

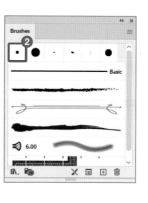

10 적용한 브러시를 수정해보겠습니다. ❶ [Brushes] 패널에서 [5pt. Round]⊡ 브러시를 더블클릭합니다. ❷ [Calligraphic Brush Options] 패널이 나타나면 [Preview]에 체크합니다. ❸ [Brush Shape Editor]에서 원을 드래그하여 타원으로 만든 후 사선 방향으로 만듭니다. 브러시의 모양이 비스듬한 타원이 됩니다. ❹ [Size]를 **11pt**로 수정하고 ❺ [OK]를 클릭합니다.

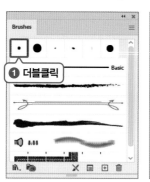
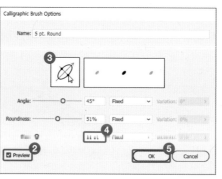

11   경고 대화상자가 나타나면 [Apply to Strokes]를 클릭합니다.

12   ❶ Ctrl + A 를 눌러 전체 선택합니다. ❷ [Object]-[Expand Appearance] 메뉴를 선택합니다. 브러시가 모두 패스로 처리됩니다.

기능 꼼꼼 익히기 ✏️   **[Expand Appearance] 알아보기**

[Expand Appearance]는 일러스트레이터에서 특정 효과를 주었을 때 보이는 그대로를 패스로 만들어주는 기능입니다. 즉 패스에 효과를 적용(여기서는 브러시 효과)한 후 패스에 [Expand Appearance] 기능을 적용하면 외곽선을 따라 패스가 생성됩니다.

▲ 패스에 브러시 효과를 준 경우   　　　　　▲ 브러시 효과를 준 패스를 [Expand Appearance]로
　　　　　　　　　　　　　　　　　　　　　　　 패스 처리한 경우

[Expand Appearance]를 적용하는 이유

❶ 효과가 적용된 파일을 다른 컴퓨터에서 열었을 때 일러스트레이터의 버전이 맞지 않거나 설정이 달라서 오류가 나는 경우를 대비하기 위해 [Expand Appearance]를 적용합니다. 각각의 오브젝트에 [Expand Appearance]를 적용하면 일러스트레이터의 버전이나 설정이 달라도 해당 오브젝트가 각각의 패스로 보여 오류가 나지 않습니다.

❷ 효과가 적용된 오브젝트는 수정할 수 없습니다. 그러나 [Expand Appearance]를 적용하여 각각의 패스로 처리하면 자유롭게 편집할 수 있습니다.

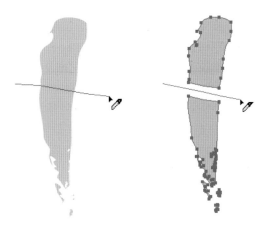

▲ 브러시 스타일을 적용한 오브젝트에 [Expand Appearance]를 적용하면 패스로 처리할 수 있습니다. 면과 선이 살아 있는 오브젝트가 되었으므로 칼 도구를 이용해 오브젝트를 자를 수도 있습니다.

[Expand]와 [Expand Appearance]의 차이점

일러스트레이터에서는 다양한 효과를 주고 패스로 처리하려면 [Expand] 또는 [Expand Appearance]를 적용해야 합니다. [Expand]는 하나의 패스에 선이나 면에 상관없이 한꺼번에 효과가 적용된 경우고, [Expand Appearance]는 하나의 패스에 선 따로, 면 따로 효과를 준 경우입니다. 둘 다 패스로 처리된다는 결과는 같으므로 활성화되어 있는 메뉴를 선택하면 됩니다. 브러시 효과는 패스의 선에만 적용되었으므로 [Expand Appearance]를 적용하면 됩니다.

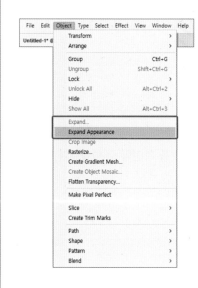

▲ 하나의 패스에 선과 면의 구분 없이 효과가 적용된 경우 [Expand]로 처리할 수 있습니다.

▲ 하나의 패스에 선과 면 따로 효과가 적용된 경우(하나의 패스에서 선에는 브러시 효과, 면에는 그레이디언트 효과를 준 경우) [Expand Appearance]로 처리할 수 있습니다.

[Brushes] 패널에는 다양한 브러시 스타일이 저장되어 있습니다. 브러시 도구 ✎로 선을 그리면 [Properties]–[Brush] 패널이 나타납니다. 또는 메뉴에서 [Window]–[Brushes] F5 메뉴를 선택하면 기본 [Brushes] 패널이 플로팅되어 나타납니다.

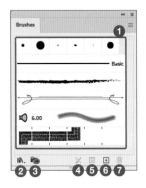

❶ 브러시의 종류를 선택할 수 있습니다.

❷ 브러시 라이브러리를 불러올 수 있습니다. [Window]–[Brushes Libraries] 메뉴를 선택해도 원하는 [Brushes Libraries] 패널을 불러올 수 있습니다.

❸ [Brushes Libraries] 패널에 등록된 브러시와 동기화됩니다.

❹ 브러시가 적용된 선을 선택하고 클릭하면 브러시가 취소됩니다.

❺ 브러시가 적용된 선을 선택하고 클릭하면 브러시의 옵션을 수정할 수 있습니다.

❻ 오브젝트를 선택하고 클릭하면 새 브러시를 등록할 수 있습니다.

❼ 브러시 영역의 브러시를 선택하고 클릭하거나, 브러시를 이 아이콘으로 드래그하면 삭제됩니다.

 물방울 브러시 도구로 면 그리기

13 ❶ 도구바에서 물방울 브러시 도구 ✎를 클릭하고 ❷ [Properties]–[Appearance] 패널에서 [획] 색을 밝은 분홍색으로 설정합니다. **[** 를 누르면 마우스 포인터를 따라다니는 원 ✎이 작아지고 **]** 를 누르면 반대로 원 ✎이 커집니다. 브러시를 원하는 크기로 만든 다음 ❸ 꽃 모양을 따라 색칠하듯 드래그합니다.

14 ❶ Ctrl 을 누른 채 꽃을 클릭합니다. 선이 아닌 면으로 되어 있는 것을 확인할 수 있습니다. ❷ Ctrl + Shift + **[** 를 눌러 면을 레이어 맨 아래로 이동합니다.

15 같은 방법으로 다른 꽃들도 면을 만들어줍니다. 물방울 브러시 도구█로 꽃 주변을 클릭해서 원도 여러 개 만들어줍니다.

기능 꼼꼼 익히기 ／ **브러시 라이브러리 한눈에 살펴보기**

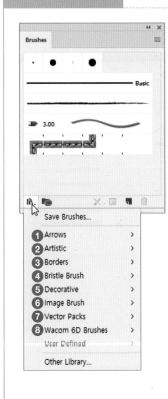

[Brushes] 패널의 브러시 라이브러리 ▣ 를 클릭하거나 [Window]–[Brush Libraries] 메뉴를 선택하면 다양한 종류의 브러시를 선택할 수 있습니다. 다양한 스타일이 있으니 하나씩 살펴보겠습니다. 이 페이지는 기억해두었다가 브러시 효과를 선택할 때 꼭 참고하세요.

❶ **Arrows** ｜ 화살표를 이용하여 인포그래픽(Infographic) 디자인에 적용할 수 있고, 디자인 소스로 장식 효과를 표현할 수 있습니다.

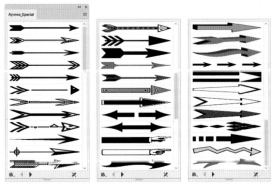

▲ Special

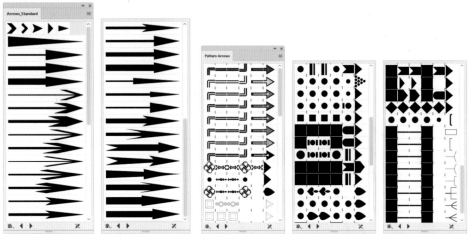

▲ Standard   ▲ Pattern Arrows

❷ **Artistic** | 예술적인 터치 효과를 표현하는 브러시입니다. 마치 종이에 붓으로 그림을 그리듯 자연스럽고 회화적인 효과를 낼 수 있어 수묵화, 수채화와 같이 손으로 그린 일러스트를 표현할 때 유용하게 활용할 수 있습니다.

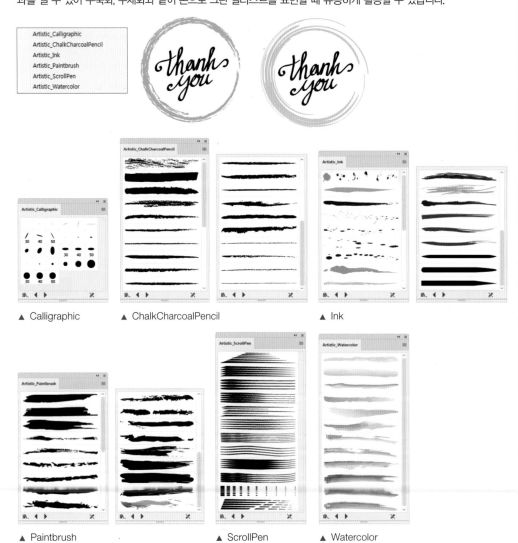

▲ Calligraphic   ▲ ChalkCharcoalPencil   ▲ Ink

▲ Paintbrush   ▲ ScrollPen   ▲ Watercolor

❸ Borders | 프레임 효과를 표현하는 브러시로 밋밋한 선을 장식할 수 있습니다. 다양한 모양의 프레임이 있어서 클릭 몇 번만으로도 효과를 손쉽게 연출할 수 있습니다.

Borders_Dashed
Borders_Decorative
Borders_Frames
Borders_Geometric
Borders_Lines
Borders_Novelty
Borders_Primitive

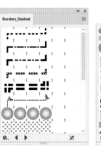

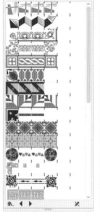

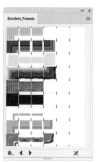

▲ Dashed

▲ Decorative

▲ Frames

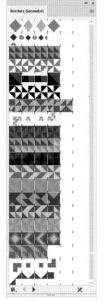

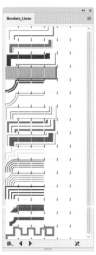

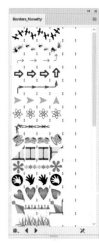

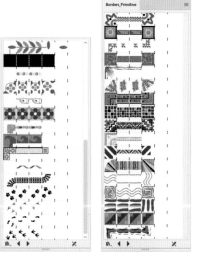

▲ Geometric

▲ Lines

▲ Novelty

▲ Primitive

④ Bristle Brush | 강모 붓 효과입니다. 털이 빳빳한 붓 느낌을 표현하므로 더욱 자연스러운 느낌을 표현할 수 있습니다.

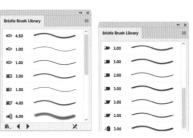

▲ Bristle Brush

⑤ Decorative | 장식 효과를 주는 브러시입니다. 디자인 소스를 이용하여 밋밋해 보이는 부분에 몇 번의 클릭으로 장식 효과를 표현할 수 있습니다.

Decorative_Banners and Seals
Decorative_Scatter
Decorative_Text Dividers
Elegant Curl & Floral Brush Set

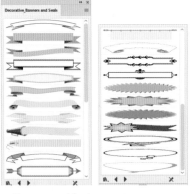

▲ Banners and Seals

▲ Scatter

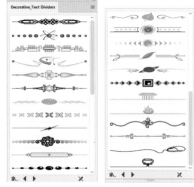

▲ Text Dividers

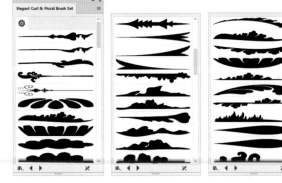

▲ Elegant Curl & Floral Brush Set

❻ Image Brush | 비트맵 이미지로 만들어진 브러시입니다. 일러스트레이터에서 사진을 합성한 것처럼 표현할 수 있어 신선한 느낌을 줍니다.

Image Brush Library

❼ Vector Packs | Bristle Brush와 같이 붓 느낌을 주는 브러시입니다. Artistic보다 터치 효과의 퀄리티가 높다는 장점이 있지만, 많이 사용하면 컴퓨터 메모리에 부담을 준다는 단점도 있습니다. 실제 캘리그래피처럼 사실적으로 표현할 수 있어 많이 사용됩니다.

Grunge brushes vector pack
Hand Drawn brushes vector pack

 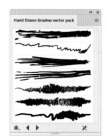

▲ Grunge brushes vector pack   ▲ Hand Drawn brushes vector pack

❽ Wacom 6D Brushes | 태블릿의 필압에 따라 브러시의 선 굵기가 조절되도록 설정된 브러시입니다. 태블릿을 사용해야만 이용할 수 있으며, 그렇지 않으면 해당 메뉴가 비활성화됩니다.

6d Art Pen Brushes

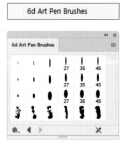

복잡한 패스 단순하게 만들기

16 ❶ 도구바에서 직접 선택 도구▷를 클릭합니다. ❷ 아트보드의 연두색 잎을 클릭합니다. ❸ [Object]
–[Path]–[Simplify] 메뉴를 선택합니다.

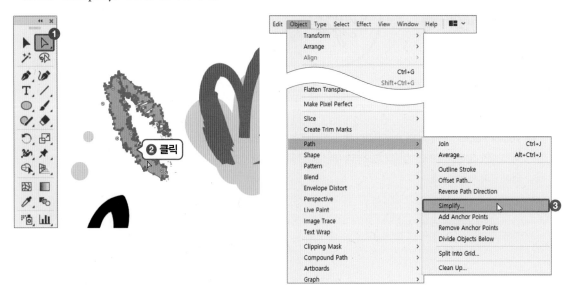

17 ❶ 슬라이더바의 ◉를 왼쪽으로 드래그하여 패스의 고정점 개수를 줄입니다. ❷ 아트보드의 빈 곳을
클릭하여 선택을 해제합니다. 패스가 단순해지고 슬라이더바가 사라집니다. 같은 방법으로 다른 패스의 고
정점 개수도 줄여 복잡한 패스를 단순화합니다.

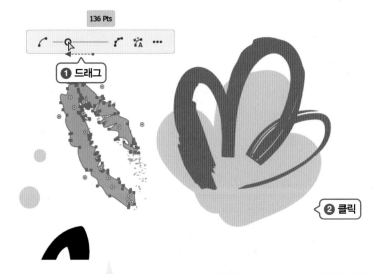

패스를 단순화하는 [Simplify] 메뉴는 이전 버전에도 있었지만, CC 2020 버전부터는 더욱 사용하기 편리하도록 업그레이드되었습니다. 다양한 옵션과
직관적인 인터페이스를 활용해 작업의 효율을 높일 수 있습니다.

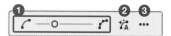

패스의 고정점 개수가 많으면 파일의 용량이 커져 동작 속도가 느려질 수 있습니다. 패스를 단순화하는 [Simplify] 메뉴를 이용해 고정점 개수를 최대한 줄이는 것이 좋습니다. 패스를 클릭한 후 [Object]–[Path]–[Simplify] 메뉴를 선택하면 다음과 같은 슬라이더바가 나타납니다.

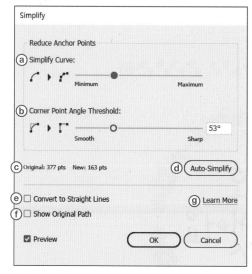

❶ 고정점 개수를 조절할 수 있습니다.

❷ 선택한 패스에 적합한 고정점 개수로 자동 조절해줍니다.

❸ [Simplify] 대화상자를 열어 더 많은 옵션을 확인할 수 있습니다.

ⓐ 고정점의 개수를 조절할 수 있습니다.

ⓑ 고정점의 각도를 조절할 수 있습니다.

ⓒ 원본 패스의 고정점 개수와 수정된 패스의 고정점 개수입니다.

ⓓ 선택한 패스에 적합한 고정점 개수로 자동 조절합니다. ❷와 같은 기능입니다.

ⓔ 곡선을 직선으로 변경해 단순화합니다.

ⓕ 수정되기 전의 패스 원본을 확인할 수 있습니다.

ⓖ 어도비 웹사이트의 패스 편집 도움말 페이지로 이동합니다.

직접 만든 꽃 모양 브러시로 라벨 디자인하기

브러시를 직접 만들어 등록하고 사용하기

☑ **CC 모든 버전**
☐ **CC 2024 버전**

준비 파일 기본/Chapter 04/브러시 만들기.ai
완성 파일 기본/Chapter 04/브러시 만들기_완성.ai

AFTER

이 예제를 따라 하면

일러스트레이터에서 제공하는 기본 브러시 외에도 사용자가 직접 브러시를 만들고 등록하여 사용할 수 있습니다. 드로잉이 익숙하지 않은 초보자도 멋스러운 형태의 선을 그릴 수 있고 시간도 단축할 수 있습니다. 이번 실습에서는 활용도 높은 꽃 모양 브러시를 만들어보겠습니다.

▪ 브러시를 직접 만들고 등록하여 사용할 수 있습니다.

BEFORE

꽃 패턴을 브러시로 등록하고 사용하기

01 ❶ Ctrl + O 를 눌러 **브러시 만들기.ai** 파일을 불러옵니다. ❷ [Window]-[Brushes] F5 메뉴를 선택하여 [Brushes] 패널을 꺼냅니다. ❸ 선택 도구 ▶를 클릭하고 ❹ 오른쪽 아트보드에 있는 첫 번째 꽃 패턴을 [Brushes] 패널로 드래그합니다.

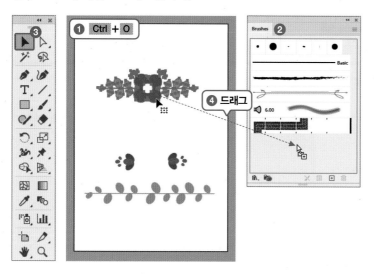

02 ❶ [New Brush] 대화상자가 나타나면 [Pattern Brush]를 선택하고 ❷ [OK]를 클릭합니다. ❸ [Pattern Brush Options] 대화상자가 나타나면 [Name]에 **꽃1**을 입력하고 ❹ [OK]를 클릭합니다. [Brushes] 패널에 꽃 패턴이 브러시로 등록되었습니다.

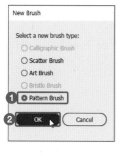
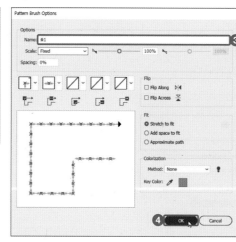
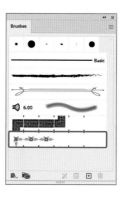

03 등록한 '꽃1' 브러시를 사용해보겠습니다. ❶ 선택 도구▶로 왼쪽 아트보드에 있는 원을 클릭하여 선택하고 ❷ [Brushes] 패널에서 '꽃1' 브러시를 클릭합니다. 화려한 꽃 모양 브러시가 적용됩니다.

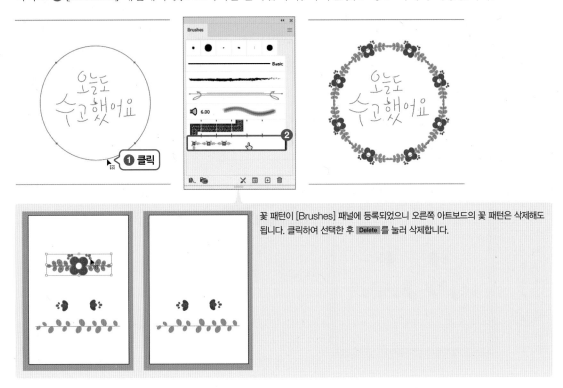

꽃 패턴이 [Brushes] 패널에 등록되었으니 오른쪽 아트보드의 꽃 패턴은 삭제해도 됩니다. 클릭하여 선택한 후 Delete 를 눌러 삭제합니다.

🖌 브러시의 시작 지점과 끝 지점의 모양 변경하기

04 이번에는 시작 지점과 끝 지점의 모양이 다른 브러시를 만들어보겠습니다. 선택 도구▶를 이용하여 세 번째 패턴을 [Brushes] 패널로 드래그합니다.

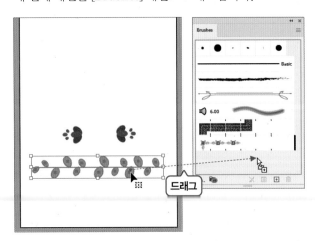

05 ❶ [New Brush] 대화상자가 나타나면 [Pattern Brush]를 선택하고 ❷ [OK]를 클릭합니다. ❸ [Pattern Brush Options] 대화상자가 나타나면 [Name]에 **꽃2**를 입력하고 ❹ [OK]를 클릭합니다. [Brushes] 패널에 패턴이 브러시로 등록되었습니다.

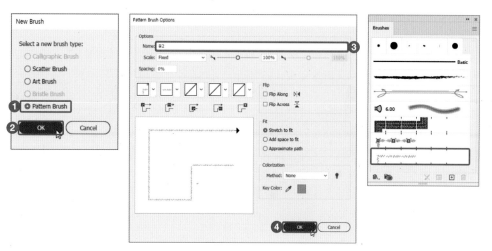

06 ❶ [Window]-[Swatches] 메뉴를 선택하여 [Swatches] 패널을 꺼냅니다. ❷ 선택 도구▶를 이용해 왼쪽 꽃을 [Swatches] 패널로 드래그합니다. ❸ 오른쪽 꽃도 [Swatches] 패널로 드래그합니다. 두 개의 꽃이 [Swatches] 패널에 패턴으로 등록되었습니다.

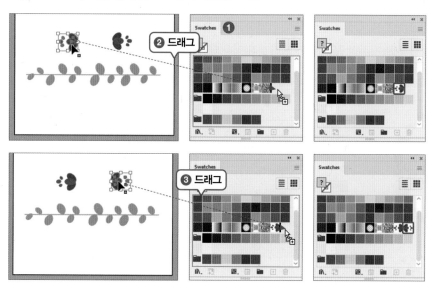

07 ❶ [Brushes] 패널에서 '꽃2' 브러시를 더블클릭합니다. ❷ [Pattern Brush Options] 대화상자에서 네 번째 섬네일을 클릭하고 ❸ 등록해둔 왼쪽 꽃을 선택합니다. ❹ 다섯 번째 섬네일을 클릭하고 ❺ 등록해 둔 오른쪽 꽃을 선택합니다. ❻ [OK]를 클릭합니다. ❼ 브러시가 적용된 선에 변경사항을 적용할 것인지 묻는 대화상자가 나타나면 [Apply to Strokes]를 클릭합니다.

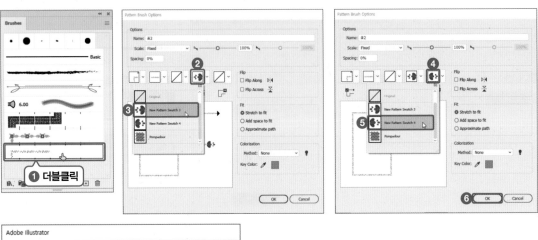

08 ❶ 선택 도구▶로 아트보드의 직선을 클릭하여 선택하고 ❷ [Brushes] 패널에서 '꽃2' 브러시를 클릭하여 선택합니다. 시작 지점과 끝 지점만 꽃 모양인 브러시가 적용되었습니다.

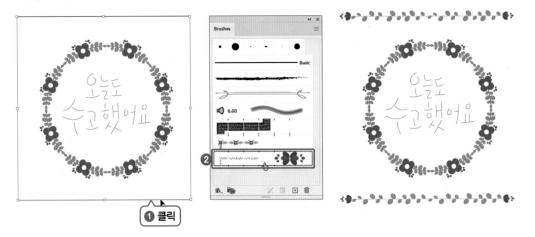

붓글씨 느낌의 브러시 만들어 등록하고 사용하기

09 이번에는 붓글씨 느낌의 브러시를 만들어 글자에 적용해보겠습니다. ❶ 도구바에서 원형 도구 █를 클릭합니다. ❷ [획]은 비활성화하고 ❸ [칠]은 검은색으로 설정합니다. ❹ 오른쪽 아트보드에 길게 드래그하여 타원을 만듭니다.

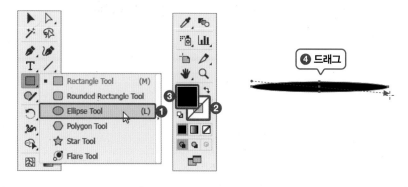

10 ❶ 선택 도구 █를 이용해 검은색 타원을 [Brushes] 패널로 드래그합니다. ❷ [New Brush] 대화상자가 나타나면 [Art Brush]를 선택하고 ❸ [OK]를 클릭합니다. ❹ [Art Brush Options] 대화상자가 나타나면 [Name]에 **붓**을 입력하고 ❺ [OK]를 클릭합니다. [Brushes] 패널에 브러시가 등록되었습니다.

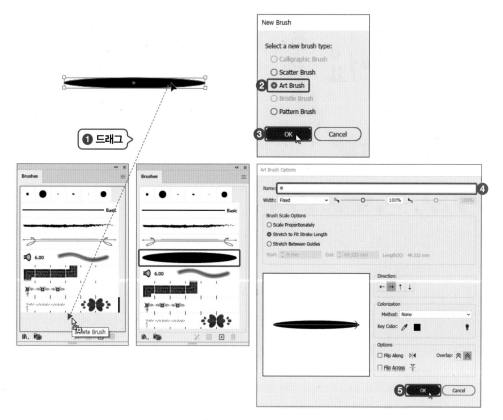

11 ❶ 선택 도구▶로 '오늘도 수고했어요'를 클릭하여 선택하고 ❷ [Brushes] 패널에서 '붓' 브러시를 클릭합니다. 붓글씨 느낌의 브러시가 적용되었습니다.

12 [Properties]-[Appearance] 패널에서 원하는 굵기로 수정하여 완성합니다.

LESSON 09

글자 입력하여
이벤트 페이지 만들기

다양한 방식으로 글자 입력하고 수정하기

☑ **CC 모든 버전**
☐ **CC 2024 버전**

준비 파일 기본/Chapter 04/글자 입력하기.ai, 텍스트.txt
완성 파일 기본/Chapter 04/글자 입력하기_완성.ai

AFTER

이 예제를 따라 하면

문자 도구의 사용 방법을 알아보고, 가로쓰기, 세로쓰기, 흐르게 쓰기 등 다양한 기능으로 이벤트 페이지를 만들어보겠습니다.

- 글자를 입력할 수 있습니다.
- 가로쓰기, 세로쓰기, 흐르게 쓰기 등 다양하게 글자를 입력할 수 있습니다.
- 글자의 색, 크기 등을 수정할 수 있습니다.
- 패스를 따라 글자를 입력할 수 있습니다.
- 글상자를 만들어 글자를 입력할 수 있습니다.

BEFORE

글자 입력하기

01 ❶ Ctrl + O 를 눌러 **글자 입력하기.ai** 파일을 불러옵니다. ❷ 도구바에서 문자 도구 T 를 클릭합니다. ❸ 하단의 적당한 위치를 클릭합니다. 기본 텍스트가 자동으로 입력됩니다. ❹ 기본 텍스트를 무시하고 **플친 만을 위한 추가 할인 이벤트**를 입력합니다.

02 ❶ 문자 도구 T 로 글자를 모두 드래그하고 ❷ [Properties]-[Appearance] 패널의 [칠]을 클릭하고 ❸ 연두색을 선택합니다. ❹ [Properties]-[Character] 패널의 글꼴 목록에서 마음에 드는 글꼴을 선택합니다. 여기서는 **레시피코리아** Medium을 선택했습니다. ❺ 크기는 **27pt**로 설정합니다.

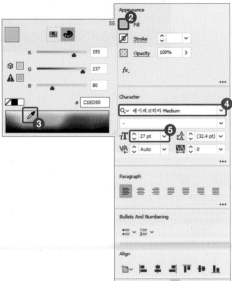

글자 크기와 색 수정하기

03 문자 도구 T 로 ❶ '추가 할인'만 드래그합니다. ❷ [Properties]-[Character] 패널에서 크기를 **35pt**
로 설정합니다. ❸ [칠]을 클릭하고 노란색을 선택합니다. ❹ Ctrl 을 누른 채 아트보드의 빈 곳을 클릭해 선
택을 해제합니다.

선택 도구 ▶ 로 글자를 수정해도 됩니다. 선택 도구 ▶ 로 문장을 드
래그하면 위치나 크기를 수정할 수 있습니다. 선택 도구 ▶ 로 더블
클릭하면 커서가 깜빡거립니다. 이때 드래그하여 글 내용을 수정할
수 있습니다.

선택 도구로 더블클릭하면 부분 선택됨

04 ❶ Ctrl 을 누른 채 글자를 클릭합니다. ❷ [Properties]-[Align] 패널에서 ▣▾ 를 클릭하고 ❸ [Align
to Artboard]에 체크되어 있는지 확인합니다. ❹ 가로 가운데 정렬 ▤ 을 클릭합니다. 글자가 정확히 중앙
에 배치됩니다.

05 문자 도구 T 가 선택된 상태에서 ❶ 아트보드를 클릭하고 10을 입력합니다. ❷ 도구바에서 선택 도구 ▶ 를 클릭하고 ❸ Shift 를 누른 채 글상자의 모서리를 드래그하여 크기를 키웁니다. ❹ 선택 도구 ▶ 로 드래그해 적당한 위치로 옮깁니다.

[Character] 패널 살펴보기

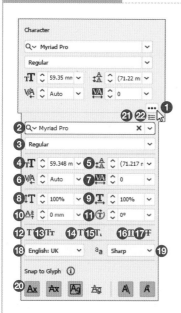

[Character] 패널은 문자 도구 T로 입력한 글자의 글꼴, 색상, 크기 등을 수정할 때 사용합니다. 도구바에서 문자 도구 T를 클릭하면 [Properties] 패널에 [Character] 패널이 나타납니다. 또는 [Window]-[Type]-[Character] 메뉴를 선택하면 [Character] 패널이 플로팅되어 나타납니다.

❶ **더 보기** ⋯ | 클릭하면 더 많은 옵션을 선택할 수 있습니다.

❷ **글꼴 목록** | 클릭하면 글꼴 목록이 나타나고 글꼴을 선택할 수 있습니다. 여기서 [Filters]는 CC 2017 버전부터 제공된 신기능입니다. 사용자가 원하는 글꼴을 쉽게 찾을 수 있도록 도와줍니다.

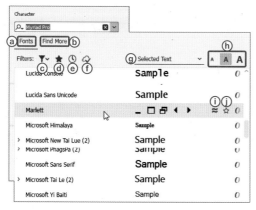

ⓐ 내 컴퓨터에 설치된 글꼴만 나타납니다.

ⓑ 어도비에서 제공하는 더 많은 글꼴이 나타납니다.

ⓒ 글꼴을 종류별로 정렬할 수 있습니다.

ⓓ 사용자가 즐겨찾기로 지정한 글꼴만 볼 수 있습니다.

ⓔ 최근에 추가한 글꼴이 나타납니다.

ⓕ 동기화된 어도비 폰트가 나타납니다.

ⓖ 글꼴의 모양을 샘플 텍스트로 미리 볼 수 있습니다.

ⓗ 글꼴 목록에 나타난 샘플 텍스트의 크기를 상, 중, 하로 조절할 수 있습니다.

ⓘ 클릭하면 비슷한 모양의 글꼴이 나타납니다.

ⓙ 클릭하면 즐겨찾기로 지정됩니다.

❸ **글자 스타일** `Regular ▾` | 스타일을 지원하는 글꼴의 경우 Normal, Italic, Bold를 선택할 수 있습니다.

❹ **크기** 🎛 | 글자의 크기를 설정할 수 있습니다.

❺ **행간** 🎛 | 행간을 설정할 수 있습니다.

❻ **부분 자간** 🎛 | 글자 사이에 커서를 두고 수치를 설정하면 해당 위치의 자간을 좁히거나 넓힐 수 있습니다.

❼ **자간** 🎛 | 글자의 자간을 설정할 수 있습니다.

❽ **세로 높이** 🎛 | 글자의 높이를 설정할 수 있습니다.

❾ **가로 너비** 🎛 | 글자의 너비를 설정할 수 있습니다.

❿ **기준선 옮기기** 🎛 | 선택한 글자만 위치를 상하로 조절합니다.

⓫ **회전** 🎛 | 글자를 회전합니다.

⓬ **대소문자 변환** 🎛 | 대소문자를 변환합니다.

⓭ **작은 대소문자 변환** 🎛 | 작은 대소문자로 변환합니다.

⓮ **위 첨자** 🎛 | 위 첨자를 만듭니다.

⓯ **아래 첨자** 🎛 | 아래 첨자를 만듭니다.

⓰ **밑줄 넣기** 🎛 | 하단 선을 넣습니다.

⓱ **가운데 선 넣기** 🎛 | 가운데 선을 넣습니다.

⓲ **언어 선택** `English: UK ▾` | 언어를 선택합니다.

⓳ **외곽선 값** 🎛 | 글꼴의 외곽선 형태의 옵션을 정합니다.

⓴ **Snap to Glyph** | [View]–[Snap to Glyph] 메뉴와 [View]–[Smart Guide] 메뉴가 모두 선택된 상태에서 오브젝트를 글자 주변으로 가까이 이동하면 글리프를 기준으로 안내선이 나타납니다. 이 안내선의 종류를 선택할 수 있습니다.

ⓐ 안내선이 글자의 아래쪽에 나타납니다.

ⓑ 소문자의 위쪽을 기준으로 안내선이 나타납니다.

ⓒ 글자의 사방으로 안내선이 나타납니다.

ⓓ 모든 안내선이 나타납니다.

ⓔ 글자를 회전시키면 회전한 상태에서 안내선이 나타납니다.

ⓕ 펜 도구를 클릭하고 마우스 포인터를 글자의 각진 부분으로 가져가면 그 자리에 고정점이 나타납니다.

㉑ **Touch Type Tool** | 옵션🎛을 클릭하고 [Show Touch Type Tool]을 선택하면 [Character] 패널 상단에 [Touch Type Tool] 버튼이 나타납니다. 문장을 입력한 후 이 버튼을 클릭하고 글자를 클릭하면 클릭한 글자만 개별 선택하여 색상, 글꼴, 크기, 위치, 기울기 등을 수정할 수 있습니다.

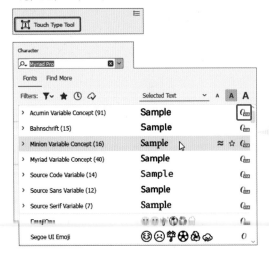

🎛이 붙어 있는 글꼴은 가변 글꼴입니다. 가변 글꼴을 선택하면 [Character] 패널에 🎛이 나타납니다. 이 아이콘을 클릭하면 굵기, 폭, 사선 등을 슬라이더바로 조절할 수가 있습니다. CC 2018 버전부터 제공된 신기능으로 이전 버전에는 없는 기능입니다.

㉒ **Show Font Height Options** | 옵션🔳을 클릭하고 [Show Font Height Options]를 선택하면 [Character] 패널에 글자의 높이 옵션이 나타납니다. 글자의 높이를 정하는 기준을 선택할 수 있습니다.

Snap to Glype와 Show Font Height Options은 CC 2021 버전부터 제공된 신기능입니다.

ⓐ 글상자의 높이를 기준으로 합니다.
ⓑ 대문자의 높이를 기준으로 합니다.
ⓒ 소문자의 높이를 기준으로 합니다.
ⓓ 아시아 언어의 글자 크기를 기준으로 합니다.

글자를 세로로 입력하기

06 ❶ 도구바에서 문자 도구T를 길게 클릭해 세로 문자 도구🔳를 클릭합니다. ❷ 오른쪽 상단을 클릭하고 **특별한 이벤트**를 입력합니다. 글자가 세로로 입력됩니다. ❸ 드래그하여 글자를 선택하고 ❹ 크기는 16pt, ❺ 자간은 75로 설정합니다. ❻ 스포이트 도구🔳를 클릭하고 ❼ 연두색 부분을 클릭합니다. 연두색이 적용됩니다. ❽ Ctrl 을 누른 채 빈 곳을 클릭하여 선택을 해제합니다.

패스에 흘러가는 글자 입력하기

07 ❶ 도구바에서 펜 도구 ✐를 클릭하고 ❷ 하단의 변환 ↳을 클릭해 [획]만 활성화합니다. ❸ ⓐ 지점을 클릭하고 ❹ ⓑ지점을 클릭한 채 오른쪽 아래로 드래그하여 반곡선을 그립니다.

선의 색상은 어떠한 색이든 상관없습니다.

08 ❶ 도구바에서 세로 문자 도구 ⊺를 길게 클릭해 패스 상의 문자 도구 ✦를 클릭합니다. ❷ 반곡선 위를 클릭합니다. ❸ **행운의 퀴즈를 풀고**를 입력하고 Ctrl + A 를 눌러 선택합니다. ❹ 스포이트 도구 ✐로 ❺ 연두색 부분을 클릭합니다. ❻ 크기를 **24pt**로 설정합니다. ❼ 직접 선택 도구 ▷로 반곡선의 ❽ 오른쪽 고정점을 클릭합니다. ❾ 고정점을 오른쪽으로 옮기고 방향선을 조절하여 반곡선의 길이를 늘입니다.

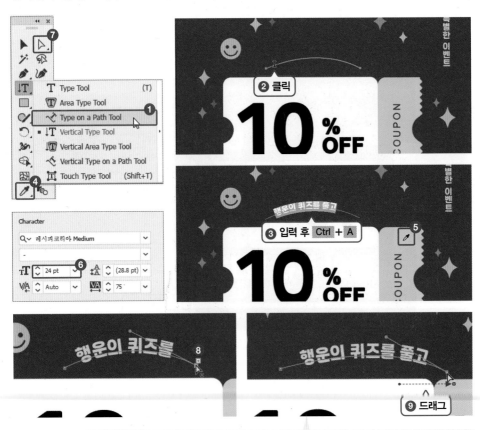

패스 선보다 글이 더 길면 패스 선 끝에 ⊞ 표시가 나타나고 글자는 가려집니다. 이때는 패스 선을 늘이거나 글자의 크기를 줄여야 합니다.

09 ① 선택 도구▶를 클릭하고 ② 텍스트를 클릭합니다. ③ 텍스트의 맨 왼쪽에 있는 가이드선 위에 마우스를 가져갑니다. 마우스 커서의 모양이 ▸으로 바뀌었을 때 좌우로 드래그하여 ④ 텍스트가 패스 선 중앙에 위치하게끔 이동합니다.

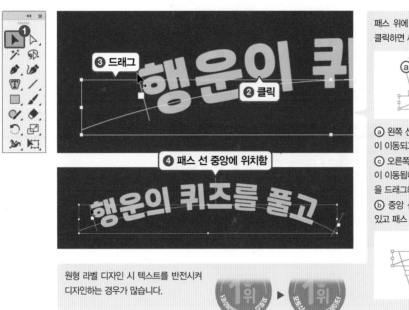

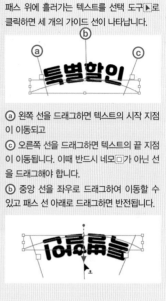

패스 위에 흘러가는 텍스트를 선택 도구▶로 클릭하면 세 개의 가이드 선이 나타납니다.

ⓐ 왼쪽 선을 드래그하면 텍스트의 시작 지점이 이동되고

ⓒ 오른쪽 선을 드래그하면 텍스트의 끝 지점이 이동됩니다. 이때 반드시 네모□가 아닌 선을 드래그해야 합니다.

ⓑ 중앙 선을 좌우로 드래그하여 이동할 수 있고 패스 선 아래로 드래그하면 반전됩니다.

원형 라벨 디자인 시 텍스트를 반전시켜 디자인하는 경우가 많습니다.

문자 손질 도구로 글자 수정하기

10 ① 도구바에서 문자 도구 T를 클릭합니다 ② 아트보드의 하단을 클릭해 **읽어주세요**를 입력하고 ③ [Properties]−[Character] 패널에서 크기를 **18pt**로 설정합니다. ④ [칠]을 흰색으로 설정합니다. ⑤ [Paragraph] 패널의 왼쪽 정렬▤을 클릭합니다.

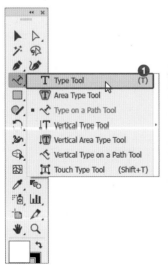

11 ❶ 도구바에서 문자 손질 도구 ⊞를 클릭합니다. ❷ '읽'을 클릭하고 위로 살짝 드래그합니다. ❸ ○를 드래그하여 각도를 수정합니다.

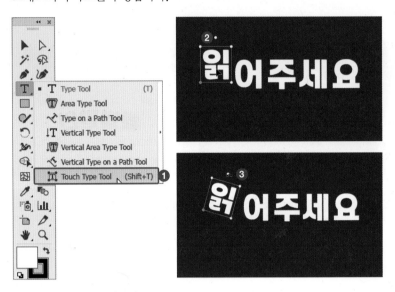

12 ❶ 도구바에서 사각형 도구 ▢를 클릭하고 ❷ 드래그하여 긴 사각형을 만듭니다. 글상자로 만들 것이므로 색은 상관없습니다.

13 ❶ 일러스트레이터 프로그램을 잠시 닫아두고 **텍스트.txt** 파일을 엽니다. ❷ Ctrl + A 를 눌러서 메모장에 있는 글을 모두 선택하고 ❸ Ctrl + C 를 눌러서 복사합니다.

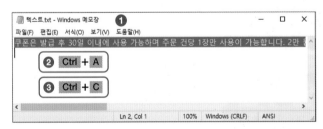

14 다시 일러스트레이터로 돌아와서 ❶ 영역 문자 도구▣를 클릭합니다. ❷ 사각형의 선 부분을 클릭하고 ❸ 바로 Ctrl + V 를 누릅니다. 사각형이 글상자로 바뀌고 메모장에서 복사한 텍스트가 입력됩니다.

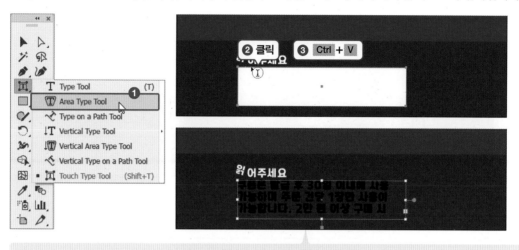

선이 아닌 면 부분을 클릭하면 다음과 같은 경고 메시지가 나타납니다. [OK]를 클릭하고 다시 사각형의 선 부분을 정확히 클릭합니다.

15 ❶ Ctrl + A 를 눌러서 글자를 전체 선택한 다음 ❷ [Properties]-[Character] 패널에서 **나눔고딕**을 선택하고 ❸ 크기는 **9pt**, ❹ 행간은 **14pt**, ❺ [칠]은 흰색으로 설정합니다.

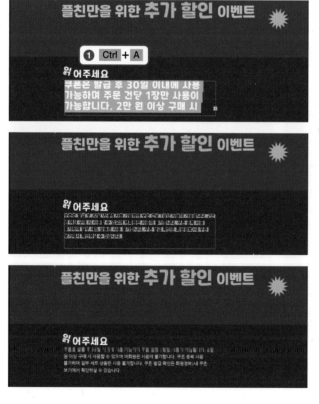

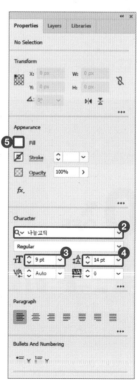

16 ❶ 선택 도구 로 ❷ 글상자를 클릭합니다. ❸ 글상자의 바운딩 박스를 드래그하여 크기를 늘리거나 줄여 마음에 드는 크기로 수정합니다. 글상자의 크기를 조절하면 안에 있는 글자의 크기에는 영향을 주지 않고 글상자 크기만 수정됩니다.

 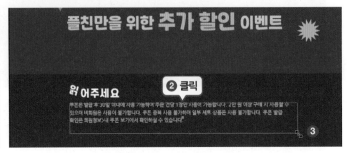

Create Outlines로 글자를 패스로 만들어 디자인하기

17 ❶ 선택 도구 로 글자를 전체 선택합니다. 글자 이외의 레이어는 모두 잠겨 있으므로 글자만 선택됩니다. ❷ [Type]-[Create Outlines] `Ctrl` + `Shift` + `O` 메뉴를 선택합니다. 글자가 완전한 패스로 처리됩니다. ❸ 아트보드의 빈 곳을 클릭하여 선택을 해제합니다.

18 ❶ 직접 선택 도구 로 ❷ '0' 안쪽 고정점을 클릭합니다. ❸ Delete 를 두 번 누릅니다. '0' 안쪽의 고정점이 모두 삭제됩니다.

19 ❶ 선택 도구 로 ❷ 왼쪽의 노란색 별을 클릭하고 Ctrl + C , Ctrl + V 를 눌러 별을 복제합니다. ❸ 복제한 별을 '0' 위로 옮기고 ❹ 보기 좋게 크기를 조절합니다.

20 ❶ Shift 를 누른 채 '0'을 클릭하여 별과 숫자를 함께 선택합니다. ❷ [Properties]-[Pathfinder] 패널에서 교차 영역 제외⬚를 클릭하고 ❸ [칠]을 검은색으로 설정해 완성합니다.

Create Outlines를 하는 이유
Create Outlines는 글자를 패스로 만드는 기능입니다. 자신의 컴퓨터에서 작업한 파일을 다른 컴퓨터에서 열거나 인쇄소에 가져갔을 때 해당 글꼴이 없으면 오류가 납니다. Create Outlines로 처리해 패스화한 글자는 오류가 나지 않아 글꼴 모양 그대로 출력할 수 있습니다. 실무에서 사용하는 필수 기능이므로 꼭 외워두도록 합니다.

기능 꼼꼼 익히기 ✎ | **문자 손질 도구 살펴보기**

여러 글자를 입력한 후 문자 손질 도구⊞로 글자 하나를 클릭하면 해당 글자에 바운딩 박스가 나타납니다. 바운딩 박스로 개별 글자의 크기나 위치, 각도, 색상 등을 수정하거나 그래픽 효과를 줄 수 있어 타이포그래피 작업에 효과적입니다.

❶ 바운딩 박스 모서리에 있는 ⊙을 드래그하면 글자의 크 기를 조절할 수 있습니다.

❷ 바운딩 박스 왼쪽 아래의 ⊙을 드래그하면 위치를 옮길 수 있습니다.

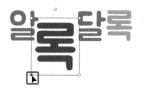

❸ 바운딩 박스 위의 ⊙을 드래그하여 회전하면 글자의 각 도를 조절할 수 있습니다.

❹ [Character] 패널에서 옵션▤을 클릭하고 [Touch Type Tool] 메뉴를 선택하면 [Touch Type Tool] 버튼 이 나타납니다. 클릭하면 마찬가지로 글자를 개별적으로 수정할 수 있습니다.

기능 꼼꼼 익히기 ✎ | **문자 도구 살펴보기**

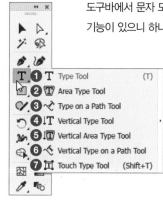

도구바에서 문자 도구T를 길게 클릭하고 있으면 글자를 입력하는 여러 가지 도구가 나타납니다. 다양한 기능이 있으니 하나씩 살펴보겠습니다.

❶ **문자 도구**T | 문자 도구T를 클릭하고 아트보드 위를 클릭해 글자를 입력 할 수 있습니다. 또한, 문자 도구T로 아트보드에 드래그하면 글상자가 만 들어집니다. 글상자에 글자를 입력하면 글자가 글상자 영역 안에만 입력됩 니다.

❷ 영역 문자 도구![icon] | 면 오브젝트의 외곽선을 영역 문자 도구![icon]로 클릭하면 글상자가 만들어집니다. 글상자 오른쪽 하단에 ![icon]이 생기면 글자가 많아서 글상자 밖으로 넘친 것입니다. 글상자를 늘이거나 글자 수를 줄이면 사라집니다.

---

❸ 패스 상의 문자 도구![icon] | 패스 상의 문자 도구![icon]로 패스 선을 클릭하면 선을 따라서 글자를 입력할 수 있습니다. 문자 도구![icon]로 패스 선을 클릭해도 같은 결과가 나타납니다.

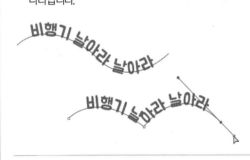

❹ 세로 문자 도구![icon] | 세로 문자 도구![icon]로 아트보드 위를 클릭해 글자를 입력하면 세로로 글자가 입력됩니다. 문자 도구![icon]와 마찬가지로 세로 문자 도구![icon]로 아트보드에 드래그하면 글상자가 만들어집니다.

---

❺ 세로 영역 문자 도구![icon] | 면 오브젝트의 외곽선을 세로 영역 문자 도구![icon]로 클릭하면 글상자가 만들어지고, 글상자 영역 안에 글자를 세로로 입력할 수 있습니다.

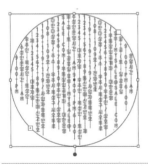
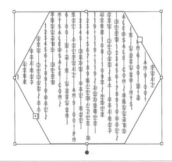

---

❻ 패스 상의 세로 문자 도구![icon] | 패스 선을 클릭하면 선을 따라 글자를 세로로 입력할 수 있습니다.

❼ 문자 손질 도구![icon] | 문자 손질 도구![icon]로 입력되어 있는 글자를 한 글자씩 개별 선택할 수 있습니다. 크기, 위치, 각도, 색상, 폰트 등 글자의 속성을 개별적으로 설정할 수 있습니다.

글머리에 기호나 번호를 표시할 수 있습니다. ❶텍스트를 선택하고 ❷[Properties]–[Bullets And Numbering] 패널에서 기호▤나 번호▤를 선택하면 텍스트에 글머리가 추가됩니다. ❸옵션▤을 클릭하면 다양한 스타일을 선택할 수 있고 ❹더 보기▥를 클릭하면 간격과 같은 세부 항목을 조절할 수 있습니다.

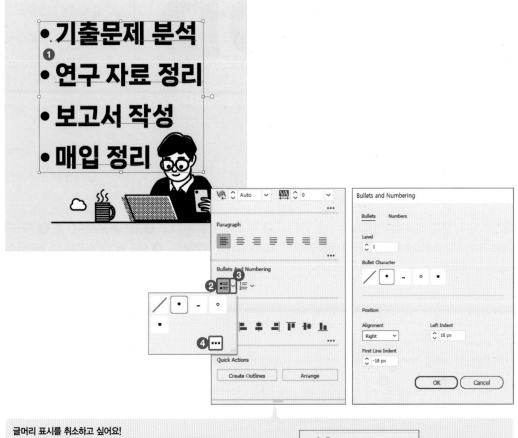

글머리 표시를 취소하고 싶어요!

텍스트를 마우스 오른쪽 버튼으로 클릭하고 ❶ [Bullets and Numbering]– [Remove Bullets]를 클릭합니다. ❷ [Convert to text]를 클릭하면 글머리가 텍스트로 변환됩니다.

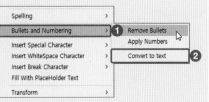

[Character] 패널에서 '글자'의 크기를 100pt로 설정하면 '글상자'의 높이가 100pt가 됩니다. 이때 글상자 안에는 여백이 있어서 글자의 실제 크기는 100pt보다 작은데, 글자의 정확한 크기를 알기 어렵습니다.

글자의 실제 크기를 알고 싶다면 [Character] 패널에서 ❶ 더 보기 ⋯ 를 클릭하고 ❷ 옵션 ☰을 클릭한 후 ❸ [Show Font Height Options]에 체크합니다. ❹ 글꼴 높이는 [Cap Height]로 설정합니다. ❺ 글꼴 높이가 수정됩니다. 글자의 실제 높이로 작업할 수 있습니다.

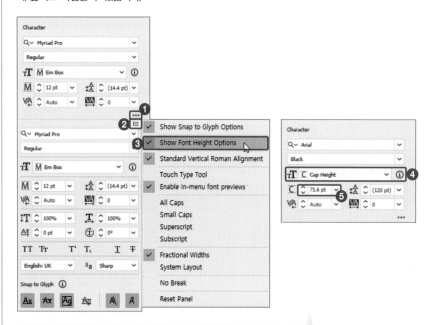

[Edit]-[Preferences]-[Units] 메뉴를 선택하고 [Type]을 [Millimeters]로 선택하면 글자의 크기 단위가 mm가 되어 실제 크기를 쉽게 가늠할 수 있습니다.

Show Font Height Options는 CC 2021 버전부터 제공된 신기능입니다. 이 기능을 활용하면 글자의 높이를 수치로 정확하게 조절할 수 있습니다. 이전에는 '글상자'의 높이를 인식해 크기를 선정했다면, 이제는 '글자'의 높이를 인식해 크기를 조절하므로 정확하고 편리하게 작업할 수 있습니다.

글리프 기능으로 오브젝트 정밀하게 이동하기

Glyph(글리프)란 글자의 골격을 말합니다. Snap to Glyph(글리프 물리기) 기능을 활성화해두면 글자 주위에서 오브젝트를 이동시킬 때 글리프에 맞춰 안내선이 나타납니다. 글리프를 기준으로 오브젝트를 정밀하게 배치할 수 있습니다.

글리프 기능을 사용하려면 [View] 메뉴에서 ❶ [Snap to Glyph]와 ❷ [Smart Guides]에 체크해야 합니다. ❸ [Snap to Grid]는 체크를 해제합니다. 가이드와 그리드에 관한 자세한 설명은 228쪽을 참고하세요.

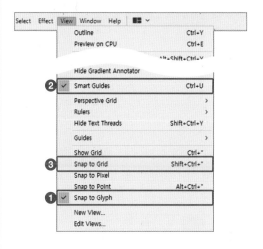

글리프 기능은 글자 하나에만 적용할 수도 있습니다. ❶ 'y'를 마우스 오른쪽 버튼으로 클릭하고 ❷ [Snap to Glyph y]를 선택합니다. 'y'의 모양에 따라 안내선이 나타납니다. 다시 'y'를 마우스 오른쪽 버튼으로 클릭하고 [Release Snap to Glyph y]를 클릭하면 기능이 해제됩니다.

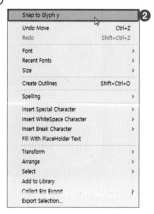

❶ 마우스 오른쪽 버튼 클릭

[Character] 패널에서 더 보기 ···· 를 클릭하면 하단에 글리프 옵션이 나타납니다. 다섯 개의 글리프 아이콘이 나타나는데 필요에 따라 비활성화할 수 있습니다. 각 글리프 아이콘의 설명은 302쪽의 ⑳을 참고하세요.

글리프 기능이 적용되지 않는다면 다음과 같이 설정합니다. [Edit]–[Preferences]–[Smart Guides] 메뉴를 선택합니다. [Preferences] 대화상자가 나타나면 [Alignment Guides]에 체크하고 [Snapping Tolerance]는 1pt 이상으로 설정합니다.

Snap to Glyph는 CC 2021 버전부터 제공된 신기능입니다. 이 기능을 활성화해두면 글자 주위의 오브젝트를 글리프에 맞춰 정밀하게 옮길 수 있습니다.

기능 꼼꼼 익히기 🖋 **같은 속성의 텍스트 선택하기**

일러스트레이터 CC 2022 버전부터는 같은 속성의 텍스트를 손쉽게 한번에 선택할 수 있습니다. ❶ Ctrl + O 를 눌러 **같은 속성의 텍스트 선택하기.ai** 파일을 불러옵니다. ❷ 아트보드의 텍스트를 하나 클릭하고 ❸ [Select]–[Same]–[Font Family] 메뉴를 선택하면 글꼴이 같은 텍스트가 모두 선택됩니다.

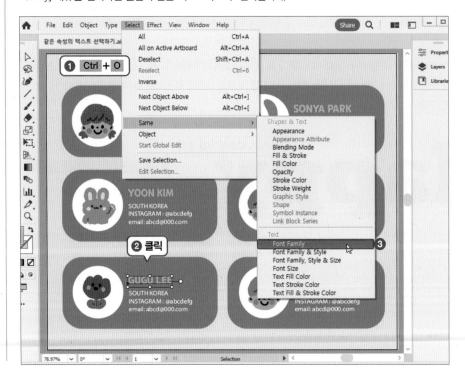

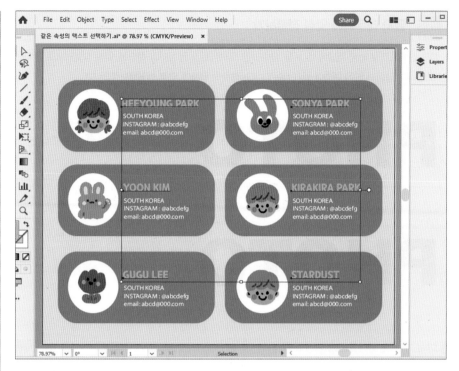

[Select]–[Same] 메뉴를 선택하면 글꼴뿐만 아니라 스타일, 크기, 색상 등의 속성이 같은 텍스트도 한번에 선택할 수 있습니다. 하나씩 자세히 살펴보겠습니다.

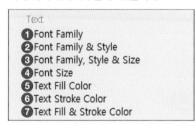

❶ **Font Family** | 같은 글꼴의 텍스트가 모두 선택됩니다.

❷ **Font Family & Style** | 같은 글꼴, 스타일의 텍스트가 모두 선택됩니다. 여기서 스타일이란 Italic, Bold 등의 속성을 말합니다.

❸ **Font Family, Style & Size** | 같은 글꼴, 스타일, 크기의 텍스트가 모두 선택됩니다.

❹ **Font Size** | 같은 크기의 텍스트가 모두 선택됩니다.

❺ **Text Fill Color** | 같은 색의 텍스트가 모두 선택됩니다.

❻ **Text Stroke Color** | 같은 테두리의 텍스트가 모두 선택됩니다.

❼ **Text Fill & Stroke Color** | 같은 색과 테두리의 텍스트가 모두 선택됩니다.

같은 속성의 텍스트를 한번에 선택하는 기능은 CC 2022 버전에 새로 추가된 신기능입니다. 이 기능을 활용하면 속성이 같은 텍스트를 한번에 선택하고 수정할 수 있어 작업에 용이합니다.

글자와 오브젝트를 함께 선택하고 [Align] 패널에서 █을 클릭하면 오브젝트가 글상자의 하단에 맞춰 정렬되므로 글자만 위로 떠 있는 것처럼 보입니다. 글상자 안에 여백이 있기 때문입니다. 정확히 글자에 맞춰 정렬해보겠습니다.

[Align] 패널에서 ❶ 더 보기 █를 클릭하고 ❷ 옵션█을 클릭한 후 ❸ [Align to Glyph Bounds]–[Point Text]를 선택합니다. ❹ 다시 글자와 오브젝트를 함께 선택하고 ❺ [Align] 패널에서 █을 클릭하면 오브젝트와 글자가 정확히 글자의 하단에 맞춰 정렬됩니다.

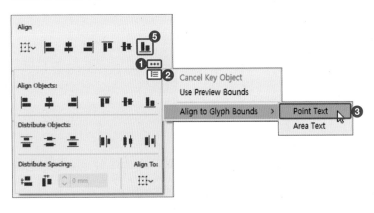

Align to Glyph Bounds는 CC 2021 버전부터 제공된 신기능입니다. 이 기능을 활용하면 글상자가 아닌 글자의 테두리에 맞춰 오브젝트를 정렬할 수 있습니다.

일러스트레이터 CC 2023 버전부터는 오브젝트를 겹쳐서 선이 얽힌 듯한 표현을 할 수 있습니다. 선, 면, 텍스트에 적용하여 재미있는 형태를 만들 수 있습니다.

텍스트에 얽힘 기능 적용하기

❶ Ctrl + O 를 눌러 **얽힘으로 로고만들기**.ai 파일을 불러옵니다. ❷ 문자 도구 T로 O를 입력하고 ❸ 주황색으로 설정합니다. ❹ 마음에 드는 폰트와 크기를 선택합니다. ❺ Ctrl 을 누른 채 빈 곳을 클릭하여 선택을 해제합니다. ❻ B를 입력하고 ❼ 분홍색으로 설정합니다. ❽ 선택 도구 ▶로 두 글자가 겹쳐지게 옮깁니다.

❶ 선택 도구 ▶로 모두 드래그하여 함께 선택합니다. ❷ [Object]–[intertwine]–[Make] 메뉴를 선택합니다. ❸ 겹쳐진 부분을 드래그하면 ❹ 겹쳐진 순서가 바뀌어 얽혀집니다.

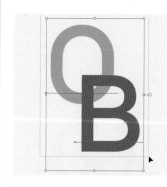

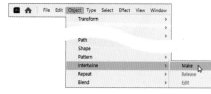

얽힘을 취소하기 ❶ 얽힌 오브젝트를 선택하고 ❷ [Object]–[Intertwine]–[Release] 메뉴를 선택합니다. 원상태로 돌아옵니다.

얽힘을 수정하기 ❶얽힌 오브젝트를 선택하고 ❷ [Object]–[Intertwine]–[Edit] 메뉴를 선택합니다. ❸ 오브젝트를 다시 드래그합니다.

선에 얽힘 기능 적용하기

텍스트가 아닌 선에 얽힘 기능을 적용해보겠습니다. ❶ 선택 도구▶로 타원 네 개를 드래그하여 함께 선택하고 ❷ [Object]–[Intertwine]–[Make] 메뉴를 선택합니다. ❸ ⓐ, ⓑ, ⓒ, ⓓ 부분을 드래그하면 겹쳐진 순서가 바뀝니다.

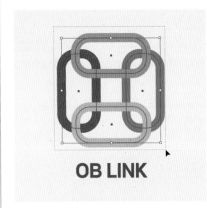

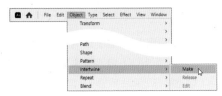

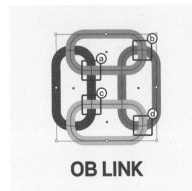

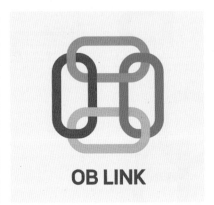

두 개 이상의 선에 얽힘 기능 적용하기

❶ 다음과 같이 선택 도구▶로 원 세 개를 선택하고 ❷ [Object]–[Intertwine]–[Make] 메뉴를 선택합니다. ❸ 가운데 부분을 드래그하면 얽힘 기능이 적용되지 않습니다. 겹쳐진 부분을 두 곳 이상 선택하고 겹쳐지는 순서를 정해야 합니다. ❹ 선 위에 마우스 포인터를 가져가면 굵게 표시됩니다. ❺ 이때 마우스 오른쪽 버튼을 클릭하고 원하는 메뉴를 선택합니다.

- **Bring to Front** | 맨 앞으로 가져오기
- **Bring Forward** : 한 단계 앞으로 가져오기
- **Send Backward** : 한 단계 뒤로 보내기
- **Send to Back** : 맨 뒤로 보내기

스케줄러 만들기

라이브 페인트 통으로 색 쉽게 적용하고, 표 도구로 표 만들기

☑ **CC 모든 버전**
☐ **CC 2024 버전**

준비 파일 기본/Chapter 04/스케줄러 만들기.ai, 액션 활용하기.ai
완성 파일 기본/Chapter 04/스케줄러 만들기_완성.ai, 액션 활용하기_완성.ai

AFTER

이 예제를 따라 하면

라이브 페인트 통을 이용하면 색을 쉽게 적용할 수 있고, 표 도구를 이용하면 간격이
일정한 표를 쉽게 만들 수 있습니다. 이번 실습에서는 라이브 페인트 통과 표 도구로
스케줄러를 만들어보겠습니다. 액션 기능으로 작업 시간을 단축하는 방법과 원하는
아트보드만 골라서 인쇄하는 방법도 함께 알아보겠습니다.

- **라이브 페인트 통**으로 채색할 수 있습니다.
- **표 도구**로 표를 만들 수 있습니다.
- **액션 기능**을 이용하여 작업 시간을 단축할 수 있습니다.
- 원하는 아트보드만 골라서 **인쇄**할 수 있습니다.

BEFORE

라이브 페인트 통으로 색 적용하기

01 스케줄러에 들어갈 그림을 라이브 페인트 통◼으로 채색해보겠습니다. ❶ Ctrl + O 를 눌러 **스케줄러 만들기.ai** 파일을 불러옵니다. ❷ 선택 도구▶로 오브젝트 전체를 드래그합니다. ❸ [Object]−[Live Paint]−[Make] 메뉴를 선택합니다. 라이브 페인트 통을 사용할 준비가 되었습니다. ❹ 아트보드의 빈 곳을 클릭해 선택을 해제합니다.

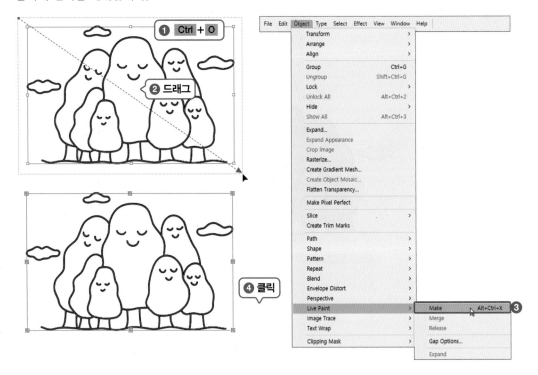

02 ❶ 도구바에서 라이브 페인트 통◼을 클릭합니다. ❷ [Properties]−[Appearance] 패널에서 [칠]을 클릭합니다. ❸ 스와치 패널◼을 클릭하고 ❹ 초록색을 클릭합니다. ❺ 색상 칩◼◼이 마우스 포인터를 따라다니고, 가운데 나무에 마우스 포인터를 올리면 나무에 빨간색 외곽선이 표시됩니다.

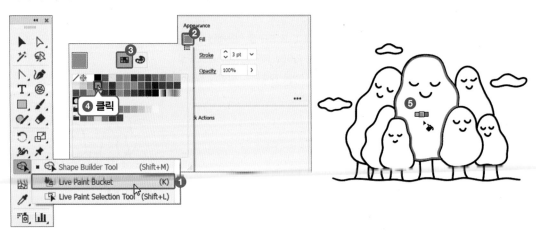

03 ❶ 가운데 나무에 마우스 포인터를 올려 빨간색 외곽선이 표시되면 ❷ 클릭해 초록색을 적용합니다.
❸ 맨 오른쪽에 있는 작은 나무도 클릭해 색을 적용합니다.

04 ❶ 키보드의 ←를 한 번 누릅니다. ❷ 마우스 포인터를 따라다니는 색상 칩이 ▢▢▢ 에서 ▢▢▢ 으로 바뀝니다. 나무 세 개를 차례대로 클릭해 색을 적용합니다.

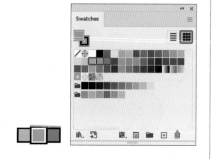

기능 꼼꼼 익히기 ✏️　　**라이브 페인트 통 알아보기**

라이브 페인트 통🪣을 클릭하고 스와치 패널▦에서 색을 선택하면 세 개의 색상 칩▢▢▢이 마우스 포인터를 따라다닙니다. 가운데에 있는 색은 스와치 패널에서 선택한 색이고, 좌우에 있는 색은 스와치 패널에서 선택한 색의 좌우에 있는 색입니다. 키보드의 ←, →, ↑, ↓를 누르면 스와치 패널에서 선택한 색을 기준으로 이동하여 색을 선택할 수 있습니다.

컬러 믹서 패널❷에서 색을 선택하면 한 개의 색상 칩만 마우스 포인터를 따라
다닙니다.

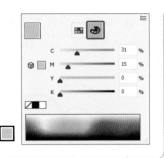

05 ❶➡️를 두 번 누릅니다. 짙은 녹색이 선택됩니다. ❷ 나머지 두 개의 나무도 클릭해 색을 적용합니다.

06 ❶ 스와치 패널에서 갈색을 클릭합니다. ❷ 나무 기둥을 차례대로 클릭하여 색을 적용합니다. ❸ 같은
방법으로 구름을 하늘색으로 채색합니다.

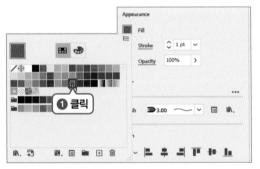

07 ❶ 라이브 페인트 선택 도구 █ 를 클릭하고 ❷ `Shift` 를 누른 채 갈색 나무 기둥 세 개를 차례대로 클릭합니다. ❸ [Properties]-[Appearance] 패널에서 [칠]을 클릭하고 ❹ 컬러 믹서 패널 █ 을 클릭합니다. ❺ [K]를 오른쪽으로 살짝 드래그하여 조금 더 어두운 갈색으로 설정합니다.

08 ❶ 선택 도구 █ 로 오브젝트 전체를 드래그하여 선택한 다음 ❷ [Object]-[Expand] 메뉴를 선택합니다. ❸ [Expand] 대화상자가 나타나면 [OK]를 클릭합니다. 패스로 처리됩니다.

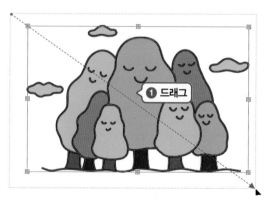

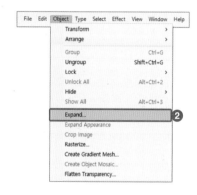

09 ❶ 도구바에서 표 도구⊞를 클릭하고 ❷ 도구바 하단의 초기화⊡를 클릭합니다. ❸ 아트보드의 빈 곳을 클릭합니다. ❹ [Rectangular Grid Tool Options] 대화상자가 나타나면 다음과 같이 입력하고 ❺ [OK]를 클릭합니다. 가로 7칸, 세로 6칸의 표가 만들어집니다.

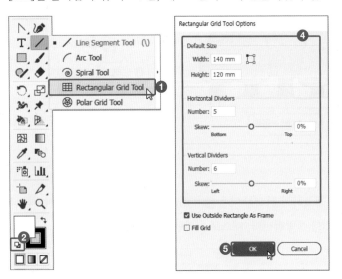

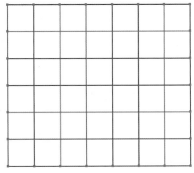

10 ❶ 도구바에서 직접 선택 도구▷를 클릭합니다. ❷ 표 전체를 드래그하여 선택한 다음 ❸ 표의 모서리에 나타난 라이브 코너 위젯◉을 안쪽으로 살짝 드래그하여 모서리를 둥글게 수정합니다.

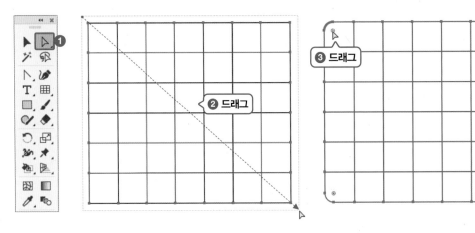

11 ❶ 직접 선택 도구 로 맨 윗줄만 드래그하여 선택하고 ❷ 를 여러 번 눌러 높이를 줄입니다.

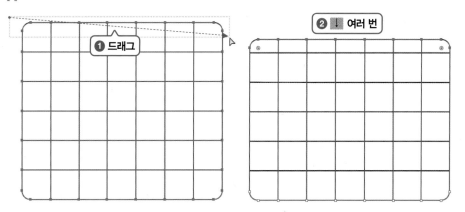

12 ❶ 표 전체를 드래그하여 선택하고 ❷ [Object]-[Live Paint]-[Make] 메뉴를 선택합니다.

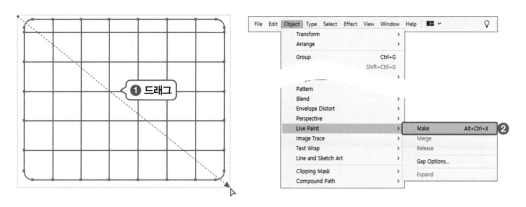

13 ❶ 라이브 페인트 통 을 클릭하고 ❷ 스와치 패널에서 초록색을 선택합니다. ❸ 표의 첫 번째 줄을 드래그하여 색을 채웁니다.

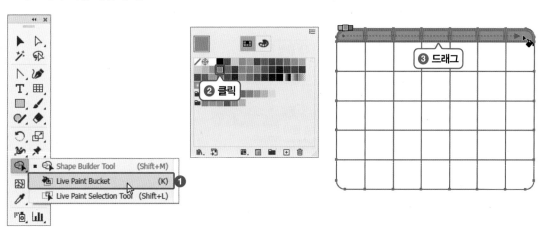

14 ❶ 스와치 패널에서 밝은 회색을 선택합니다. ❷ 표의 나머지 칸을 모두 드래그하여 색을 채웁니다.

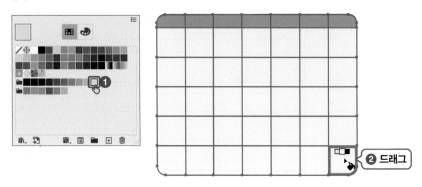

15 ❶ 선택 도구 ▶로 ❷ 표 전체를 선택하고 ❸ [Object]−[Expand] 메뉴를 선택합니다. [Expand] 대화상자가 나타나면 ❹ [OK]를 클릭합니다. 패스로 처리됩니다.

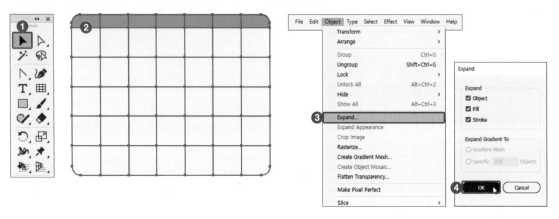

16 표가 선택된 상태에서 ❶ [Properties]−[Appearance] 패널의 [획]을 클릭하여 ❷ 색을 흰색으로 설정합니다. ❸ 선의 굵기는 **2pt**로 설정합니다. ❹ 아트보드의 빈 곳을 클릭해 선택을 해제합니다.

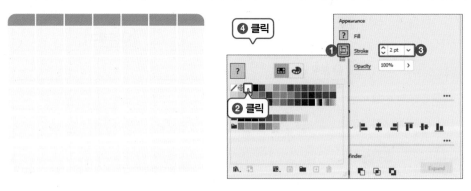

17 요일을 입력해보겠습니다. ❶ 글자 도구 T 를 선택합니다. ❷ 아트보드를 클릭하고 MON을 입력합니다. ❸ 색은 흰색, ❹ 글꼴은 Myriad pro, ❺ 크기는 10pt로 설정합니다.

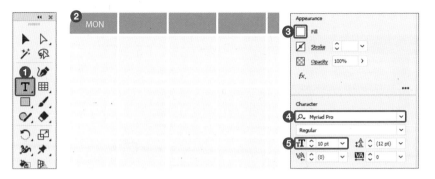

18 ❶ 선택 도구 ▶ 로 ❷ Alt 를 누른 채 드래그하여 오른쪽으로 이동하면서 Shift 를 눌러 수평 복제합니다. ❸ 수평 복제된 'MON'을 더블클릭하여 텍스트가 활성화되면 TUE를 입력합니다. 같은 방법으로 나머지 요일도 입력하여 스케줄러를 완성합니다.

 액션 기능으로 동일한 작업 반복하기

19 ❶ Ctrl + O 를 눌러 **액션 활용하기.ai** 파일을 불러옵니다. ❷ [Window]-[Actions] 메뉴를 선택하여 [Actions] 패널을 나타나게 합니다.

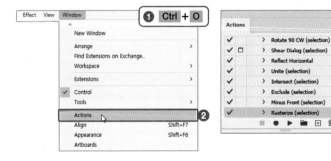

20 ❶ 첫 번째 아트보드 안쪽의 빈 곳을 클릭하여 아트보드를 선택합니다. ❷ [Actions] 패널에서 새 레이어⬜를 클릭하고 ❸ [New Action] 대화상자에서 [Name]에 **나의 액션**을 입력한 후 ❹ [Record]를 클릭합니다. 반복 작업 녹화가 시작됩니다.

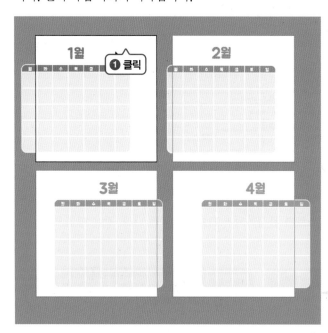

아트보드 선택하기 아트보드 안쪽의 빈 곳을 클릭하면 클릭한 아트보드가 선택되고 검은색 외곽선이 표시됩니다. 현재 아트보드를 기준으로 작업해야 하므로 꼭 아트보드를 선택하고 진행합니다.

21 ❶ `Ctrl` + `Alt` + `A` 를 누릅니다. 첫 번째 아트보트 안에 있는 오브젝트들이 모두 선택됩니다. ❷ [Properties]-[Align] 패널에서 [Align to Artboard]를 선택합니다. ❸ ▣을 클릭합니다.

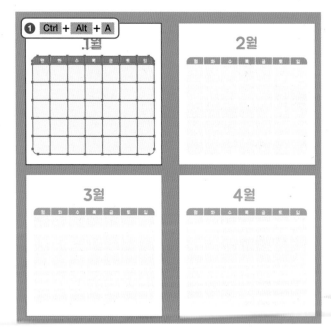

`Ctrl` + `A` 는 파일 안에 있는 모든 오브젝트를 선택하는 단축키이고, `Ctrl` + `Alt` + `A` 는 선택한 아트보드에만 있는 모든 오브젝트를 선택하는 단축키입니다.

22 [Actions] 패널에서 중지■를 클릭합니다. 반복 작업 녹화가 끝났습니다. 1월 스케줄러가 아트보드 중앙에 정렬되었습니다.

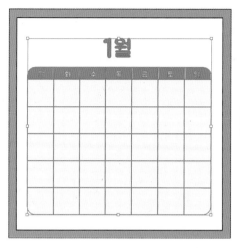

23 ❶ 2월 아트보드 안쪽의 빈 곳을 클릭합니다. ❷ [Actions] 패널에서 [나의 액션]을 클릭하고 ❸ 재생 ▶을 클릭합니다. 2월 스케줄러가 아트보드 중앙에 정렬되었습니다.

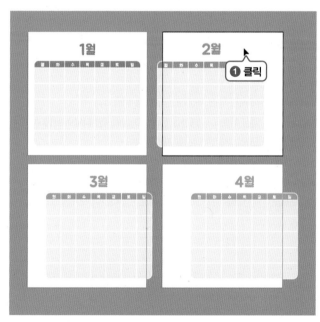

24 같은 방법으로 [Actions] 패널을 이용하여 각각 아트보드 중앙에 위치하게끔 정렬합니다.

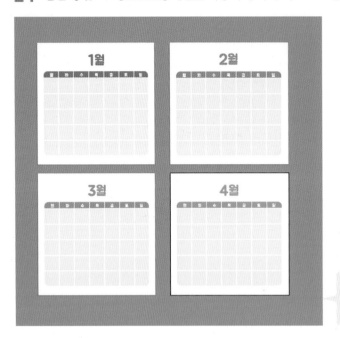

액션(Action) 기능은 반복 작업을 비디오로 녹화하듯 저장하여 재생(플레이)하는 방식으로, 작업 시간을 절약할 수 있어 알아두면 매우 유용합니다.

기능 꼼꼼 익히기 ✏️ **[Actions] 패널 알아보기**

❶ 저장된 액션 목록입니다.

❷ **Stop Playing/Recording** | 액션 재생 또는 녹화를 멈춥니다.

❸ **Begin Recording** | 액션 목록에서 액션을 선택하고 클릭하면 다시 녹화됩니다.

❹ **Play Current Selection** | 저장한 액션을 재생합니다.

❺ **Create New Set** | 액션 그룹을 생성합니다.

❻ **Create New Action** | 액션을 생성합니다. 클릭하면 새 액션이 녹화됩니다.

❼ **Delete Selection** | 액션 목록에서 액션을 선택하고 클릭하면 삭제됩니다.

원하는 아트보드만 골라서 인쇄하기

25 3월 아트보드만 인쇄해보겠습니다. [File]-[Print] 메뉴를 선택합니다.

26 [Print] 대화상자가 나타나면 ❶ [Range]를 선택하고 ❷ 3을 입력합니다. ❸ [Auto-Rotate]를 클릭해서 체크 해제합니다. ❹ ⬛을 클릭합니다. ❺ [Print]를 클릭하면 컴퓨터와 연결된 프린터에서 인쇄됩니다.

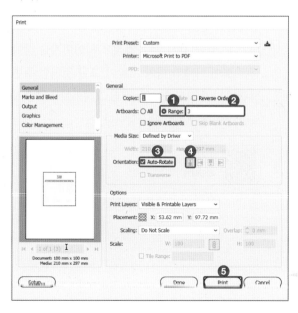

아트보드 네 개를 모두 인쇄하려면 [All]을 선택하고 [Print]를 클릭합니다. 1, 2, 3월 아트보드만 인쇄하려면 [Range]를 선택한 후 [Range]에 1-3 또는 1,2,3을 입력하고 [Print]를 클릭합니다.

LESSON 11
생성형 AI 기능으로 작업하기

어도비 생성형 AI를 이용하여
그림, 글자, 목업, 색상 생성하기

어도비에서 제공하는 인공지능 기반의 기능을 활용해 다양한 작업을 쉽게 할 수 있게 되었습니다. 텍스트를 입력하면 그림을 만들어주기도 하고 색상 재조합도 쉽게 할 수 있습니다. 마치 사람이 작업하는 것처럼 자연스러워 실무에 사용하기 좋을 정도로 수준이 높습니다. 이번 레슨은 모두 영상 강좌로 제공해드립니다. QR 코드로 접속하여 영상으로 학습해봅니다.

간단 실습 | AI를 이용하여 그림 그리기 온라인 강좌

준비 파일 기본/Chapter 04/텍스트로 그림 만들기.ai
완성 파일 기본/Chapter 04/텍스트로 그림 만들기_완성.ai

일러스트레이터에는 자동으로 그림을 그려주는 인공지능 기능이 있습니다. 프롬프트를 입력하면 원하는 장면, 오브젝트, 아이콘 등을 다양하게 생성할 수 있습니다. 단순 검색으로 이미지를 찾아내는 것이 아니라 마치 사람이 그린 것처럼 주변 상황에 맞게 그려줍니다. 벡터 그래픽이므로 수정 또한 용이해 매우 실용적입니다.

동영상 강의
확인하기

AI를 이용하여 그림의 색상을 재조합하고자 한다면 210쪽을 참고합니다.

간단 실습 AI를 이용하여 이미지로 된 글자 다시 쓰기 온라인 강좌

준비 파일 기본/Chapter 04/이미지로 된 글자를 다시 쓰기1.ai, 이미지로 된 글자를 다시 쓰기2.jpg

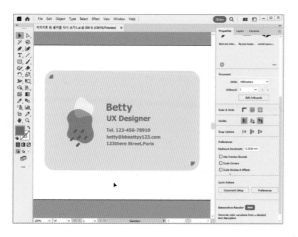

글자를 Create Outlines(윤곽선 만들기) 처리하면 글자가 아닌 일반 패스가 됩니다. 그래서 수정이 필요하면 글자를 다시 입력해야 했고 폰트, 자간, 행간 등의 수정이 불가능했습니다. 하지만 CC 2023(27.9) 버전 이후부터는 수정이 가능해졌습니다. 비트맵 이미지 안에 있는 텍스트 또한 수정이 가능합니다.

동영상 강의 확인하기

간단 실습 AI를 이용하여 목업 만들기 온라인 강좌

준비 파일 기본/Chapter 04/목업 만들기.ai, 음료수.jpg
완성 파일 기본/Chapter 04/목업 만들기_완성.ai

일러스트레이터에서 만든 아트워크를 제품 사진에 합성해야 할 때가 있습니다. 또는 제품 홍보를 위해 합성 이미지가 필요하거나 굿즈를 제작하기 전에 모형을 만들어야 할 때도 있습니다. 이러한 경우에 일러스트레이터에서 목업(Mockup, 모형) 기능을 활용하면 매우 편리합니다. AI 기반의 기능이며 비트맵 이미지를 불러와서 손쉽게 목업이 가능합니다.

동영상 강의 확인하기

일러스트레이터의 기초 기능을 익혔다면
디자인 실력을 업그레이드해야 합니다.
지금 당장 써먹을 수 있도록
실무에서 자주 쓰는 기능을 엄격히 선별하여
활용도 높은 예제들로 활용편을 구성했습니다.
앞서 배운 기초를 토대로 실무 예제를 따라 해보면서
실전 디자인 감각을 키워보겠습니다.

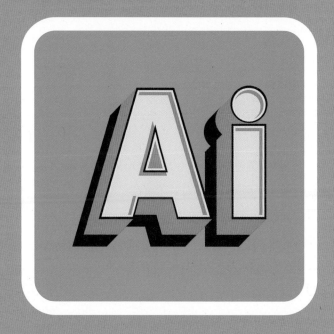

PART 02

지금 당장
써먹을 수 있는
일러스트레이터
활용편

일러스트레이터로 디자인 소스를 만들어두면

필요할 때마다 수정하여 유용하게 사용할 수 있습니다.

시간도 단축할 수 있어 매우 효율적입니다.

이번 CHAPTER에서는 왜곡, 패턴, 심볼, 그래프 등

실무에서 많이 사용하는 디자인 소스를 만들고 사용해보겠습니다.

CHAPTER 01

실무에서 많이 사용하는
디자인 소스 만들기

LESSON 01

일러스트의 형태를
멋스럽게 왜곡하여 변형하기

왜곡 기능으로 오브젝트의 형태 변형하기

☑ **CC 모든 버전**
☐ **CC 2024 버전**

준비 파일 활용/Chapter 01/왜곡하기.ai
완성 파일 활용/Chapter 01/왜곡하기_완성.ai

AFTER

이 예제를 따라 하면

일러스트레이터는 다양한 왜곡 스타일을 제공합니다. 형태를 비틀거나 올록볼록하게 왜곡하면 재미있는 모양으로 수정할 수 있습니다. 불규칙한 모양을 만들거나 형태를 비틀어 원하는 모양으로 만들어보겠습니다.

▪ 형태에 맞춰 오브젝트를 왜곡(볼록하게 하기, 비틀기, 오므리기 등)할 수 있습니다.

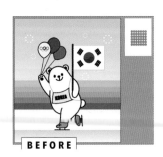

BEFORE

Make with Warp로 펄럭이는 태극기 만들기

01 ❶ `Ctrl` + `O` 를 눌러 **왜곡하기.ai** 파일을 불러옵니다. ❷ 도구바에서 선택 도구▶를 클릭하고 ❸ 아트보드의 태극기를 클릭하여 선택합니다.

02 ❶ [Object]-[Envelope Distort]-[Make with Warp] 메뉴를 선택합니다. ❷ [Warp Options] 대화상자에서 [Style]을 [Flag]로 선택하고 ❸ [Bend]에 **20%**를 입력합니다. [Preview]에 체크하여 왜곡된 태극기를 확인한 다음 ❹ [OK]를 클릭합니다.

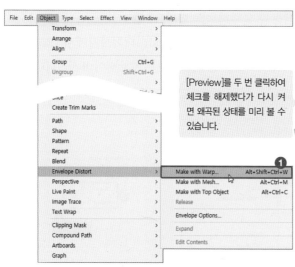

[Preview]를 두 번 클릭하여 체크를 해제했다가 다시 켜면 왜곡된 상태를 미리 볼 수 있습니다.

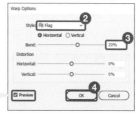

기능 꼼꼼 익히기 ✏ **Make with Warp 수정하기**

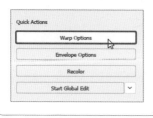

Make with Warp를 적용한 패스를 선택하면 [Properties]-[Quick Actions] 패널에 [Warp Options] 버튼이 나타납니다. [Warp Options]를 클릭하면 [Warp Options] 대화상자가 다시 나타나고 오브젝트를 수정할 수 있습니다.

03 ❶ [Object]-[Expand] 메뉴를 선택합니다. ❷ [Expand] 대화상자가 나타나면 [OK]를 클릭해 패스로 처리합니다.

Make with Mesh로 물결무늬 만들기

04 ❶ 선택 도구 로 물결무늬로 만들 오브젝트를 클릭해 선택합니다. ❷ [Object]-[Envelope Distort]-[Make with Mesh] 메뉴를 선택합니다. ❸ [Envelope Mesh] 대화상자에서 [Rows]와 [Columns]를 4로 설정하고 ❹ [OK]를 클릭합니다. 오브젝트를 변형할 수 있는 메시 선이 표시됩니다.

 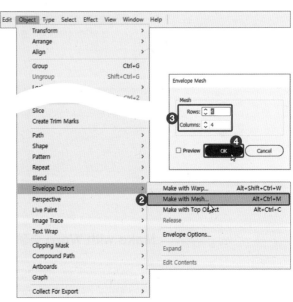

05 ❶ 직접 선택 도구 로 ❷ ⓐ ~ ⓑ 지점을 드래그합니다. ❸ Shift 를 누른 채 ⓒ ~ ⓓ 지점도 드래그합니다. ❹ ↓를 여러 번 누릅니다.

06 ❶ 선택 도구 로 ❷ 물결무늬를 클릭하여 선택합니다. ❸ [Object]−[Expand] 메뉴를 선택하여 [Expand] 대화상자가 나타나면 [OK]를 클릭해 패스로 처리합니다.

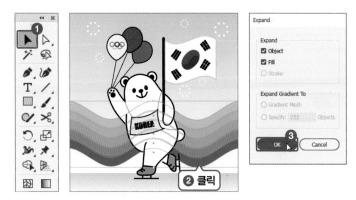

 Make with Top Object로 자유롭게 왜곡하기

07 ❶ 원형 도구 로 ❷ 오른쪽 아트보드에 있는 파란색 원들 위에 Shift 를 누른 채 드래그하여 정원을 만듭니다. ❸ 선택 도구 로 ❹ 크게 드래그하여 파란색 원들과 함께 선택합니다.

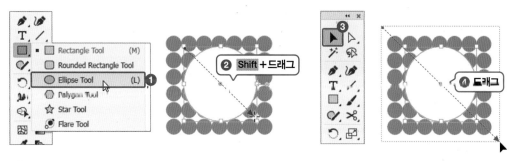

08 [Object]−[Envelope Distort]−[Make with Top Object] 메뉴를 선택합니다. 맨 위에 그린 원의 모양대로 아래의 파란색 원들이 왜곡됩니다.

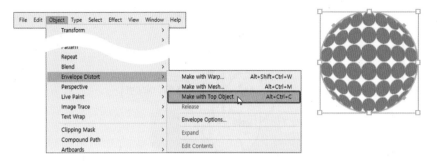

09 ❶ [Object]−[Expand] 메뉴를 선택합니다. ❷ [Expand] 대화상자가 나타나면 [OK]를 클릭해 패스로 처리합니다.

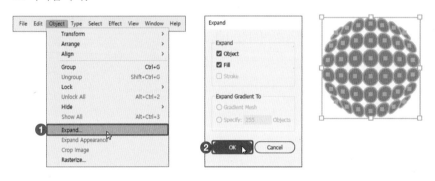

10 ❶ 선택 도구 ▶ 로 왜곡한 오브젝트를 왼쪽 아트보드로 드래그하여 옮긴 다음 ❷ Alt 를 누른 채 드래그하여 복제합니다. 여기저기에 복제하여 배경을 꾸밉니다.

오브젝트를 선택하고 [Object]–[Envelope Distort]–[Make with Warp] 메뉴를 선택하면 형태를 왜곡할 수 있는 [Warp Options] 대화상자가 나타납니다. [Warp Options] 대화상자에서는 다양한 왜곡 스타일을 선택할 수 있습니다. 용도와 표현 방법에 따라 적합한 스타일을 선택합니다. 15개의 왜곡 스타일을 하나씩 살펴보겠습니다.

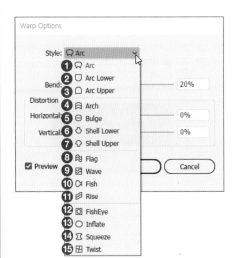

▲ 원본

❶ **Arc** | 위쪽이 넓은 아치형이 됩니다.

❷ **Arc Lower** | 아래쪽만 둥글려집니다.

❸ **Arc Upper** | 위쪽만 둥글려집니다.

❹ **Arch** | 기본 아치형이 됩니다.

❺ **Bulge** | 가운데만 불룩하게 됩니다.

❻ **Shell Lower** | 아래쪽만 조개 껍데기 모양이 됩니다.

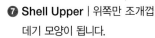

❼ **Shell Upper** | 위쪽만 조개껍데기 모양이 됩니다.

❽ **Flag** | 펄럭이는 깃발처럼 됩니다.

❾ **Wave** | 오브젝트 안에서만 물결치는 모양이 됩니다.

⑩ **Fish** | 물고기 모양이 됩니다.

⑪ **Rise** | 한쪽으로 일어선 듯한 모양이 됩니다.

⑫ **FishEye** | 가운데 부분이 크게 볼록해집니다.

⑬ **Inflate** | 부푼 듯한 모양이 됩니다.

⑭ **Squeeze** | 쥐어짠 듯한 모양이 됩니다.

⑮ **Twist** | 비틀어집니다.

기능 꼼꼼 익히기 ✎ **[Warp Options] 대화상자 알아보기**

[Warp Options] 대화상자에서는 스타일 외에도 왜곡의 방향이나 정도를 수정할 수 있습니다.

❶ **Style** | 왜곡 스타일을 선택할 수 있습니다.

❷ **Horizontal/Vertical** | 왜곡을 가로 방향으로 할 것인지, 세로 방향으로 할 것인지 선택할 수 있습니다.

❸ **Bend** | 왜곡의 정도를 조절할 수 있습니다.

❹ **Horizontal** | 왜곡의 정도를 좌우로 조절할 수 있습니다.

❺ **Vertical** | 왜곡의 정도를 상하로 조절할 수 있습니다.

일러스트의 형태를 재미있는 모양으로 왜곡하여 변형하기

왜곡 도구로 늘이고 비틀어 변형하기

☑ **CC 모든 버전**
☐ **CC 2024 버전**

준비 파일 활용/Chapter 01/왜곡 도구로 변형하기.ai
완성 파일 활용/Chapter 01/왜곡 도구로 변형하기_완성.ai

AFTER

이 예제를 따라 하면

일러스트레이터에는 형태를 왜곡하여 변형할 수 있는 왜곡 도구 일곱 개가 있습니다. 왜곡 도구를 활용하면 패스를 뒤틀린 모양이나 휘감은 모양 등의 재미있는 모양으로 변형할 수 있습니다. 이번 실습에서는 왜곡 도구를 활용하여 외계인 캐릭터 일러스트를 변형해보겠습니다.

- 왜곡 도구인 변형 도구, 돌리기 도구, 오목 도구, 볼록 도구, 조개 도구, 수정화 도구, 주름 도구를 사용할 수 있습니다.
- 레이어를 단축키로 잠그거나 해제할 수 있습니다.
- [Draw Inside]로 범위를 정해놓고 그릴 수 있습니다.
- [Draw Behind]로 레이어의 순서를 정해놓고 그릴 수 있습니다.

BEFORE

단축키로 레이어 잠그기

01 ❶ Ctrl + O 를 눌러 **왜곡 도구로 변형하기.ai** 파일을 불러옵니다. 배경이 움직이지 않도록 고정해보겠습니다. ❷ 도구바에서 선택 도구 ▶를 클릭하고 ❸ Shift 를 누른 채 사각형 세 개를 차례로 클릭하여 함께 선택한 후 ❹ Ctrl + 2 를 누릅니다. [Layers] 패널의 하단을 보면 🔒가 표시되어 레이어가 잠겨 있음을 확인할 수 있습니다.

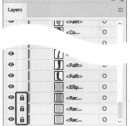

단축키로 레이어 잠그기 레이어가 많을 때는 [Layers] 패널에서 레이어를 일일이 선택하고 잠그기 어렵습니다. 이때는 잠그려는 오브젝트를 선택하고 Ctrl + 2 를 누르면 레이어가 잠깁니다. 반대로 Ctrl + Alt + 2 를 누르면 잠금이 해제됩니다.

 왜곡 도구로 캐릭터의 형태 왜곡하기

02 ❶ 도구바에서 폭 도구 🖋를 길게 클릭하여 왜곡 도구들이 나타나면 ❷ ⯈을 클릭합니다. 왜곡 도구가 별도의 패널로 플로팅되어 나타납니다.

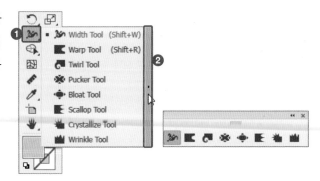

03 ❶ 변형 도구  를 클릭합니다. ❷ 첫 번째 외계인의 몸통을 Ctrl 을 누른 채 클릭하여 선택합니다. ❸ 외계인의 머리 부분을 위로 드래그합니다. 손가락으로 잡아 늘인 듯한 모양으로 변형됩니다.

04 ❶ 돌리기 도구 를 클릭합니다. ❷ 노란색 원을 Ctrl 을 누른 채 클릭하여 선택합니다. ❸ 원의 윗부분을 2초가량 클릭합니다. 클릭한 부분이 돌돌 말린 모양으로 변형되며, 길게 클릭하고 있으면 클릭하고 있는 동안 계속 말립니다.

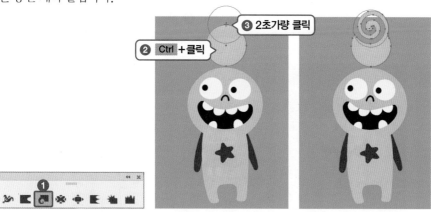

05 ❶ 도구바에서 지우개 도구 를 클릭하고 ❷ 불필요한 부분은 드래그하여 지웁니다. ❸ 선택 도구 로 ❹ 돌돌 말린 원을 아래로 드래그하여 이동하고 ❺ 회전하여 머리털 형태로 만듭니다.

06 ❶ 주름 도구 를 클릭합니다. ❷ 세 번째 외계인의 몸통을 Ctrl 을 누른 채 클릭하여 선택합니다. ❸ 머리의 윗부분을 천천히 드래그합니다. 드래그한 부분이 주글주글한 모양으로 변형됩니다.

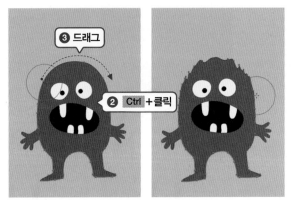

 **Draw Inside로 범위 정해놓고 그리기**

07 ❶ Ctrl + Alt + 2 를 눌러 레이어의 잠금을 모두 해제합니다. ❷ Ctrl 을 누른 채 아트보드의 빈 곳을 클릭하여 선택을 해제합니다.

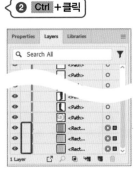

08 ❶ 선택 도구 를 클릭한 후 ❷ 첫 번째 사각형만 클릭하여 선택하고 ❸ 도구바 하단의 [Draw Inside] 를 클릭합니다. 사각형 배경 모서리에 점선이 생깁니다.

09 ❶ 도구바에서 별모양 도구 ⭐를 클릭합니다. ❷ 도구바 하단의 [칠]을 더블클릭하고 ❸ [Color Picker] 대화상자에서 갈색(#E28103)으로 설정한 후 ❹ [OK]를 클릭합니다. ❺ 첫 번째 사각형에 여러 번 드래그하여 별을 그립니다. 별이 첫 번째 사각형 안에만 그려집니다.

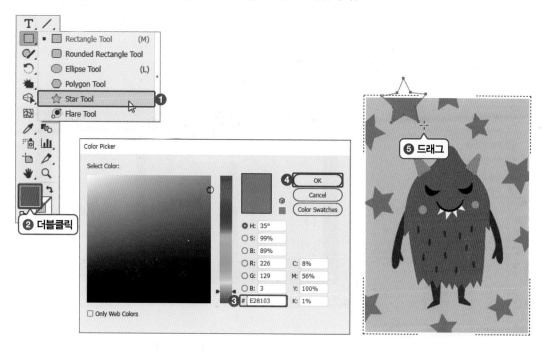

10 도구바 하단의 [Draw Normal] 🔲을 클릭합니다. 범위를 정해놓고 그리는 [Draw Inside]가 해제되면서 사각형 배경 모서리의 점선이 사라집니다.

Draw Behind로 레이어의 순서 정해놓고 그리기

11 ❶ 도구바 하단의 [Draw Behind]▣를 클릭하고 ❷ [칠]을 검은색으로 설정합니다. ❸ 사각형 도구 ▣를 클릭한 후 ❹ 아트보드에 크게 드래그하여 사각형을 그립니다. [Layers] 패널을 보면 사각형이 맨 아래에 그려진 것을 확인할 수 있습니다.

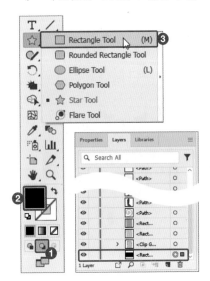

12 ❶ 도구바 하단의 [Draw Normal]▣을 클릭합니다. ❷ 도구바에서 별모양 도구▣를 클릭하고 ❸ 세 번째 외계인 머리 위에 별을 드래그하여 그립니다. [Layers] 패널을 보면 별이 맨 위에 그려진 것을 확인할 수 있습니다.

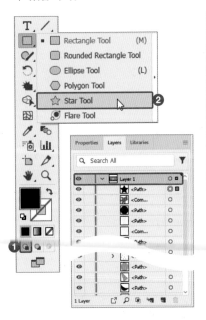

기능 꼼꼼 익히기 ✎ [Draw Normal], [Draw Behind], [Draw Inside] 알아보기

❶ **Draw Normal** 📷 | 일러스트레이터를 실행하면 기본적으로 선택되어 있습니다. 나중에 그린 패스가 먼저 그린 패스 위에 그려집니다. 예를 들어 다음과 같이 원을 그린 후 사각형을 그리면 먼저 그린 원 위에 나중에 그린 사각형이 그려집니다.

❷ **Draw Behind** 📷 | 나중에 그린 패스가 먼저 그린 패스 아래에 그려집니다. 예를 들어 다음과 같이 원을 그린 후 사각형을 그리면 먼저 그린 원 아래에 나중에 그린 사각형이 그려집니다.

❸ **Draw Inside** 📷 | 작업 영역을 설정하는 기능입니다. 다음과 같이 원을 그린 후에 원을 선택한 상태로 [Draw Inside]를 클릭하면 원이 작업 영역으로 설정됩니다. 원에 사각형을 그리면 사각형이 원 안에만 그려집니다. [Draw Inside]는 236쪽에서 배운 클리핑 마스크와 같은 원리입니다.

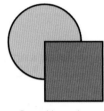
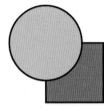
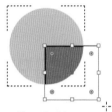

▲ Draw Normal   ▲ Draw Behind   ▲ Draw Inside

기능 꼼꼼 익히기 ✎ [Draw Inside] 취소하기

[Draw Inside]가 적용된 오브젝트를 선택하고 마우스 오른쪽 버튼을 클릭합니다. [Release Clipping Mask]를 선택하면 [Draw Inside]가 취소됩니다.

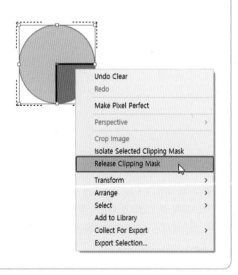

세련된 패턴으로
프레젠테이션 표지 만들기

스와치 패널로 패턴 적용하고 수정하기

☑ **CC 모든 버전**
☐ **CC 2024 버전**

준비 파일 활용/Chapter 01/패턴 적용하기.ai
완성 파일 활용/Chapter 01/패턴 적용하기_완성.ai

AFTER

이 예제를 따라 하면

패턴이란 같은 모양을 반복하여 나열한 것입니다. 일러스트레이터에서는 클릭 몇 번만으로 패턴을 적용할 수 있어서 매우 편리합니다. 이번 실습에서는 일러스트레이터가 제공하는 기본 패턴을 적용해보고 나만의 패턴도 만들어보겠습니다.

BEFORE

- 패턴을 적용할 수 있습니다.
- 패턴을 직접 만들 수 있습니다.

패턴 적용하기

01 ❶ Ctrl + O 를 눌러 **패턴 적용하기.ai** 파일을 불러옵니다. ❷ [Window]-[Swatches] 메뉴를 선택하여 [Swatches] 패널을 꺼냅니다.

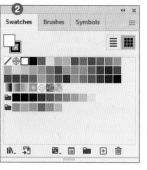

02 ❶ [Swatches] 패널의 패턴 라이브러리▣를 클릭하고 ❷ [Patterns]-[Basic Graphics]-[Basic Graphics_Lines]를 선택합니다. [Basic Graphics_Lines] 패널이 나타납니다.

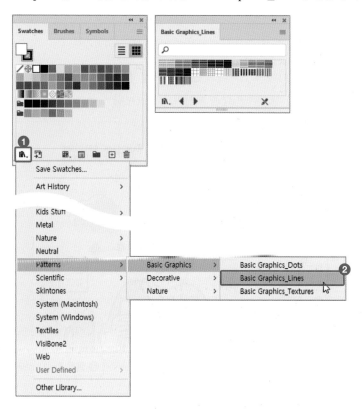

03 ① 선택 도구▶로 오른쪽 하단의 빨간색 컵을 클릭하여 선택하고 ② [Basic Graphics_Lines] 패널에서 다섯 번째 패턴을 클릭합니다. 패턴이 컵에 적용되고 [Swatches] 패널에도 자동으로 등록됩니다.

 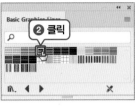  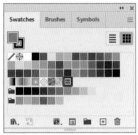

기능 꼼꼼 익히기 🖋 **패턴이 적용되지 않아요!**

패턴이 적용되지 않는다면 도구바에서 [칠]이 앞으로 나와 있는지 확인해보세요. 패턴을 [획]에 적용하면 가느다란 선에 패턴이 적용되므로 변화가 없는 것처럼 보입니다.

▲ [획]에 패턴을 적용한 경우   ▲ [칠]에 패턴을 적용한 경우

---

04 ① 선택 도구▶로 중앙의 빨간색 사각형을 클릭하여 선택하고 ② 도구바에서 스포이트 도구✐를 클릭합니다. ③ 오른쪽 하단의 라인 패턴이 적용된 컵을 클릭하면 같은 패턴이 적용됩니다.

05 ❶ [Swatches] 패널의 패턴 라이브러리▥를 클릭하고 ❷ [Patterns]-[Basic Graphics]-[Basic Graphics_Dots]를 선택합니다. [Basic Graphics_Dots] 패널이 나타납니다.

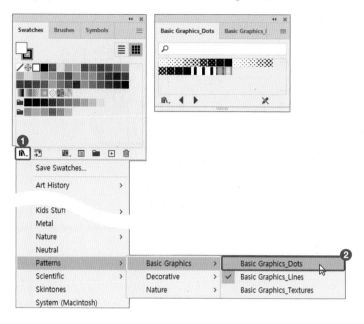

06 ❶ 도구바에서 선택 도구▶를 클릭하고 ❷ 오른쪽 상단의 파란색 구름을 클릭하여 선택합니다. ❸ Shift 를 누른 채 하단의 파란색 사각형도 클릭하여 함께 선택합니다. ❹ [Basic Graphics_Dots] 패널에서 네 번째 패턴을 클릭합니다. 파란색 구름과 파란색 사각형에 패턴이 함께 적용됩니다.

❶ 선택 도구 ▶로 패턴이 적용된 오브젝트의 면을 클릭하여 선택하고 ❷ [Swatches] 패널이나 [Color] 패널에서 원하는 색을 클릭하면 ❸ 패턴이 취소되고 선택한 색이 적용됩니다.

 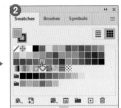  

패턴의 색 수정하기

07 [Swatches] 패널에서 원 패턴을 더블클릭하여 패턴 편집 모드로 들어갑니다.

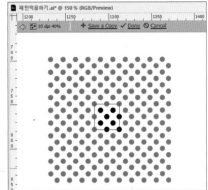

패턴 편집 모드에서는 패턴을 수정할 수 있습니다. 색뿐만 아니라 크기와 방향, 형태도 수정할 수 있습니다.

08 ❶ Ctrl + A 를 눌러 전체 선택합니다. ❷ [Swatches] 패널에서 [칠]을 클릭하고 ❸ 연두색을 선택합니다. ❹ 아트보드의 빈 곳을 더블클릭하여 패턴 편집 모드에서 빠져나옵니다. 상단의 [Done]을 클릭해도 패턴 편집 모드에서 빠져나올 수 있습니다.

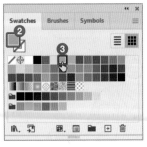

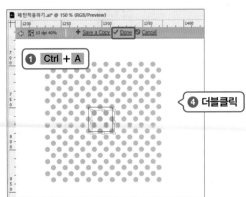

09 원 패턴의 색이 연두색으로 변경되고, 패턴이 적용된 오브젝트에도 변경된 색의 패턴이 적용됩니다.

 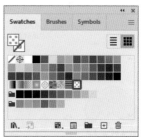

10 이번에는 [Recolor Artwork]로 색을 수정해보겠습니다. ❶ 선택 도구▶로 하단의 연두색 원 패턴이 적용된 사각형을 클릭하여 선택합니다. ❷ [Properties]-[Quick Actions] 패널의 [Recolor]를 클릭합니다.

11 [Recolor Artwork] 대화상자에서 연두색 색상원을 아래쪽으로 살짝 드래그하여 하늘색으로 설정합니다.

색을 정확한 수치로 수정하고 싶다면 [Advanced Options]를 클릭합니다.

12 하단에 있는 사각형의 패턴만 색이 수정됩니다. [Swatches] 패널에 수정된 색의 패턴도 추가되었습니다.

 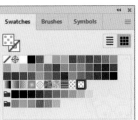

🖌️ **패턴의 크기와 방향 수정하기**

13 ❶ 선택 도구▶로 오른쪽 하단의 라인 패턴이 적용된 컵을 클릭하여 선택합니다. ❷ 도구바에서 크기 조절 도구▣를 더블클릭합니다. ❸ [Scale] 대화상자에서 [Uniform]에 **200%**를 입력한 후 ❹ [Options] 의 [Transform Objects]는 체크를 해제하고 ❺ [Transform Patterns]에만 체크합니다. ❻ [OK]를 클릭합니다. 사각형에 적용된 패턴의 크기가 수정되었습니다.

 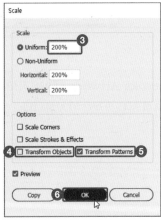

14 ① 선택 도구▶로 중앙의 라인 패턴이 적용된 사각형을 클릭하여 선택합니다. ② 도구바에서 회전 도구◯를 더블클릭합니다. ③ [Rotate] 대화상자에서 [Angle]에 **45°**를 입력하고 ④ [Transform Patterns]에만 체크합니다. ⑤ [OK]를 클릭합니다. 패턴의 각도가 수정되었습니다.

🖌 **나만의 패턴 만들기**

15 ① 도구바에서 다각형 도구◯를 클릭합니다. ② 아트보드 빈 곳에 드래그하면서 ⬇를 여러 번 눌러 검은색 삼각형을 만듭니다.

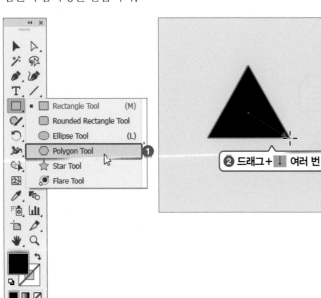

> 다각형 도구를 이용하여 변이 여러 개인 다각형을 그릴 때 변의 개수를 조절하는 방법은 기본편에서 다룬 내용입니다. 기억이 나지 않는다면 148쪽을 참고하여 실습을 진행합니다.

16 ❶ 선택 도구▶를 이용해 삼각형을 [Swatches] 패널로 드래그하면 패턴으로 등록됩니다. ❷ 아트보드의 삼각형은 Delete 를 눌러 삭제합니다.

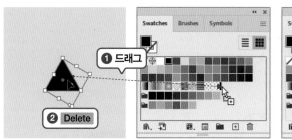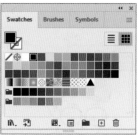

17 ❶ 선택 도구▶로 노란색 옷을 클릭하여 선택하고 ❷ [Swatches] 패널에 등록한 삼각형 패턴을 클릭합니다. 노란색 옷에 삼각형 패턴이 적용됩니다.

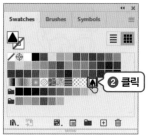

18 삼각형 패턴을 수정해보겠습니다. [Swatches] 패널에서 삼각형 패턴을 더블클릭하여 패턴 편집 모드로 들어갑니다.

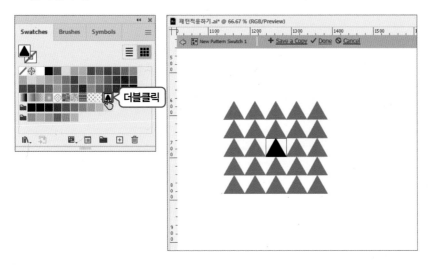

19 ❶ [Pattern Options] 패널에서 [Name]에 **세모**를 입력합니다. ❷ [Tile Type]을 [⊞ Brick by Row]로 선택하고 ❸ [Size Tile to Art]에 체크합니다. ❹ [H Spacing]과 [V Spacing]에 **3px**을 입력합니다. ❺ [Done]을 클릭합니다. 프레젠테이션 표지가 완성되었습니다.

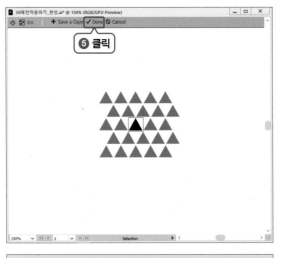

JPEG 파일로 저장하기

20 [File]–[Export]–[Export As] 메뉴를 선택합니다.

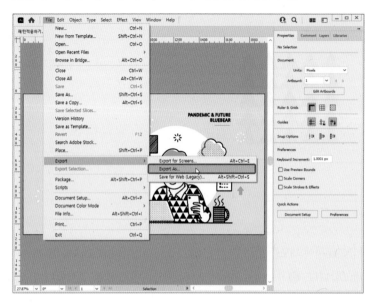

21 ❶ [Export] 대화상자가 나타나면 [파일 이름]에 원하는 파일명을 입력하고 ❷ 파일 형식은 [JPEG (*.JPG)]를 선택합니다. ❸ [Use Artboards]에 체크하고 ❹ [Export]를 클릭합니다. ❺ [JPEG Options] 대화상자가 나타나면 옵션을 다음과 같이 설정하고 ❻ [OK]를 클릭합니다. JPEG 파일로 저장되었습니다.

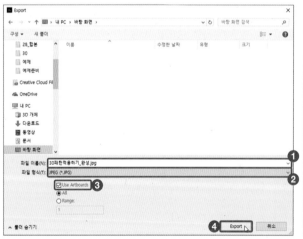

[Use Artboards]에 체크하면 아트보드 크기로 저장되며 아트보드 바깥쪽에 있는 오브젝트는 저장되지 않고, 아트보드 안에 있는 오브젝트만 저장됩니다.

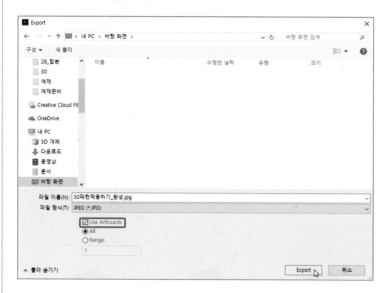

예시를 살펴보겠습니다. [Use Artboards]에 체크하면 아트보드 안에 있는 원과 흰색 여백만 저장되고, 바깥쪽에 있는 부분은 잘려서 저장되지 않습니다. 즉, 아트보드의 크기대로 저장됩니다. 반면 [Use Artboards]에 체크하지 않고 저장하면 아트보드와 상관없이 오브젝트를 기준으로 저장됩니다. [Use Artboards]에 체크하고 저장하면 바깥쪽에 있는 오브젝트를 따로 정리하지 않아도 된다는 장점이 있습니다.

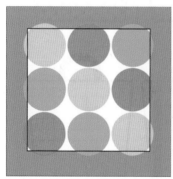

▲ 원본

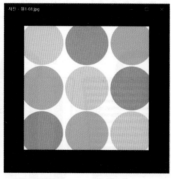

▲ [Use Artboards]에 체크함

▲ [Use Artboards]에 체크하지 않음

[Use Artboards]에 체크하면 옵션인 [All]과 [Range]가 활성화됩니다. 아트보드가 여러 개일 때 [All]을 선택하면 모든 아트보드를 지정할 수 있고, [Range]를 선택한 후 숫자를 입력하면 해당하는 아트보드의 오브젝트만 저장할 수 있습니다.

[Swatches] 패널에서 패턴 라이브러리 📖 를 클릭하고 [Patterns] 메뉴를 선택하면 일러스트레이터가 제공하는 다양한 기본 패턴을 사용할 수 있습니다. 어떤 패턴이 있는지 하나씩 살펴보겠습니다.

❶ Basic Graphics | 흑백으로 된 기본 패턴입니다.

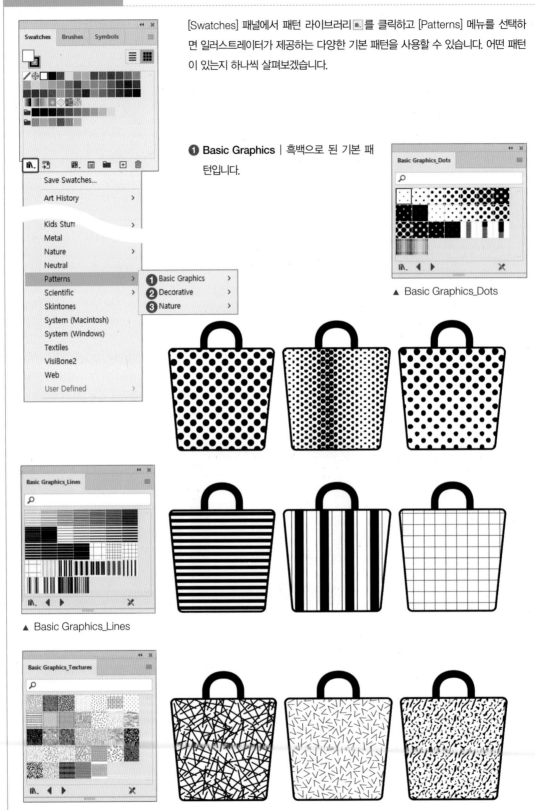

▲ Basic Graphics_Dots

▲ Basic Graphics_Lines

▲ Basic Graphics_Textures

❷ Decorative | 장식 무늬가 들어간 패턴입니다.

▲ Decorative Legacy

▲ Vonster Patterns

❸ Nature | 자연적인 소재로 만들어진 패턴입니다.

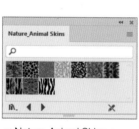

▲ Nature_Animal Skins

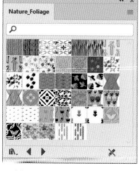

▲ Nature_Foliage

고양이 캐릭터의 동세 수정하기

퍼펫 뒤틀기 도구로 오브젝트 쉽게 수정하기

☑ **CC 모든 버전**
☐ **CC 2024 버전**

준비 파일 활용/Chapter 01/동세 수정하기.ai
완성 파일 활용/Chapter 01/동세 수정하기_완성.ai

AFTER

BEFORE

이 예제를 따라 하면

퍼펫 뒤틀기 도구는 오브젝트의 면에 그물망과 여러 개의 핀을 추가하여 핀을 기준으로 오브젝트를 변형하는 편집 도구입니다. 캐릭터의 동세를 수정할 때 매우 유용합니다.

▪ **퍼펫 뒤틀기 도구**로 오브젝트를 수정할 수 있습니다.

퍼펫 뒤틀기 도구로 동세 수정하기

01 ❶ Ctrl + O 를 눌러 **동세 수정하기.ai** 파일을 불러옵니다. ❷ 선택 도구▶를 클릭한 후 ❸ 고양이의 몸을 클릭하여 선택합니다. 몸이 하나의 오브젝트인 것을 확인할 수 있습니다. ❹ 도구바에서 퍼펫 뒤틀기 도구▣를 클릭합니다. 몸에 그물망과 핀이 추가됩니다.

도구바의 모양이 다르다면 도구바가 기본으로 설정되어 있는 것입니다. 052쪽을 참고하여 고급(Advanced)으로 바꾼 후에 실습을 진행하기 바랍니다.

02 손의 위치를 약간 옮겨보겠습니다. ❶ 왼쪽 겨드랑이 부분을 클릭하여 핀을 추가합니다. ❷ 왼쪽에 있는 손의 끝부분을 위로 살짝 드래그합니다. 손의 위치가 살짝 위로 이동되었습니다.

03 다리 부분을 구부려 뛰는 모습으로 만들어보겠습니다. ❶ 퍼펫 뒤틀기 도구 📌로 오른쪽 다리가 연결되는 부분을 클릭하여 핀을 추가합니다. ❷ 오른쪽 다리의 끝부분을 살짝 위로 드래그합니다.

04 이번에는 배 부분을 수정해보겠습니다. ❶ [Properties]-[Puppet Warp] 패널의 [Expand Mesh]를 20px로 설정합니다. 그물망의 범위가 확장됩니다. ❷ 배의 바깥 부분을 클릭하여 핀을 추가하고 ❸ 추가한 핀을 오른쪽으로 살짝 드래그합니다. 배가 날씬하게 수정됩니다.

[Expand Mesh]의 값이 커지면 그물망의 범위가 확장되고, 값이 작아지면 그물망의 범위가 축소됩니다. 범위를 넓히면 핀을 적용할 수 있는 범위가 늡니다.

오브젝트를 선택한 후 퍼펫 뒤틀기 도구 📌를 클릭하면 그물망과 핀이 생기고 이 판을 기준으로 형태를 수정할 수 있습니다.

❶ 핀 추가하기 | 그물망 위를 클릭하면 핀이 추가됩니다.

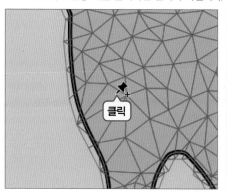 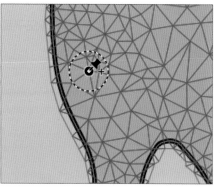

❷ 핀 삭제하기 | 핀을 클릭하여 선택하고 `Delete` 를 누르면 삭제됩니다.

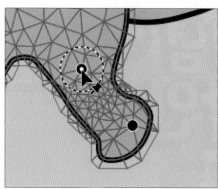 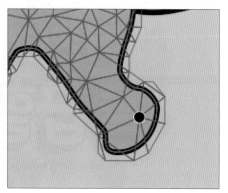

❸ 핀 회전하기 | 핀을 클릭하고 핀 주변으로 마우스 포인터를 가져가면 마우스 포인터의 모양이 바뀝니다. 이때 드래그하면 회전됩니다.

 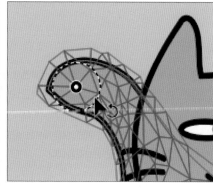

나뭇잎이 흩날리는 효과로 이벤트 페이지 꾸미기

심벌 분무기 도구로 심벌 만들고 수정하기

☑ **CC 모든 버전**
☐ **CC 2024 버전**

준비 파일 활용/Chapter 01/심벌 만들기.ai
완성 파일 활용/Chapter 01/심벌 만들기_완성.ai

AFTER

이 예제를 따라 하면

일러스트레이터에서 심벌이란 한 개의 오브젝트가 복사되면서 흩뿌려지는 기능을 말합니다. 심벌은 한 개의 오브젝트를 수정하면 복사된 오브젝트가 모두 수정될 뿐만 아니라 여러 개를 사용해도 한 개의 오브젝트로 인식하므로 파일의 용량을 줄일 수 있어 매우 유용합니다. 이번 실습에서는 심벌 도구를 활용해 나뭇잎이 흩어지는 일러스트를 디자인해보겠습니다.

BEFORE

- 심벌을 적용할 수 있습니다.
- 심벌의 크기, 위치, 색, 투명도, 각도를 수정할 수 있습니다.
- 나만의 심벌을 만들 수 있습니다.

심벌 적용하기

01 ❶ Ctrl + O 를 눌러 **심벌 만들기.ai** 파일을 불러옵니다. ❷ 도구바에서 심벌 분무기 도구 를 클릭합니다. ❸ [Window]–[Symbols] Shift + Ctrl + F11 메뉴를 선택하여 [Symbols] 패널을 꺼냅니다.

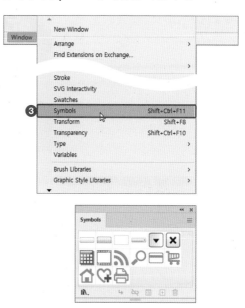

02 ❶ [Symbols] 패널에서 심벌 라이브러리 를 클릭하고 ❷ [Nature]를 선택합니다. ❸ [Nature] 패널에서 나뭇잎을 클릭합니다.

[Nature] 패널에서 나뭇잎을 클릭하면 [Symbols] 패널에 자동으로 등록됩니다.

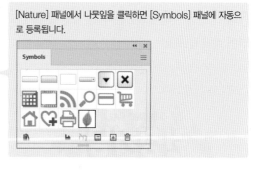

03 ❶ [Layers] 패널에서 [deco] 레이어를 선택합니다. ❷ 아트보드의 중앙 부분을 드래그합니다. 나뭇잎이 스프레이에서 뿜어져 나오듯 뿌려집니다.

심벌 분무기 도구  를 클릭하면 다음과 같은 원이 마우스 포인터를 따라다닙니다. 이 원은 한번에 뿌릴 수 있는 스프레이의 영역이며, [를 누르면 작아지고] 를 누르면 커집니다. [또는] 를 여러 번 눌러 영역을 조절합니다.

🖌 심벌 삭제하기

04 심벌을 삭제해보겠습니다. 심벌 분무기 도구  로 Alt 를 누른 채 지우고 싶은 심벌을 클릭합니다. 심벌이 삭제됩니다.

심벌의 위치 수정하기

05 심벌의 위치를 옮겨보겠습니다. ❶ 심벌 이동기 도구 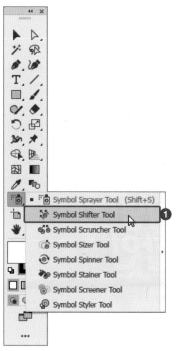를 클릭하고 ❷ 나뭇잎을 중앙으로 드래그하여 옮깁니다. 다른 나뭇잎도 드래그하여 중앙으로 모이게 합니다.

심벌의 크기 수정하기

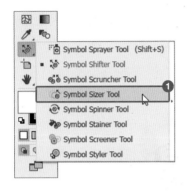

06 심벌의 크기를 조절해보겠습니다. ❶ 심벌 크기 조절기 도구를 클릭합니다. ❷ 크기를 키우고 싶은 나뭇잎을 길게 클릭합니다. 클릭한 만큼 나뭇잎이 커집니다. ❸ Alt 를 누른 채 길게 클릭하면 클릭한 만큼 작아집니다.

 심벌의 각도 수정하기

07 심벌의 각도를 조절해보겠습니다. ❶ 심벌 회전기 도구를 클릭합니다. ❷ 심벌이 선택된 상태에서 나뭇잎을 드래그하여 회전합니다.

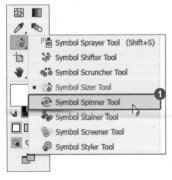

심벌의 색 수정하기

08 심벌의 색을 수정해보겠습니다. ❶ 심벌 염색기 도구 를 클릭하고 ❷ 스와치 패널 에서 ❸ 연두색을 클릭합니다. ❹ 색을 수정하려는 나뭇잎을 클릭합니다. 여러 번 클릭하면 클릭한 만큼 색이 변합니다. 나뭇잎 여기저기를 클릭하여 색상을 다채롭게 수정합니다.

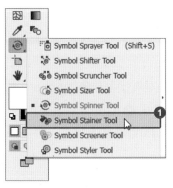 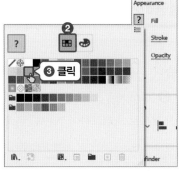

Alt 를 누른 채 클릭하면 원래 색으로 돌아옵니다.

기능 꼼꼼 익히기 ✎ **심벌 분무기 도구 살펴보기**

심벌 분무기 도구 를 길게 누르고 있으면 심벌에 관련된 도구들이 나타납니다. 하나씩 살펴보겠습니다.

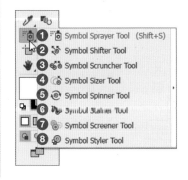

❶ **신벌 분무기 도구** | 심벌을 스프레이로 뿌리듯 분사합니다. Alt 를 누른 채 클릭하면 심벌이 삭제됩니다.

❷ **심벌 이동기 도구** | 심벌을 드래그하여 옮길 수 있습니다.

❸ **심벌 모으기 도구** | 심벌을 모읍니다. Alt 를 누른 채 클릭하면 심벌이 흩어집니다.

❹ **심벌 크기 조절기 도구** | 심벌의 크기를 조절합니다. 그냥 클릭하면 크기가 커지고 Alt 를 누른 채 클릭하면 크기가 작아집니다.

❺ **심벌 회전기 도구** | 심벌의 각도를 조절합니다.

실무에서 많이 사용하는 디자인 소스 만들기

글자에 생명을 불어넣는 타이포그래피

다양한 이펙트로 마법 같은 효과 내기

실제배기 디자인 실전 프로젝트

❻ 심벌 염색기 도구 📷 | 심벌의 색을 변경합니다. 색을 변경한 후 `Alt`를 누른 채 클릭하면 다시 원본 색으로 돌아옵니다.

❼ 심벌 투명기 도구 📷 | 심벌의 투명도를 조절합니다. 투명하게 변경한 후 `Alt`를 누른 채 클릭하면 다시 불투명해집니다.

❽ 심벌 스타일기 도구 📷 | 심벌에 그래픽 스타일을 적용합니다. 그래픽 스타일을 적용한 후 `Alt`를 누른 채 클릭하면 스타일이 취소됩니다.

🖌 심벌을 클립아트처럼 활용하기

09 심벌을 클립아트처럼 사용해보겠습니다. ❶ 도구바에서 선택 도구 ▶ 를 클릭합니다. ❷ [Symbols] 패널에서 심벌 라이브러리 를 클릭하고 ❸ [Grime Vector Pack]을 선택합니다. ❹ [Grime Vector Pack] 패널에서 잉크가 번진 모양의 심벌을 아트보드로 드래그하여 'NEW' 뒤쪽에 배치되게 합니다.

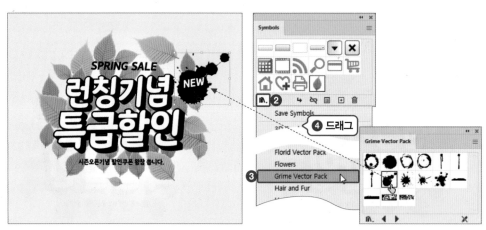

🖌 심벌의 형태 수정하기

10 ❶ [Symbols] 패널에서 잉크가 번진 모양의 심벌을 더블클릭해 심벌 편집 모드로 들어갑니다. ❷ 도구바에서 지우개 도구 📷 를 클릭하고 ❸ 불필요한 부분을 드래그해 지웁니다.

지우개 영역의 크기는 `[`를 누르면 작아지고 `]`를 누르면 커집니다. 크기를 조절해 지우면서 원하는 형태로 만듭니다.

11 Ctrl 을 누른 채 아트보드의 빈 곳을 더블클릭
하여 심벌 편집 모드에서 나옵니다. 이벤트 페이지
가 완성되었습니다.

기능 꼼꼼 익히기 ✏️ **심벌을 완전한 패스로 만들기**

아트보드의 심벌을 클릭해 선택하고 [Object]–[Expand] 메뉴를 선택합니다. [Expand] 대화상자에서 [OK]를 클릭하면 하
나로 묶여 있던 심벌이 개별로 나누어집니다.

[Object]–[Expand] 메뉴를 한 번 더 선택합니다. [Expand] 대화상자에서 [OK]를 클릭하면 완전한 패스로 처리됩니다. 심
벌을 패스로 처리하면 다른 컴퓨터로 파일을 가져갈 때 오류가 나지 않으며 자유롭게 변형할 수 있습니다.

[Symbols] 패널에서 심벌 라이브러리 📖 를 클릭하거나 [Window]–[Symbol Libraries] 메뉴를 선택하면 다양한 종류의 심벌을 꺼내올 수 있습니다. 완성도가 높은 심벌이 많으므로 알아두면 상당히 유용합니다.

❶ 3D Symbols

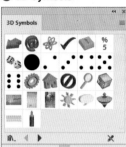

❷ Arrows

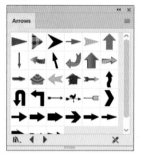

❸ Artistic Textures

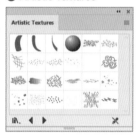

❹ Celebration

❺ Charts

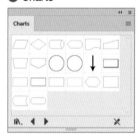

❻ Communication

❼ Dot Pattern Vector Pack

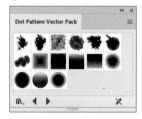

❽ Fashion

❾ Florid Vector Pack

❿ Flowers

Save Symbols...

❶ 3D Symbols
❷ Arrows
❸ Artistic Textures
❹ Celebration
❺ Charts
❻ Communication
❼ Dot Pattern Vector Pack
❽ Fashion
❾ Florid Vector Pack
❿ Flowers
⓫ Grime Vector Pack
⓬ Hair and Fur
⓭ Heirloom
⓮ Illuminate Flow Charts
⓯ Illuminate Org Charts
⓰ Illuminate Ribbons
　Indigenous
⓱ Logo Elements
⓲ Mad Science
⓳ Maps
⓴ Mobile
㉑ Nature
　Regal Vector Pack
　Retro
　Sushi
　Tiki
　Web Buttons and Bars
　Web Icons
　User Defined　　>

Other Library...

⑪ Grime Vector Pack

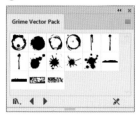

⑫ Hair and Fur

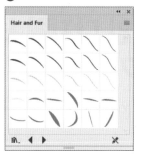

⑬ Heirloom

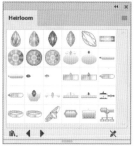

⑭ Illuminate Flow Charts

⑮ Illuminate Org Charts

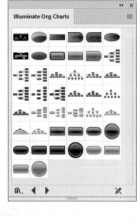

⑯ Illuminate Ribbons indigenous

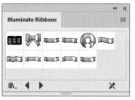

⑰ Logo Elements

⑱ Mad Science

⑲ Maps

⑳ Mobile

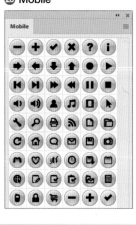

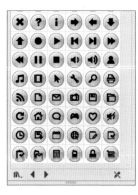

㉑ Nature

06

환상적인 디지털 느낌 표현하기

블렌드 도구로 면과 선이 이어지는 효과 표현하기

☑ **CC 모든 버전**
☐ **CC 2024 버전**

준비 파일 활용/Chapter 01/환상적인 느낌 표현하기.ai, 색상표 만들기.ai
완성 파일 활용/Chapter 01/환상적인 느낌 표현하기_완성.ai, 색상표 만들기_완성.ai

AFTER

이 예제를 따라 하면

블렌드(Blend)는 '섞는다'라는 뜻으로, 일러스트레이터의 블렌드 도구는 두 개 이상의 오브젝트를 섞어 자연스럽게 연결합니다. 오브젝트의 형태를 연결하기도 하고 색이나 투명도를 연결하기도 합니다. 두 개의 오브젝트를 연결하면 신비롭고 재미있는 오브젝트가 만들어집니다. 이번 실습에서는 블렌드 도구를 이용해 환상적인 디지털 느낌을 표현해보겠습니다.

- **블렌드 도구**의 사용법을 익힐 수 있습니다.
- **색이 자연스럽게 섞이는 것**을 표현할 수 있습니다.
- **색이 단계적으로 변하는 것**을 표현할 수 있습니다.

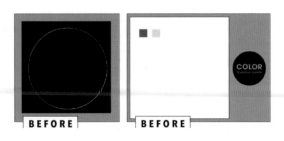

BEFORE   BEFORE

블렌드 도구로 단계가 생성되는 효과 만들기

01 ❶ Ctrl + O 를 눌러 **환상적인 느낌 표현하기**.ai 파일을 불러옵니다. ❷ 선택 도구 ▶ 를 클릭하고 ❸ 원을
클릭합니다. ❹ [Properties]–[Transform] 패널에서 원의 크기를 확인합니다.

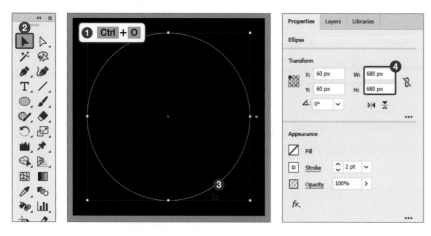

02 원이 선택된 상태에서 ❶ [Object]–[Path]–[Offset Path] 메뉴를 선택합니다. ❷ [Offset Path] 대화
상자에서 [Offset]에 **-300px**을 입력하고 ❸ [OK]를 클릭합니다. 먼저 그린 원보다 -300px만큼 작은 원이
그려졌습니다.

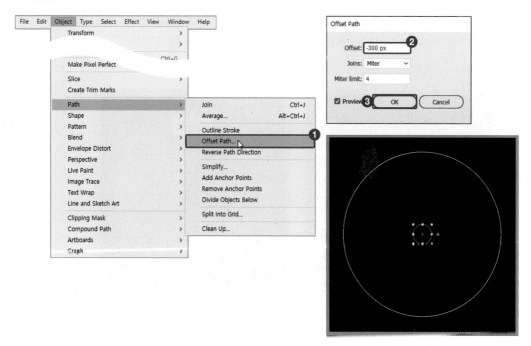

[Offset Path]는 선택한 패스를 입력한 수치대로 크기를 수정하여 복제하는 기능입니다. 같은 자리에 그대로 복제되므로 외곽을 더 두껍게 만들거나 얇게 만들 때 사용하면 매우 유용합니다.

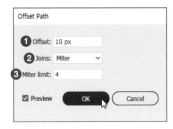

❶ **Offset** | 수치를 입력하면 선택한 오브젝트보다 크거나 작은 크기로 설정할 수 있습니다. 예를 들어 10px을 입력하면 10px만큼 더 큰 오브젝트가 복제되고, −10px을 입력하면 10px만큼 작은 오브젝트가 복제됩니다. 0px을 입력하면 크기를 수정하지 않고 그대로 복제됩니다.

❷ **Joins** | 오브젝트의 모서리 모양을 선택할 수 있습니다.

❸ **Miter limit** | 모서리의 각진 정도를 수치로 정할 수 있습니다.

다음과 같이 어떠한 효과를 주지 않은 일반 패스를 하나 선택하면 [Properties]–[Quick Actions] 패널에 [Offset Path]가 나타납니다. 이 버튼을 클릭해도 [Offset Path] 대화상자를 불러올 수 있습니다. 그러나 패스를 두 개 이상 선택하거나 효과가 적용된 패스를 선택하면 [Offset Path]가 나타나지 않습니다. 이때는 [Object]–[Path]–[Offset Path] 메뉴를 선택하여 [Offset Path]를 적용합니다.

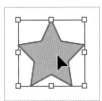

03 ❶ 도구바에서 블렌드 도구 🖾를 더블클릭합니다. ❷ [Blend Options] 대화상자에서 [Spacing]을 [Specified Steps]로 선택하고 ❸ 25를 입력한 후 ❹ [OK]를 클릭합니다. ❺ 작은 원의 선을 클릭하고 ❻ 큰 원의 선을 클릭합니다. 두 원 사이에 25개의 원이 자동으로 생성됩니다.

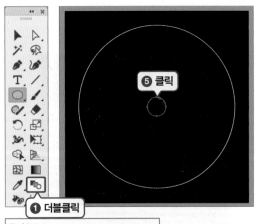

04 ❶ 도구바에서 직접 선택 도구 ▷를 클릭하고 ❷ 빈 곳을 클릭하여 선택을 해제합니다. ❸ 면 외곽의 가장 큰 원을 클릭하여 선택합니다. ❹ [Properties]–[Appearance] 패널에서 [Stroke]의 굵기를 **0.25pt**로 설정합니다. 안쪽에서 바깥쪽으로 갈수록 굵기가 점점 얇아집니다. ❺ 빈 곳을 클릭하여 선택을 해제합니다.

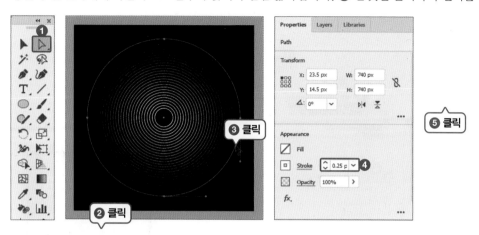

기능 꼼꼼 익히기 ✏️   **블렌드 옵션 수정하기**

블렌드를 적용한 패스를 선택하고 [Properties]–[Quick Actions] 패널에서 [Blend Options]를 클릭하면 [Blend Options] 대화상자가 다시 나타납니다. 옵션을 수정하고 [OK]를 클릭하면 수정한 옵션이 반영됩니다.

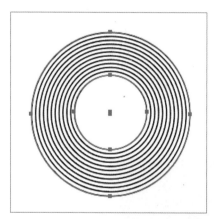

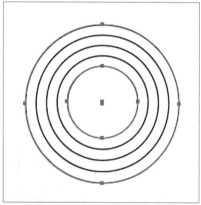

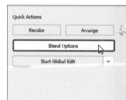

05 ① 도구바에서 사각형 도구📱를 클릭하고 ② 하단의 [칠]을 클릭해서 [칠]이 앞으로 나오게 합니다.
③ [Properties]-[Appearance] 패널에서 [칠]을 클릭한 후 ④ 견본 라이브러리 메뉴📖를 클릭하고 ⑤
[Gradients]-[Spectrums]를 선택합니다. ⑥ [Spectrums] 패널에서 세 번째 그레이디언트를 클릭하고 ⑦
아트보드에 원이 다 가려질 정도로 크게 드래그하여 사각형을 그립니다.

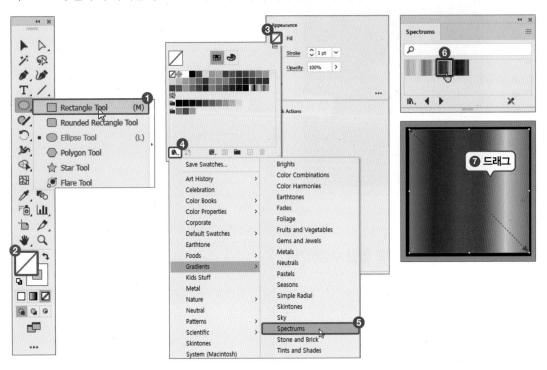

06 ① [Window]-[Transparency] `Shift` + `Ctrl` + `F10` 메뉴를 선택합니다. 무지개색 사각형이 선택된
상태에서 ② [Transparency] 패널의 혼합 모드를 [Darken]으로 선택합니다. 무지개색 사각형과 원이 어둡
게 합성됩니다.

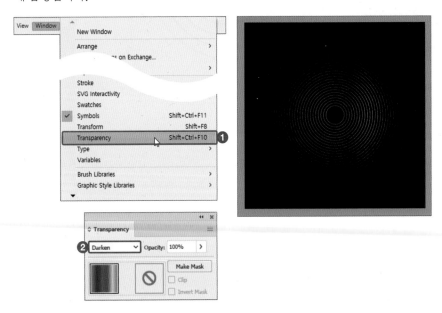

07 이번에는 색이 이어지게 만들어보겠습니다. 먼저 앞에서 만든 오브젝트들이 움직이지 않도록 잠가 보겠습니다. ❶ Ctrl + A 를 눌러 전체 선택한 다음 ❷ Ctrl + 2 를 누릅니다. 선택한 레이어가 모두 잠 깁니다.

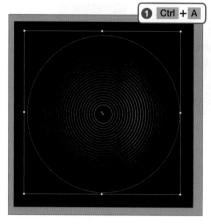

단축키로 레이어 잠그기 레이어가 많을 때는 [Layers] 패널에서 레이어를 일일이 선택하고 잠그기 어렵습니다. 이때는 잠그려는 오브젝트를 선택하고 Ctrl + 2 를 누르면 레이어가 잠 깁니다. 반대로 Ctrl + Alt + 2 를 누르면 잠금이 해제됩니다.

08 ❶ [Layers] 패널에서 [title] 레이어의 숨김 칸을 클릭해 타이틀을 보이게 합니다. ❷ 블렌드 도구 를 더블클릭합니다. ❸ [Blend Options] 대화상자에서 [Spacing]을 [Specified Steps]로 선택하고 ❹ 200 을 입력합니다. ❺ [OK]를 클릭합니다.

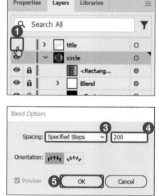

09 ❶ 첫 번째 원의 중심을 클릭하고 ❷ 두 번째 원의 중심을 클릭합니다. ❸ 나머지 원들도 차례대로 클릭합니다. 원이 이어집니다.

예제처럼 원이 연결되지 않는다면 원 안쪽 면을 클릭하지 않고 원의 외곽선을 클릭한 경우입니다. 반드시 원 안쪽 면을 클릭하여 연결합니다.

10 ❶ Ctrl + A 를 눌러 이어진 원과 연두색 선을 함께 선택합니다. ❷ [Object]-[Blend]-[Replace Spine] 메뉴를 선택합니다. 입체적인 타이틀이 완성되었습니다.

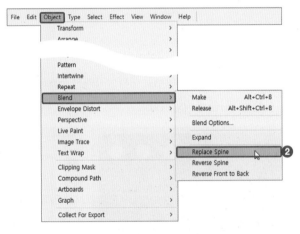

블렌드 취소하기
블렌드가 적용된 오브젝트를 선택하고 [Object]-[Blend]-[Release] 메뉴를 선택하면 적용된 블렌드가 취소됩니다.

블렌드 도구 ▣ 를 더블클릭하면 [Blend Options] 대화상자가 나타납니다. [Blend Options] 대화상자의 [Spacing]에서
오브젝트 연결 방식을 선택할 수 있습니다. 하나씩 살펴보겠습니다.

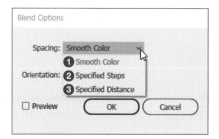

▲ 원본

❶ Smooth Color | 두 오브젝트의 색을 부드럽게 이어줍니다.

❷ Specified Steps | 두 오브젝트를 단계별로 나누어 이어주고, 단계의 개수를 조절할 수 있습니다.

❸ Specified Distance | 두 오브젝트를 단계별로 나누어 이어주고, 단계와 단계 사이의 거리를 조절할 수 있습니다.

적용한 블렌드를 취소하려면 블렌드가 적용된 패스를 선택하고 [Object] – [Blend] – [Release] 메뉴를 선택하거나 Ctrl +
Alt + Shift + B 를 누릅니다.

블렌드 도구로 색상표 만들기

11 ❶ Ctrl + O 를 눌러 **색상표 만들기.ai** 파일을 불러옵니다. ❷ 선택 도구▶로 ❸ 빨간색 사각형을 클릭하여 선택합니다. ❹ [Properties]-[Transform] 패널에서 사각형의 크기를 확인합니다.

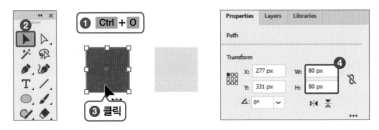

12 ❶ 선택 도구▶로 드래그하여 두 사각형을 함께 선택하고 ❷ 빨간색 사각형을 한 번 더 클릭합니다. 빨간색 사각형이 키 오브젝트(기준)로 지정되었습니다. ❸ [Properties]-[Align] 패널의 더 보기 ⋯를 클릭하고 ❹ [Distribute Spacing]에 **640px**을 입력한 후 ❺ 가로 간격 ⬛을 클릭합니다. 두 사각형 사이의 간격이 640px이 됩니다.

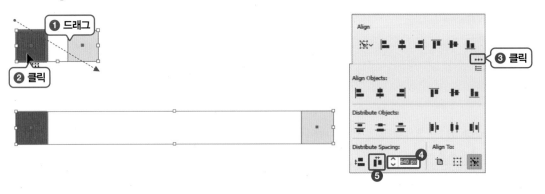

13 ❶ 블렌드 도구 ▣를 더블클릭합니다. ❷ [Blend Options] 대화상자에서 [Spacing]을 [Specified Steps]로 선택하고 ❸ 8을 입력한 후 ❹ [OK]를 클릭합니다. ❺ 빨간색 사각형을 클릭하고 ❻ 노란색 사각형을 클릭합니다. 두 사각형 사이에 사각형 여덟 개가 자동으로 생성되어 색상표가 만들어졌습니다.

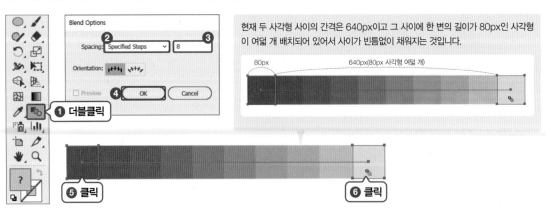

현재 두 사각형 사이의 간격은 640px이고 그 사이에 한 변의 길이가 80px인 사각형이 여덟 개 배치되어 있어서 사이가 빈틈없이 채워지는 것입니다.

14 색상표를 복제해보겠습니다. 선택 도구 ▶로 Alt 를 누른 채 아래로 드래그하다가 Shift 를 눌러 수직
으로 복제합니다.

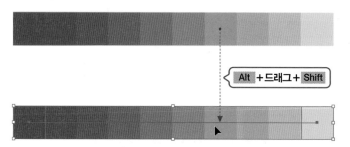

Alt +드래그+ Shift

15 ❶ 아트보드의 빈 곳을 클릭하여 선택을 해제합니다. ❷ 직접 선택 도구 ▶로 ❸ 맨 오른쪽 사각형을
클릭합니다. ❹ [Properties]-[Appearance] 패널에서 [칠]을 클릭하고 ❺ 녹색을 선택합니다.

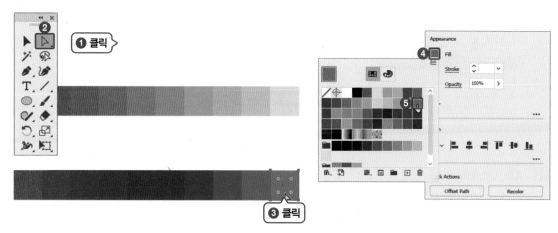

16 ❶ 맨 왼쪽 사각형을 클릭합니다. ❷ [Properties]-[Appearance] 패널에서 [칠]을 클릭하고 ❸ 노란
색을 선택합니다.

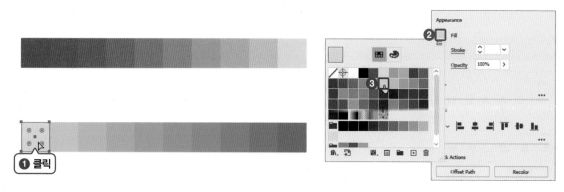

17 ① 선택 도구▶로 전체 드래그하여 두 색상표를 함께 선택합니다. ② [Object]-[Expand] 메뉴를 선택하고 ③ [Expand] 대화상자가 나타나면 [OK]를 클릭합니다. 패스로 처리됩니다.

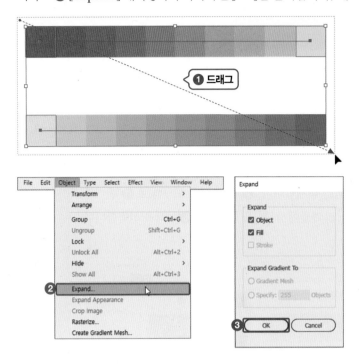

18 ① 선택 도구▶로 전체 드래그하여 두 색상표를 함께 선택합니다. ② 위에 있는 색상표를 한 번 더 클릭해 키 오브젝트(기준)로 지정합니다. ③ [Properties]-[Align] 패널에서 더 보기⋯를 클릭하고 ④ [Distribute Spacing]에 **640px**을 입력한 후 ⑤ 세로 간격▤을 클릭합니다. 두 색상표 사이의 간격이 640px이 됩니다.

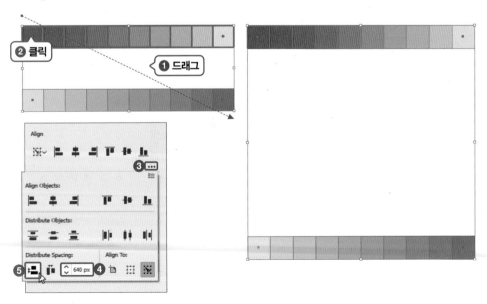

19 ❶ 도구바에서 블렌드 도구 ⟨아이콘⟩를 더블클릭합니다. ❷ [Blend Options] 대화상자에서 [Spacing]을 [Specified Steps]로 선택하고 ❸ 8을 입력한 후 ❹ [OK]를 클릭합니다. ❺ 위에 있는 색상표를 클릭하고 ❻ 아래에 있는 색상표를 클릭합니다. 두 색상표 사이에 중간 색상표 여덟 개가 자동으로 생성됩니다.

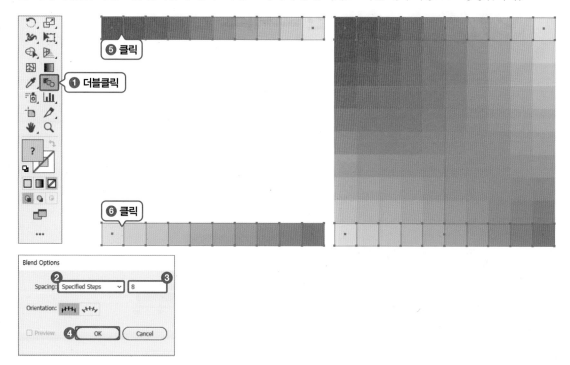

20 아트보드 오른쪽에 있는 검은색 타이틀 원을 드래그하여 가운데로 이동합니다. 완성입니다.

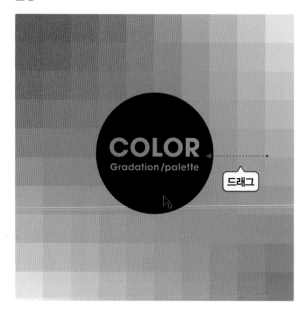

LESSON 07

수치가 한눈에 보이는
정확한 그래프 만들기

데이터를 입력하여 그래프 도구로 그래프 쉽게 그리기

☑ **CC 모든 버전**
☐ **CC 2024 버전**

준비 파일 활용/Chapter 01/디자인 그래프 만들기.ai
완성 파일 활용/Chapter 01/그래프 만들기_완성.ai, 디자인 그래프 만들기_완성.ai

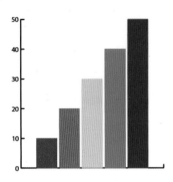

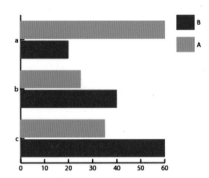

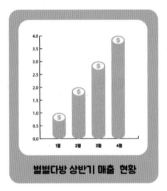

별별다방 상반기 매출 현황

| A F T E R |

이 예제를 따라 하면

그래프는 객관화된 데이터를 시각적으로 표현해야 하므로 눈짐작으로 그린다면
시간이 오래 걸리고 정확성도 떨어집니다. 일러스트레이터에서는 데이터를 입력
하여 그래프를 그릴 수 있습니다. 막대, 방사선, 분산 등 다양한 종류의 그래프를
선택할 수 있고 디자인을 만들어 사용할 수도 있습니다. 이번 실습에서는 간단
한 데이터를 이용해 다양한 종류의 그래프를 그려보겠습니다.

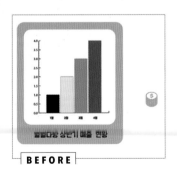

별별다방 상반기 매출 현황

| B E F O R E |

- 막대그래프를 비롯하여 다양한 그래프를 그릴 수 있습니다.
- 그래프의 종류와 디자인을 수정할 수 있습니다.
- 디자인 그래프를 그릴 수 있습니다.

기본 막대그래프 그리기

01 ❶ Ctrl + N 을 눌러 ❷ [Print] 탭을 클릭하고 ❸ A4 크기의 새 아트보드를 만듭니다.

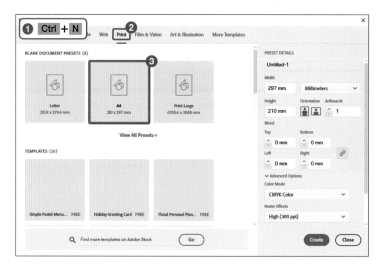

02 ❶ 도구바에서 막대그래프 도구 📊를 클릭합니다. ❷ 아트보드의 빈 곳을 클릭합니다. ❸ [Graph] 대화상자가 나타나면 [Width]와 [Height]에 **70mm**를 입력하고 ❹ [OK]를 클릭합니다.

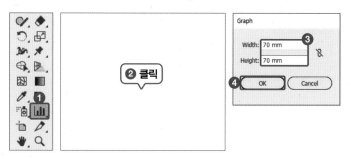

03 데이터를 입력할 수 있는 대화상자가 나타납니다. ❶ 첫 번째 칸을 클릭하고 **10**을 입력합니다. ❷ 두 번째 칸을 클릭하고 **20**을 입력합니다. ❸ 같은 방법으로 **30, 40, 50**을 입력하고 ❹ 적용 ✓을 클릭한 후 ❺ 닫기 ✖를 클릭합니다.

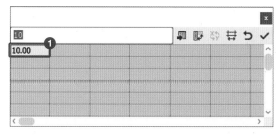 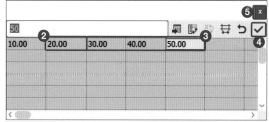

04 세로 막대그래프가 만들어졌습니다. 이제 그래프를 멋지게 디자인해보겠습니다. ❶ 직접 선택 도구 ▷를 클릭하고 ❷ 그래프의 첫 번째 막대만 클릭해 선택합니다. ❸ [Properties]-[Appearance] 패널에서 [칠]을 빨간색으로 설정하고 ❹ [획]은 ❺ 비활성화를 클릭합니다. 첫 번째 막대의 색이 변경됩니다.

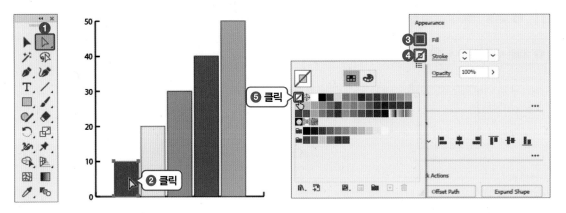

05 같은 방법으로 다른 막대의 색도 모두 변경하여 완성합니다.

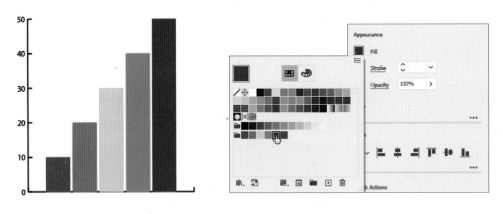

✏️ 범례가 있는 막대그래프 그리기

06 ❶ 도구바에서 막대그래프 도구📊를 클릭합니다. ❷ 아트보드의 빈 곳을 클릭하고 ❸ [Graph] 대화 상자가 나타나면 [Width]와 [Height]에 **70mm**를 입력하고 ❹ [OK]를 클릭합니다.

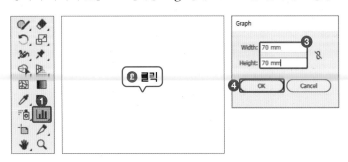

07 범례가 있는 데이터를 입력해보겠습니다. ❶ 데이터 입력 대화상자에서 첫 번째 칸을 클릭하고 Delete 를 누릅니다. ❷ 두 번째 칸을 클릭하고 A를 입력합니다. ❸ 세 번째 칸을 클릭하고 B를 입력합니다. ❹ 같은 방식으로 왼쪽 행에 a, b, c를 차례로 입력합니다.

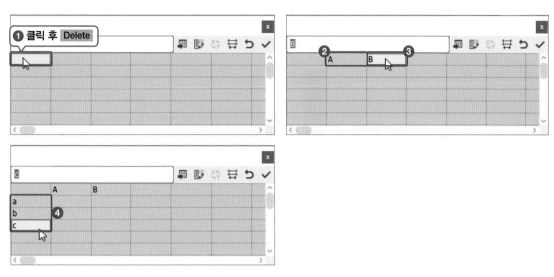

08 ❶ 다음으로 a행에 15, 20을 입력합니다. ❷ b행에 25, 40을 입력합니다. ❸ c행에 35, 60을 입력합니다. ❹ 적용✅을 클릭하고 ❺ 닫기✖를 클릭합니다.

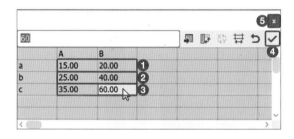

09 직접 선택 도구▷로 범례와 막대를 하나씩 선택한 후 [Properties]-[Appearance] 패널에서 ❶ [칠]을 원하는 색으로 수정하고 ❷ [획]은 ❸ 비활성화합니다. 범례가 있는 막대그래프가 완성되었습니다.

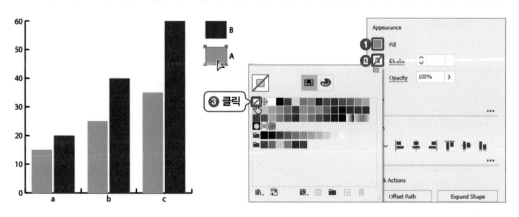

그래프의 데이터 수정하기

10 그래프의 데이터를 수정해보겠습니다. ❶ 선택 도구▶를 클릭한 후 ❷ 앞서 그린 막대그래프를 클릭하여 선택합니다. ❸ [Properties]–[Quick Actions] 패널에서 [Graph Data]를 클릭합니다.

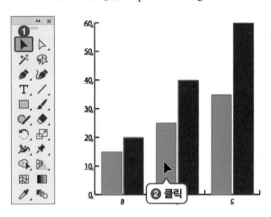

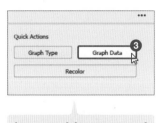

[Properties]–[Quick Actions] 패널에 [Graph Data]가 없다면 [Object]–[Graph]–[Data] 메뉴를 선택합니다.

11 데이터 입력 대화상자가 다시 나타납니다. ❶ 첫 번째 칸을 클릭하고 60으로 수정합니다. ❷ 적용☑을 클릭하고 ❸ 닫기✕를 클릭합니다. 데이터가 수정되어 그래프의 모양이 변경되었습니다.

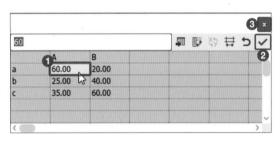

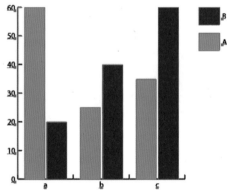

기능 꼼꼼 익히기 ✏️ 데이터 입력 대화상자 알아보기

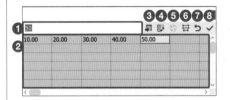

❶ **텍스트 박스** | 데이터를 입력합니다.

❷ **데이터 영역** | 데이터를 수치로 나타냅니다. 칸을 선택하면 텍스트 박스에서 수치를 수정할 수 있습니다.

❸ ▥ | 데이터 파일을 불러올 수 있습니다.

❹ ▤ | 데이터 입력 대화상자의 가로세로 배열을 바꿀 수 있습니다.

❺ ▨ | 분산형 그래프일 경우 X와 Y의 좌표를 바꿀 수 있습니다.

❻ ▦ | 셀 크기를 조정할 수 있습니다.

❼ ↺ | 데이터 입력 대화상자에 입력된 수치를 초기화할 수 있습니다.

❽ ☑ | 입력한 데이터를 그래프에 적용합니다.

그래프의 종류 수정하기

12 그래프의 종류를 수정해보겠습니다. ❶ 선택 도구▶로 앞서 그린 막대그래프를 클릭하여 선택합니다. ❷ [Properties]-[Quick Actions] 패널에서 [Graph Type]을 클릭합니다. ❸ [Graph Type] 대화상자가 나타나면 가로 막대그래프 도구▤를 클릭하고 ❹ [OK]를 클릭합니다. 세로 막대그래프가 가로 막대그래프로 변경됩니다.

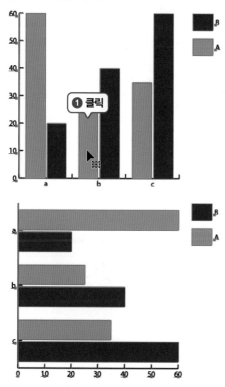

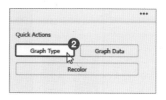

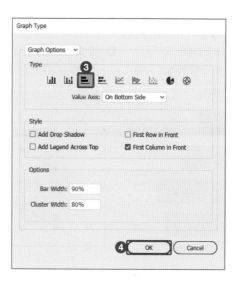

실무에서 많이 사용하는 디자인 소스 만들기

글자에 생명을 불어넣는 타이포그래피

다양한 이펙트로 마법 같은 효과 내기

알짜배기 디자인, 실전 프로젝트

기능 꼼꼼 익히기 ✏ **[Graph Type] 대화상자 알아보기**

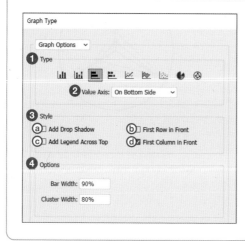

❶ **Type** | 아홉 개의 그래프 중에 선택할 수 있습니다.

❷ **Value Axis** | 그래프 눈금 축의 위치를 왼쪽, 오른쪽, 양쪽으로 선택할 수 있습니다.

❸ **Style**

ⓐ **Add Drop Shadow** | 그래프에 그림자를 삽입합니다.

ⓑ **First Row in Front** | 바가 겹칠 때 첫 행의 바를 맨 앞에 둡니다.

ⓒ **Add Legend Across Top** | 범례를 위쪽에 표시합니다.

ⓓ **First Column in Front** | 바가 겹칠 때 첫 열의 바를 맨 앞에 둡니다.

❹ **Options** | 막대그래프라면 막대의 폭과 높이를 조절할 수 있습니다.

도구바에서 막대그래프 도구 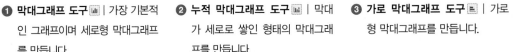 를 길게 누르면 여러 그래프 도구가 나타납니다. 하나씩 살펴보겠습니다.

① **막대그래프 도구** 📊 | 가장 기본적인 그래프이며 세로형 막대그래프를 만듭니다.

② **누적 막대그래프 도구** 📊 | 막대가 세로로 쌓인 형태의 막대그래프를 만듭니다.

③ **가로 막대그래프 도구** 📊 | 가로형 막대그래프를 만듭니다.

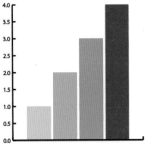

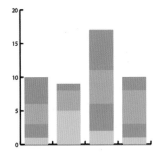

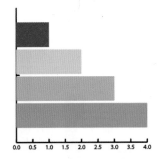

④ **가로 누적 막대그래프 도구** 📊 | 막대가 가로로 쌓인 형태의 막대그래프를 만듭니다.

⑤ **선 그래프 도구** 📈 | 꺾은선 그래프를 만듭니다.

⑥ **영역 그래프 도구** 📊 | 영역을 면으로 처리한 그래프를 만듭니다.

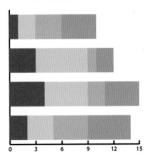

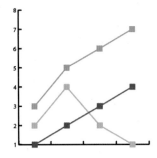

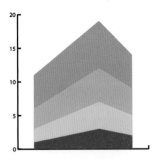

⑦ **산포 그래프 도구** 📊 | 분사형 그래프를 만듭니다.

⑧ **파이 그래프 도구** 🥧 | 파이 형태의 원그래프를 만듭니다.

⑨ **레이더 그래프 도구** ◉ | 방사형 그래프를 만듭니다.

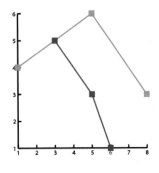

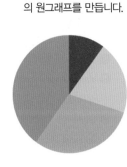

막대그래프에 디자인 적용하기

13 Ctrl + O 를 눌러 **디자인 그래프 만들기.ai** 파일을 불러옵니다. 막대그래프 도구 로 그린 그래프가 있습니다. 이 단순한 그래프에 디자인을 적용해보겠습니다.

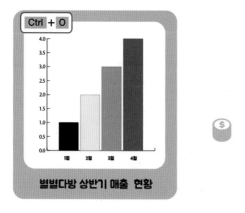

14 ❶ 선 도구 를 클릭합니다. ❷ Shift 를 누른 채 원기둥 가운데를 드래그하여 직선을 만듭니다. ❸ 선이 선택된 상태에서 [View]-[Guides]-[Make Guides] 메뉴를 선택합니다. 선이 가이드 선으로 바뀝니다.

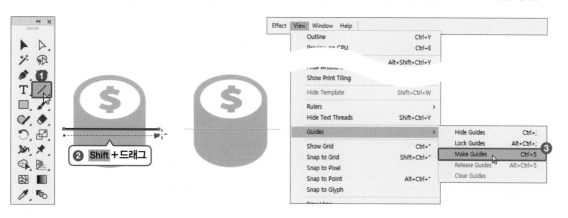

기능 꼼꼼 익히기 ✎ **가이드가 안 만들어져요!**

[View]-[Guides] 메뉴를 선택하고 ❶, ❷ 가 다음과 같지 않으면 가이드가 사라지거나 선택되지 않습니다. ❶ [Hide Guides]가 아닌 [Show Guides]라면 [Show Guides] 메뉴를 선택하여 [Hide Guides]로 변경합니다. ❷ [Lock Guides]가 아닌 [Unlock Guides]라면 [Unlock Guides] 메뉴를 선택하여 [Lock Guides]로 변경합니다.

15 ❶ 선택 도구 로 원기둥과 가이드 선을 모두 드래그하여 함께 선택합니다. ❷ [Object]−[Graph]−
[Design] 메뉴를 선택합니다.

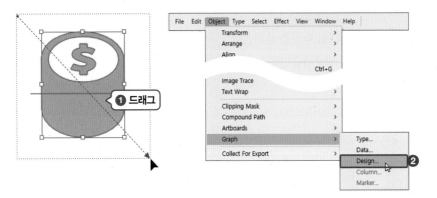

16 ❶ [Graph Design] 대화상자가 나타나면 [New Design]을 클릭합니다. ❷ [Rename]을 클릭하고
❸ [Name]에 **돈기둥**을 입력한 후 ❹ [OK]를 클릭합니다. ❺ [Graph Design] 대화상자의 [OK]를 클릭합니
다. 디자인이 등록되었습니다.

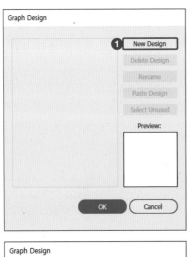

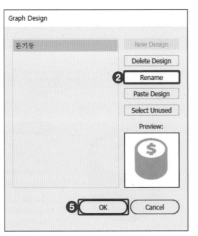

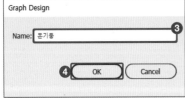

17 등록한 '돈기둥'을 막대그래프에 적용해보겠습니다. ❶ 막대그래프 옆에 있는 원기둥은 이미 등록했으니 클릭하여 선택하고 ❷ Delete 를 눌러 삭제합니다. ❸ 선택 도구 ▶로 막대그래프를 클릭하여 선택하고 ❹ [Object]−[Graph]−[Column] 메뉴를 선택합니다.

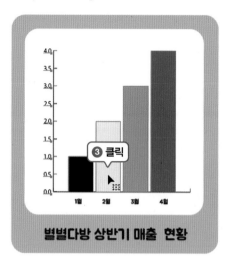

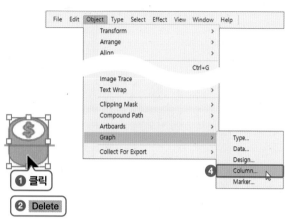

18 ❶ [Graph Column] 대화상자에서 [돈기둥]을 클릭하여 선택하고 ❷ [Column Type]을 [Sliding]으로 선택한 후 ❸ [OK]를 클릭합니다. 막대그래프가 모두 원기둥 모양으로 변경되었습니다.

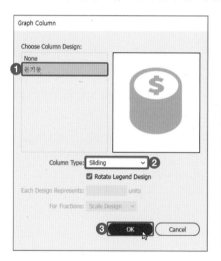

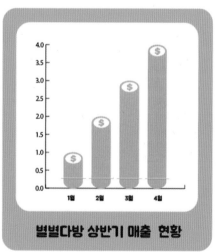

원기둥에 표시되어 있는 가이드 선은 일러스트레이터 파일 안에서만 보이는 선입니다. 가이드 선을 숨기고 싶다면 [View]−[Guides]−[Hide Guides] 메뉴를 선택합니다.

그래프를 그리고 [Object]–[Graph]–[Column] 메뉴를 선택하면 [Graph Column] 대화상자가 나타납니다. [Graph Column] 대화상자에서는 그래프에 디자인을 어떻게 적용할 것인지 정할 수 있습니다.

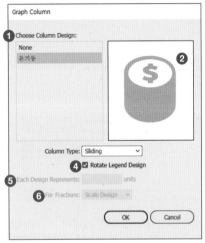 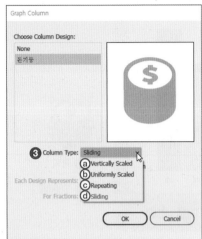

❶ **Choose Column Design** | 등록한 디자인 목록입니다. 클릭하여 선택할 수 있습니다.

❷ 디자인을 선택하면 이미지를 미리 확인할 수 있습니다.

❸ **Column Type** | 선택한 디자인을 어떠한 형식으로 적용할지 네 가지 중에 선택할 수 있습니다.

ⓐ **Vertically Scaled** | 수치에 따라 오브젝트의 세로 길이가 늡니다.

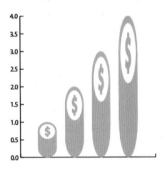

ⓑ **Uniformly Scaled** | 수치에 따라 오브젝트의 전체 크기가 늡니다.

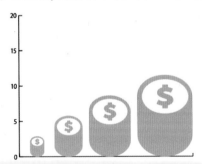

ⓒ **Repeating** | 수치에 따라 오브젝트의 개수가 늡니다. [Repeating]을 선택하면 [Each Design Represents]에 수치를 입력해야 합니다. 10units이면 한 개의 원기둥은 10을 의미합니다.

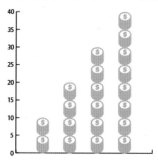

ⓓ **Sliding** | 수치에 따라 가이드 선을 그은 부분이 늡니다.

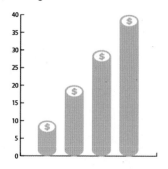

❹ **Rotate Legend Design** | [Rotate Legend Design]에 체크하면 그래프 오른쪽의 범례가 90° 회전합니다.

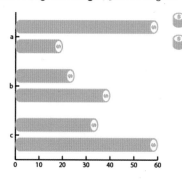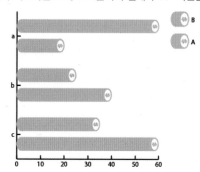

❺ **Each Design Represents** | [Column Type]을 [Repeating]으로 설정하면 선택한 디자인의 단위를 설정합니다. 예를 들어 1units이면 한 개의 원기둥은 1을 의미하고, 2units이면 한 개의 원기둥은 2를 의미합니다.

❻ **For Fractions** | [Column Type]을 [Repeating]으로 설정하면 그래프에서 소수점은 어떻게 보여줄지 설정합니다.

텍스트는 정보를 전달하는 역할을 합니다.
타이포그래피는 텍스트에 디자인을 접목하여
정보뿐만 아니라 감정이나 의미도 함께 전달하므로
실무에서 많이 사용합니다.
타이포그래피 하나만 잘 만들어도
디자인의 퀄리티가 매우 좋아집니다.
텍스트를 편집하고 효과를 적용하여
다양한 타이포그래피를 만들어보겠습니다.

CHAPTER 02

글자에 생명을 불어넣는
타이포그래피

빈티지한 질감의
스탬프 타이포그래피 만들기

질감과 클리핑 마스크를 활용하여 텍스트 디자인하기

☑ **CC 모든 버전**
☐ **CC 2024 버전**

준비 파일 활용/Chapter 02/스탬프 질감.jpg
완성 파일 활용/Chapter 02/빈티지한 질감의 스탬프 타이포그래피_완성.ai

└ **A F T E R** ┘

이 예제를 따라 하면

글자에 질감을 적용하거나 효과를 주면 독특한 느낌을 연출할 수 있어
타이틀을 디자인할 때 많이 사용합니다. 이번 실습에서는 클리핑 마스
크로 텍스트에 거친 질감을 적용하여 빈티지한 질감의 스탬프 느낌을
표현해보겠습니다.

B E F O R E

- 질감 이미지를 활용해볼 수 있습니다.
- 클리핑 마스크를 활용해볼 수 있습니다.

클리핑 마스크로 텍스트에 질감 적용하기

01 ❶ Ctrl + N 을 눌러 새 아트보드를 만듭니다. ❷ [File]-[Place] 메뉴를 선택하고 [Place] 대화상자가 나타나면 **스탬프 질감.jpg** 파일을 선택한 후 ❸ [Place]를 클릭합니다. ❹ 아트보드의 빈 곳을 클릭합니다.

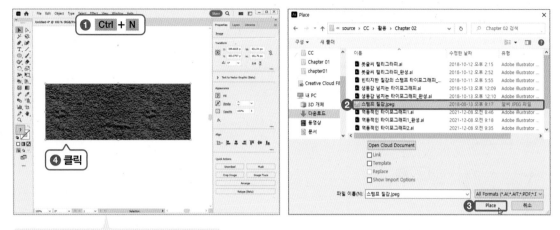

스탬프 질감.jpg 파일은 직접 수건을 스캔한 파일입니다.

02 ❶ 선택 도구▶로 스탬프 질감 이미지를 클릭합니다. ❷ [Properties]-[Quick Actions] 패널에서 [Image Trace]를 클릭하고 ❸ [Default]를 선택합니다.

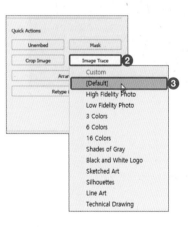

03 ❶[Image Trace] 패널의 옵션▤을 클릭합니다. ❷[Image Trace] 패널이 나타나면 [Threshold]를
120으로 설정합니다.

 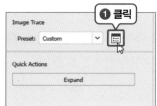

04 [Properties]–[Quick Actions] 패널에서 [Expand]를 클릭하여 패스로 처리합니다.

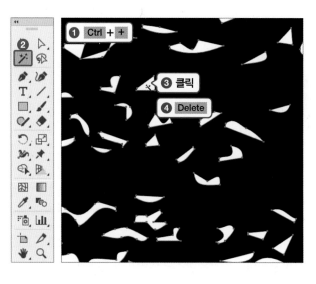

05 ❶ Ctrl + + 를 여러 번 눌러 화면을 확대합니다. ❷ 도구바에서 자동 선택 도구 를 클릭하고 ❸ 흰색 면을 클릭합니다. ❹ Delete 를 눌러 흰색 면을 삭제합니다.

06 ❶ 선택 도구 로 검은색 면을 클릭하여 모두 선택하고 ❷ [Properties]-[Appearance] 패널에서 [칠]을 ❸ 파란색으로 설정합니다.

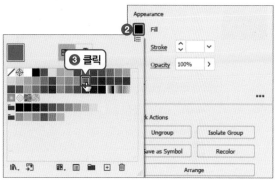

07 ❶ 도구바에서 문자 도구 T 를 클릭한 후 ❷ 아트보드의 빈 곳을 클릭해 PASSED를 입력합니다. ❸ [Properties]-[Character] 패널에서 글꼴은 Arial, 스타일은 Black으로 설정하고 ❹ 크기는 85pt로 설정합니다.

08 ❶선택 도구 ▶를 클릭합니다. ❷입력해둔 'PASSED'를 질감 위로 드래그하여 옮깁니다.

09 ❶크게 드래그하여 질감과 글씨를 모두 선택한 후 ❷마우스 오른쪽 버튼을 클릭하여 [Make Clipping Mask]를 선택합니다. 글씨는 마스크 영역이 되고 하위 레이어인 질감은 마스크 영역 안에서만 보이게 됩니다.

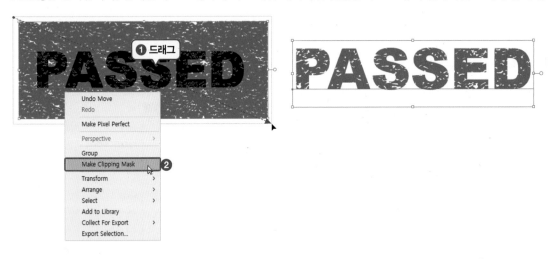

10 [Type]-[Create Outlines] Shift + Ctrl + O 메뉴를 선택합니다. 글자가 패스로 처리되었습니다.

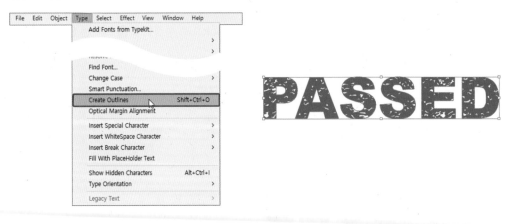

11 같은 방법으로 다른 글씨도 만들어보고 간단한 도형으로 스탬프 느낌을 만들어보세요.

기능 꼼꼼 익히기 ✎ **타이틀에 그래픽 스타일 적용하기**

[Window]–[Graphic Styles] Shift + F5 메뉴를 선택하면 [Graphic Styles] 패널이 나타납니다. 글자에 그래픽 스타일을 적용하면 클릭 몇 번만으로도 화려한 타이틀을 디자인할 수 있습니다. 그래픽 스타일은 패스에 스타일을 적용하는 것입니다. 단순하게 색이나 그레이디언트를 적용하는 것이 아니라 네온, 3D 등 다양한 스타일을 적용할 수 있습니다.

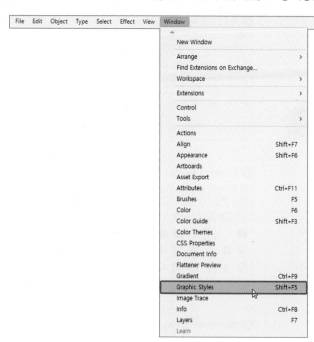

그래픽 스타일 적용하는 방법

오브젝트를 선택하고 [Graphic Styles] 패널에서 원하는 스타일을 클릭하면 적용됩니다.

그래픽 스타일의 종류

[Graphic Styles] 패널의 그래픽 스타일 라이브러리 를 클릭하면 다양한 종류의 스타일이 나타납니다. 하나씩 살펴보겠습니다.

❶ 3D Effects

❷ Additive for Blob Brush

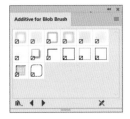

❸ Additive

❹ Artistic Effects

❺ Buttons and Rollovers

❻ Illuminate Styles

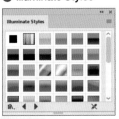

❼ Image Effects

❽ Neon Effects

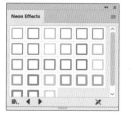

❾ Scribble Effects

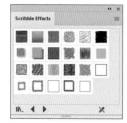

❿ Textures

⓫ Type Effects

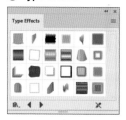

⓬ Vonster Pattern Styles

붓으로 직접 쓴 듯한
캘리그래피 느낌 표현하기

폭 도구 활용하여 선의 굵기 자유자재로 수정하기

☑ **CC 모든 버전**
☐ **CC 2024 버전**

준비 파일 활용/Chapter 02/붓글씨 캘리그래피.ai
완성 파일 활용/Chapter 02/붓글씨 캘리그래피_완성.ai

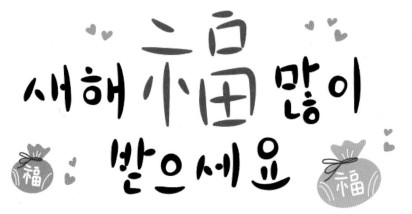

━ A F T E R ━

이 예제를 따라 하면

캘리그래피를 직접 쓰지 않아도 붓으로 직접 쓴 듯한 느낌을 표현할 수 있습니다. 이번 실습에서는 폭 도구로 선에 강약을 주어 캘리그래피 느낌을 표현해보겠습니다.

- **폭 도구**를 다양하게 활용해볼 수 있습니다.

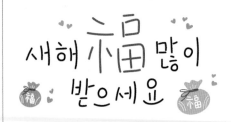

━ B E F O R E ━

폭 도구로 붓글씨 캘리그래피 느낌 표현하기

01 ❶ Ctrl + O 를 눌러 **붓글씨 캘리그래피.ai** 파일을 불러옵니다. ❷ Ctrl + + 를 여러 번 눌러 화면을 확대합니다. ❸ 도구바에서 폭 도구 ⬛를 클릭합니다. ❹ 선 위에 마우스 포인터를 올리면 마우스 포인터의 모양이 ⬛로 변합니다. ❺ 이때 선 바깥쪽으로 드래그하면 드래그한 만큼 선이 굵어집니다.

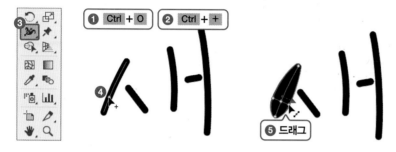

02 같은 방법으로 폭 도구 ⬛를 이용해 모든 선의 굵기를 조절합니다.

03 잘못 표현한 굵기를 수정해보겠습니다. ❶ 폭 도구 ⬛로 적용한 고정점에 마우스 포인터를 올리면 마우스 포인터의 모양이 ⬛로 변합니다. ❷ 이때 외곽의 조절점을 드래그하여 굵기를 수정합니다.

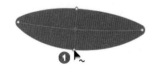 

04 모든 선의 굵기를 한번에 수정해보겠습니다. ❶ Ctrl + A 를 누릅니다. 캘리그래피 이외의 오브젝트는 레이어가 잠겨 있으므로 선만 선택됩니다. ❷ [Properties]-[Appearance] 패널에서 [Stroke]의 굵기를 9pt로 설정합니다. 선 전체의 굵기가 한번에 수정되었습니다.

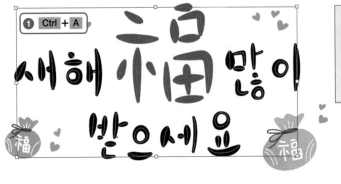
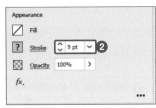

05 ❶ 선택 도구 ▶로 전체를 드래그하여 선택하고 ❷ [Object]-[Expand Appearance] 메뉴를 선택합니다. 선에 적용했던 효과들이 패스로 처리됩니다.

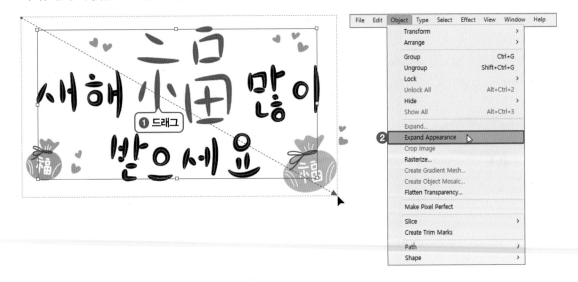

폭 도구로 굵기 조절하기

폭 도구 ✎는 패스 선의 바깥쪽으로 드래그한 만큼 선의 굵기가 정해집니다. 많이 드래그하면 많이 굵어지고 조금만 드래그하면 조금만 굵어집니다. 폭 도구로 선의 여러 지점을 드래그하면 다양한 굵기의 선이 만들어집니다.

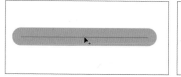

▲ 원본

▲ 많이 드래그한 경우

▲ 조금만 드래그한 경우

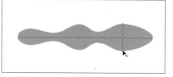

▲ 선의 여러 지점을 드래그한 경우

폭 도구 쉽게 적용하기

선을 선택하고 [Properties]–[Appearance] 패널의 [Stroke]를 클릭합니다. [Stroke] 패널의 [Profile]을 클릭하면 여러 가지 모양의 선이 나타납니다. 그중 하나를 선택하면 해당하는 선이 적용됩니다. 이렇게 적용한 선은 폭 도구를 이용하는 것보다 더 섬세하게 수정할 수 있습니다.

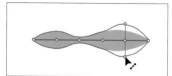

적용한 폭 도구 취소하기

폭 도구 ✎로 굵기를 조절한 선을 선택하고 [Properties]–[Appearance] 패널의 [Stroke]를 클릭한 후 [Profile]을 ── Uniform 으로 선택합니다. 다시 굵기가 일정한 선으로 변경됩니다.

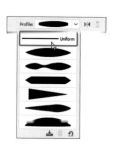

역동적인 느낌의 타이포그래피 만들기

Make with Top Object로 글자 왜곡하고
다양한 방법으로 색 적용하기

☑ **CC 모든 버전**
☐ **CC 2024 버전**

준비 파일 활용/Chapter 02/역동적인 타이포그래피1~3.ai
완성 파일 활용/Chapter 02/역동적인 타이포그래피1~3_완성.ai

AFTER

BEFORE

이 예제를 따라 하면

타이포그래피란 글자로 구성한 디자인을 말합니다. 글자가 전달하는 정보뿐만 아니라 감정이나 의미도 함께 전달하며, 마치 글로 그림을 그리듯 자유로운 레이아웃이 특징입니다. 이번 실습에서는 글씨를 왜곡하여 역동적인 느낌의 타이포그래피를 만들어보겠습니다.

- Make with Top Object로 오브젝트 모양에 따라 왜곡되는 글자를 만들 수 있습니다.
- Color Guide로 색을 적용할 수 있습니다.
- 어도비 컬러(Adobe Color)로 색을 적용할 수 있습니다.

Make with Top Object로 글자를 올록볼록하게 왜곡하기

01 ❶ Ctrl + O 를 눌러 **역동적인 타이포그래피1.ai** 파일을 불러옵니다. ❷ 선택 도구▶를 클릭한 후 ❸ 빨간색 선을 클릭하여 선택합니다. 빨간색 선이 그룹으로 묶여 있으므로 함께 선택됩니다. ❹ [Object]- [Path]-[Outline Stroke] 메뉴를 선택합니다. 선이 면으로 바뀝니다.

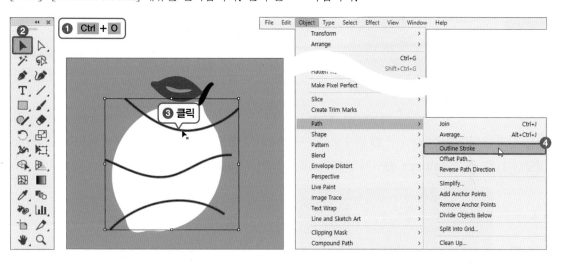

02 ❶ Shift 를 누른 채 흰색 면을 클릭하여 함께 선택합니다. ❷ [Properties]-[Pathfinder] 패널에서 앞쪽 지우기▣를 클릭합니다. 면이 겹쳐진 부분은 삭제됩니다.

03 ❶ Ctrl + Shift + G 를 눌러 그룹을 해제합니다. ❷[Layers] 패널에서 그룹이 해제된 것을 확인합니다.

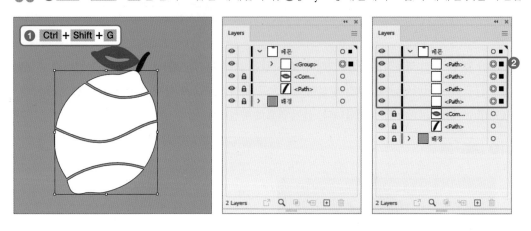

04 글자를 입력해보겠습니다. ❶ 문자 도구 T 를 클릭하고 ❷ 아트보드의 빈 곳을 클릭해 LEMON을 입력합니다. ❸ 글꼴은 Impact, ❹ 크기는 100pt로 설정합니다. ❺ 글자의 색은 노란색으로 설정합니다.

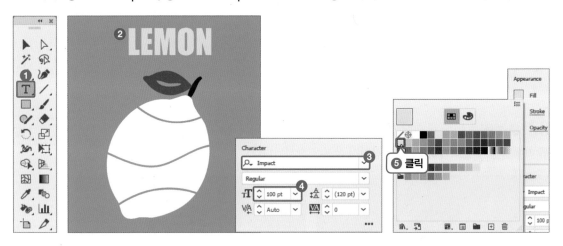

05 ❶ 선택 도구 ▶ 로 앞서 입력한 'LEMON'을 클릭하여 선택합니다. ❷ [Type]−[Create Outlines] Shift + Ctrl + O 메뉴를 선택하여 글자를 패스로 처리합니다.

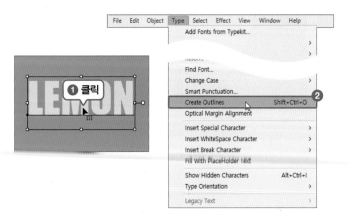

06 ❶ 글자가 선택된 상태에서 `Ctrl` + `Shift` + `[` 를 눌러 글자 레이어를 레이어 맨 아래쪽으로 옮깁니다. ❷ `Alt` 를 누른 채 드래그하여 글자를 레몬 조각 아래로 복제합니다.

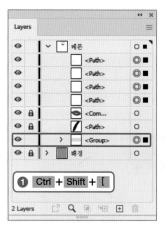

07 이제 레몬 조각의 모양대로 글자를 왜곡해보겠습니다. ❶ 복제된 글자가 선택된 상태로 `Shift` 를 누른 채 흰색 레몬 조각의 면을 클릭하여 글자와 면을 함께 선택합니다. ❷ [Object]-[Envelope Distort]-[Make with Top Object] 메뉴를 선택합니다. 흰색 레몬 조각의 모양대로 글자가 왜곡됩니다.

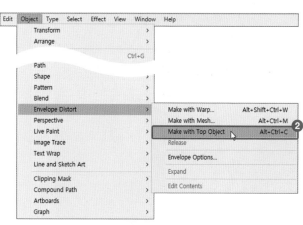

08 다른 면도 같은 방법으로 왜곡해보겠습니다. ❶ 'LEMON'을 Alt 를 누른 채 두 번째 흰색 레몬 조각 아래로 드래그하여 복제합니다. ❷ 복제한 글자가 선택된 상태로 Shift 를 누른 채 흰색 면을 클릭하여 글자와 면을 함께 선택하고 ❸ Ctrl + Alt + C 를 누릅니다. 글자가 왜곡됩니다. 같은 방법으로 글자 왜곡을 반복합니다.

Ctrl + Alt + C 는 [Object]–[Envelope Distort]–[Make with Top Object] 메뉴의 단축키입니다.

09 ❶ 왜곡된 글자들을 드래그하여 모두 선택합니다. ❷ [Object]-[Expand] 메뉴를 선택하고 ❸ [Expand] 대화상자가 나타나면 [OK]를 클릭합니다. 완전한 패스로 처리되었습니다. ❹ 상단의 'LEMON' 을 클릭하고 ❺ Delete 를 눌러 삭제합니다.

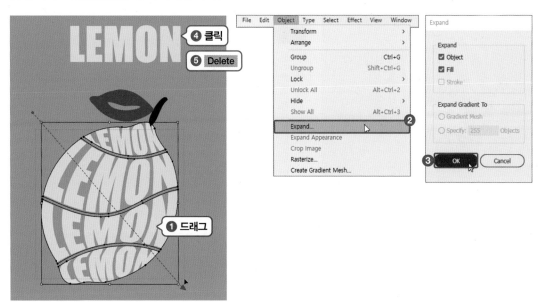

✎ **[Color Guide] 패널로 어울리는 색 적용하기**

---

10 [Color Guide] 패널을 이용하여 배색해보겠습니다. ❶ Ctrl + O 를 눌러 **역동적인 타이포그래피2.ai** 파일을 불러옵니다. ❷ [Window]-[Color Guide] Shift + F3 메뉴를 선택합니다. ❸ 선택 도구 ▶ 로 첫 번째 분홍색 조각을 클릭하고 ❹ [Color Guide] 패널에서 분홍색을 더블클릭합니다. [Color Guide] 패널에 분홍색을 기준으로 한 배색이 나타납니다.

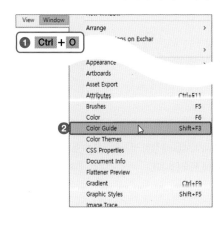

11 ❶선택 도구 ▶로 두 번째 조각을 클릭하고 ❷[Color Guide] 패널에서 밝은 분홍색을 클릭합니다.

12 같은 방법으로 [Color Guide] 패널이 제공하는 색을 클릭해 다음과 같은 배색으로 완성합니다.

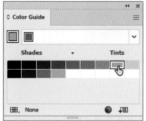

기능 꼼꼼 익히기 ✎　　**[Color Guide] 패널 알아보기**

[Color Guide] 패널은 선택한 색과 어울리는 배색을 추천해줍니다. 색의 명암도 단계적으로 선택할 수 있어 좀 더 쉽게 배색할 수 있습니다.

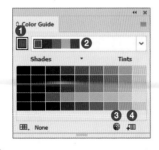

❶ 선택한 색이 나타납니다.

❷ 컬러 그룹을 불러올 수 있습니다.

❸ [Recolor Artwork] 대화상자를 불러와서 색을 수정하거나 편집할 수 있습니다.

❹ 현재 배색을 [Swatches] 패널의 그룹에 등록합니다.

어도비 컬러(Adobe Color)로 색 적용하기

13 이번에는 어도비 컬러(Adobe Color)를 이용하여 배색해보겠습니다. ❶ Ctrl + O 를 눌러 **역동적인 타이포 그래피3.ai** 파일을 불러옵니다. ❷ [Libraries] 패널에서 [Create new library]를 클릭합니다. ❸ **Color**를 입력하고 ❹ [Create]를 클릭하면 [COLOR] 라이브러리가 생성됩니다.

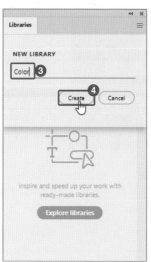

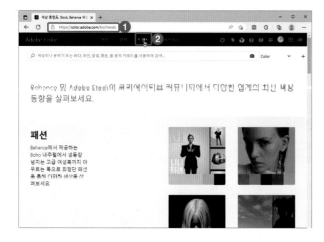

14 ❶ 인터넷 브라우저에 https://color.adobe.com을 입력하여 어도비 컬러에 접속한 후 로그인합니다. ❷ 상단의 [트렌드]를 클릭합니다.

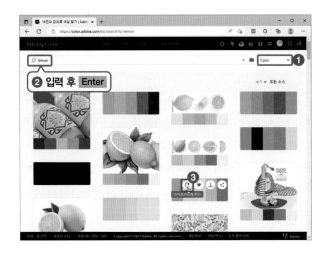

15 ❶ 라이브러리 종류를 [Color]로 선택하고 ❷ 검색란에 lemon을 입력한 후 Enter 를 누릅니다. 레몬에 관련된 수많은 이미지와 색상 테마가 나타납니다. ❸ 마음에 드는 색상 테마에 마우스 포인터를 올려 라이브러리에 추가⊡를 클릭합니다.

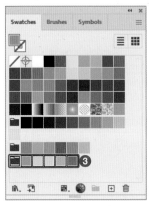

16 ❶ 다시 일러스트레이터로 돌아와 [Libraries] 패널에 추가된 색상 테마를 마우스 오른쪽 버튼으로 클릭하고 ❷ [Add theme to swatches] 를 선택합니다. ❸ 어도비 컬러에서 추가한 색상 테마가 [Swatches] 패널에 등록됩니다.

17 [Swatches] 패널에 등록된 색상 테마로 색을 적용해봅니다.

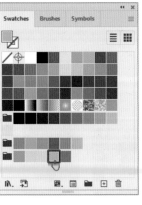

생동감이 넘치는 타이포그래피 만들기

Make with Warp로 글자 왜곡하기

☑ **CC 모든 버전**
☐ **CC 2024 버전**

준비 파일 활용/Chapter 02/생동감 넘치는 타이포그래피.ai
완성 파일 활용/Chapter 02/생동감 넘치는 타이포그래피_완성.ai

AFTER

이 예제를 따라 하면

Make with Warp를 이용하면 다양한 왜곡 효과를 적용할 수 있고, 텍스트를 강조하거나 의미를 더 확실하게 표현할 수 있습니다. 실무에서 많이 사용되는 기능이고 클릭 몇 번만으로도 쉽게 만들 수 있어 매우 유용합니다. 345쪽의 다양한 왜곡 스타일을 참고하여 다른 느낌의 왜곡 효과도 사용해보세요.

- Make with Warp로 글자를 왜곡할 수 있습니다.

BEFORE

Make with Warp로 생동감 넘치는 타이포그래피 만들기

01 ❶ Ctrl + O 를 눌러 **생동감 넘치는 타이포그래피.ai** 파일을 불러옵니다. ❷ 선택 도구 ▶ 를 클릭한 후 ❸ '크루즈 여행'을 클릭하여 선택합니다.

02 ❶ [Object]-[Envelope Distort]-[Make with Warp] 메뉴를 선택합니다. ❷ [Warp Options] 대화상자에서 [Style]을 [Flag]로 선택하고 ❸ [Bend]에 **40%**를 입력한 후 ❹ [OK]를 클릭합니다. '크루즈 여행'에 펄럭이는 깃발 모양의 왜곡 효과가 적용되었습니다.

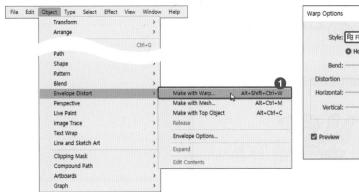
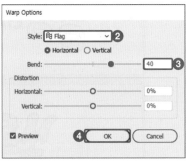

03 선택 도구 로 '팡팡'을 클릭하여 선택합니다.

04 ❶ [Object]–[Envelope Distort]–[Make with Warp] 메뉴를 선택합니다. ❷ [Warp Options] 대화상자에서 [Style]을 [Rise]로 선택합니다. ❸ [Bend]에 0%를 입력하고 ❹ [Distortion]의 [Horizontal]에 –35%를 입력합니다. ❺ [OK]를 클릭합니다. '팡팡'에 한쪽으로 일어선 모양의 왜곡 효과가 적용되었습니다.

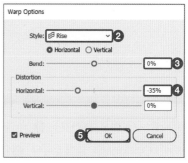

05 선택 도구 로 '쏘옥'을 클릭하여 선택합니다.

06 ❶ [Object]-[Envelope Distort]-[Make with Warp] 메뉴를 선택합니다. ❷ [Warp Options] 대화상자에서 [Style]을 [Squeeze]로 선택합니다. ❸ [Bend]에 45%를 입력하고 ❹ [Distortion]의 [Vertical]에 –20%를 입력합니다. ❺ [OK]를 클릭합니다. '쏘옥'에 쥐어짠 듯한 모양의 왜곡 효과가 적용되었습니다.

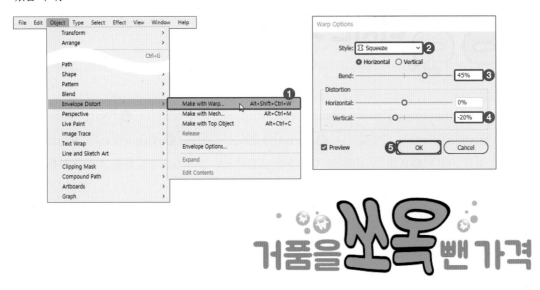

07 왜곡 효과를 수정해보겠습니다. ❶ '쏘옥'을 클릭하여 선택하고 ❷ [Properties]-[Quick Actions] 패널에서 [Warp Options]를 클릭합니다. ❸ [Warp Options] 대화상자가 다시 나타나면 [Distortion]의 [Vertical]을 –40%로 설정합니다. ❹[OK]를 클릭합니다. 왜곡 효과가 수정되었습니다.

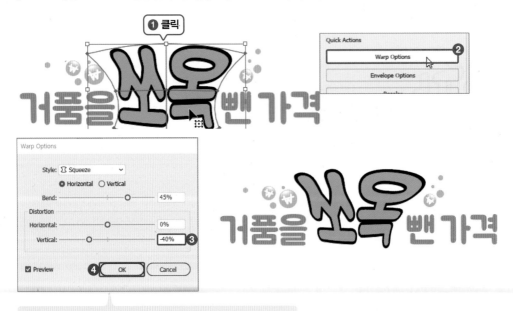

[Warp Options] 대화상자의 [Preview]의 체크를 해제했다가 다시 체크하면 수정된 모습을 확인할 수 있습니다.

08 ❶왜곡한 텍스트 세 개를 Shift 를 누른 채 클릭하여 함께 선택합니다. ❷[Object]-[Expand] 메뉴를 선택하고 ❸[Expand] 대화상자가 나타나면 [OK]를 클릭합니다. 완전한 패스로 처리되었습니다.

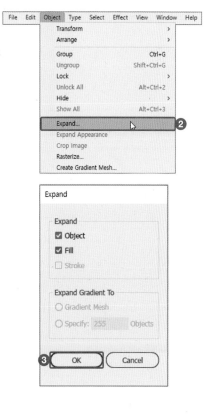

이펙트는 오브젝트에 주는 효과를 말하며

마치 마법처럼 클릭 몇 번만 해도

패스가 재미있는 형태로 변형되기도 하고

근사한 질감이 적용되기도 합니다.

이펙트로는 3D 입체 도형도 만들 수 있어서

활용도가 아주 높습니다.

실무에 바로 써먹을 수 있는 이펙트만 엄선하여 구성하였습니다.

이펙트를 적용해보고 수정하여 멋지게 디자인해봅니다.

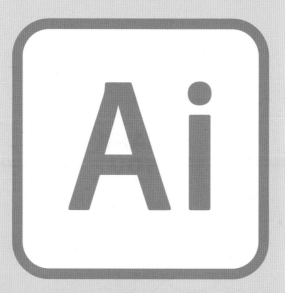

CHAPTER 03

다양한 이펙트로
마법 같은 효과 내기

사인펜으로 그린 듯한
일러스트 그리기

Scribble 이펙트를 이용하여
사인펜으로 그린 듯한 효과 적용하기

☑ **CC 모든 버전**
☐ **CC 2024 버전**

준비 파일 활용/Chapter 03/사인펜으로 그린 듯한 그림.ai
완성 파일 활용/Chapter 03/사인펜으로 그린 듯한 그림_완성.ai

이 예제를 따라 하면

이펙트(Effect)란 '효과'라는 뜻으로 일러스트레이터에서는 오브젝트에 주는 효과를 말합니다. 일러스트레이터에서 오브젝트를 그리면 깔끔한 선으로만 표현되므로 자칫 밋밋해 보이거나 너무 단순해 보일 수 있습니다. 이때 이펙트를 적용하여 패스에 변화를 주면 일러스트의 완성도를 높일 수 있어 매우 유용합니다. 이번 실습에서는 Scribble 이펙트를 이용하여 마치 사인펜으로 그린 것과 같은 효과를 표현해보겠습니다.

- 오브젝트에 Scribble 이펙트를 적용할 수 있습니다.
- 오브젝트에 Round Corners 이펙트를 적용할 수 있습니다.
- 오브젝트에 Roughen 이펙트를 적용할 수 있습니다.

오브젝트에 Scribble 이펙트 적용하기

01 오브젝트에 Scribble 이펙트를 적용해보겠습니다. ❶ Ctrl + O 를 눌러 **사인펜으로 그린 듯한 그림.ai** 파일을 불러옵니다. ❷ 선택 도구▶를 클릭하고 ❸ 우산의 노란색 면을 클릭하여 선택합니다. ❹ [Effect]–[Stylize]–[Scribble] 메뉴를 선택합니다.

  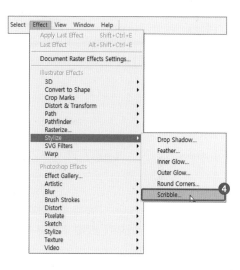

02 ❶ [Scribble Options] 대화상자에서 다음과 같이 옵션을 설정하고 ❷ [OK]를 클릭합니다. 우산의 노란색 면에 사인펜으로 그린 듯한 효과가 적용됩니다.

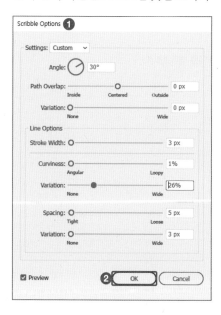 

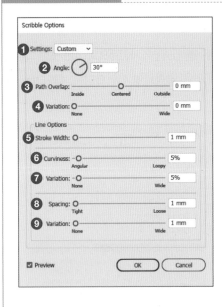

① Settings | 다양한 Scribble 이펙트를 선택할 수 있습니다. 선택한 이펙트에 따라 아래의 옵션이 자동으로 변경됩니다.

② Angle | 각도를 선택할 수 있습니다. 수치로 입력해도 되고 원 안의 바늘을 드래그하여 설정할 수도 있습니다.

③ Path Overlap | Scribble 이펙트가 패스 선에서 얼마만큼 떨어져서 적용되는지 정합니다. 입력한 값이 0보다 작으면 패스 선에서 입력한 값만큼 안쪽으로 Scribble 이펙트가 적용되고, 0보다 크면 입력한 값만큼 바깥쪽으로 적용됩니다. 0일 경우 패스 선에 맞춰 적용됩니다.

▲ −5mm인 경우   ▲ 0mm인 경우   ▲ 5mm인 경우

④ Variation | Scribble 이펙트를 패스 선에 딱 맞추지 않고 다양한 모양으로 적용할 수 있습니다. 또한, 수치를 입력하여 경계의 모양을 다양하게 설정할 수 있습니다.

▲ 0인 경우   ▲ 5인 경우

⑤ Stroke Width | 선의 굵기를 설정합니다.

⑥ Curviness | 선이 휘는 정도를 설정할 수 있습니다.

⑦ Variation | 선이 휘는 정도를 설정할 수 있는데, 수치를 입력하여 곡선의 차이를 설정합니다.

⑧ Spacing | 선과 선의 간격을 설정할 수 있습니다.

⑨ Variation | 선과 선의 간격을 설정할 수 있는데, 수치를 입력하여 간격을 설정합니다.

적용한 Scribble 이펙트 수정하기

03 ❶ Scribble 이펙트가 적용된 면을 클릭하여 선택하고 ❷ [Properties]-[Appearance] 패널에서 [Scribble]을 클릭합니다. ❸ [Scribble Options] 대화상자가 다시 나타나면 다음과 같이 수정한 후 ❹ [OK]를 클릭합니다.

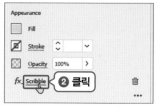

[Appearance] 패널에서 수정하기

이펙트가 적용된 오브젝트를 선택하고 [Properties]-[Appearance] 패널에서 더 보기▣를 클릭하면 [Appearance] 패널이 플로팅되어 나타납니다. [Window]-[Appearance] 메뉴를 선택해도 [Appearance] 패널을 열 수 있습니다. 플로팅되어 나타난 [Appearance] 패널에서 [Scribble]을 클릭하면 [Scribble Options] 대화상자가 다시 나타납니다.

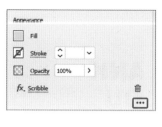

다양한 이펙트로 마법 같은 효과 내기 | CHAPTER 03 **439**

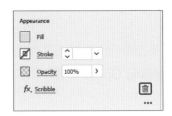 
✏ 이펙트가 적용된 오브젝트를 패스로 처리하기

04 ❶Scribble 이펙트가 적용된 면을 클릭하여 선택하고 ❷[Object]-[Expand Appearance] 메뉴를 선택합니다. 이펙트가 적용된 오브젝트가 패스로 처리됩니다.

 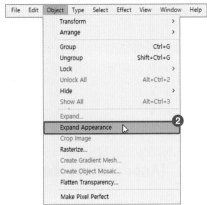

Round Corners 이펙트로 글자의 모서리 둥글게 수정하기

05 ❶ 선택 도구▶로 글자를 클릭하여 선택하고 ❷ [Effect]−[Stylize]−[Round Corners] 메뉴를 선택합니다. ❸ [Round Corners] 대화상자에서 [Radius]에 **6px**을 입력하고 ❹ [OK]를 클릭합니다. 글자의 모서리가 둥글게 수정되었습니다.

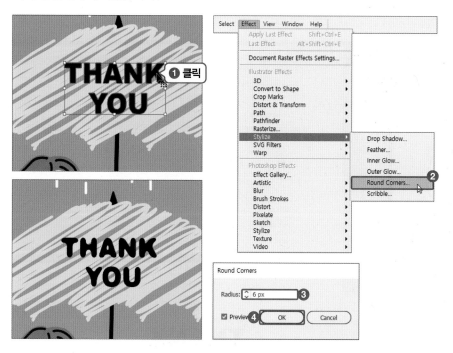

06 ❶ Round Corners 이펙트가 적용된 글자를 클릭해 선택하고 ❷ [Object]−[Expand Appearance] 메뉴를 선택합니다. 이펙트가 적용된 오브젝트가 패스로 처리됩니다.

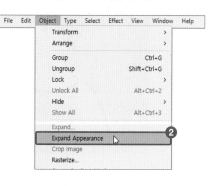

Roughen 이펙트로 오돌토돌한 외곽선 만들기

07 ❶ 선택 도구▶로 노란색 옷을 클릭하여 선택하고 ❷ [Effect]-[Distort & Transform]-[Roughen] 메뉴를 선택합니다. ❸ [Roughen] 대화상자에서 [Size]에 1%, ❹ [Detail]에 20을 입력하고 ❺ [Smooth] 를 선택한 후 ❻ [OK]를 클릭합니다. 반듯한 외곽선이 마치 손으로 그린 듯 오돌토돌해졌습니다. ❼ [Object]-[Expand Appearance] 메뉴를 선택하여 패스로 처리합니다.

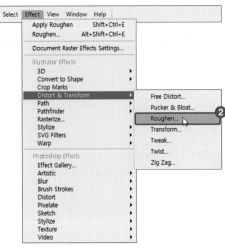

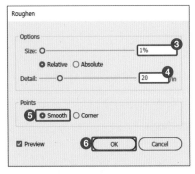

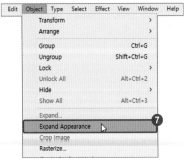

형태를 올록볼록하게 바꾸고 찌그러뜨리기

Pucker & Bloat 이펙트로 형태 변형하기

☑ **CC 모든 버전**
☐ **CC 2024 버전**

준비 파일 활용/Chapter 03/이펙트로 형태 변형하기.ai
완성 파일 활용/Chapter 03/이펙트로 형태 변형하기_완성.ai

AFTER

이 예제를 따라 하면

Pucker & Bloat 이펙트는 패스의 선 부분에 팽창하거나 오므리는 효과를 적용할 수 있어서 밋밋한 모양을 올록볼록한 형태로 바꿀 때 사용합니다. Pucker & Bloat 이펙트로 꽃과 네잎클로버 등을 만들어보겠습니다. 또한, 자유 변형 도구로 오브젝트를 찌그러뜨려서 그림자도 만들어보겠습니다.

- 오브젝트에 Pucker & Bloat 이펙트를 적용할 수 있습니다.
- 자유 변형 도구로 오브젝트를 찌그러뜨릴 수 있습니다.

BEFORE

Pucker & Bloat 이펙트로 반짝이는 빛 만들기

01 ❶ Ctrl + O 를 눌러 **이펙트로 형태 변형하기.ai** 파일을 불러옵니다. ❷ 선택 도구▶를 클릭한 후 ❸ 노란색 원 한 개를 클릭하여 선택합니다. ❹ [Effect]-[Distort & Transform]-[Pucker & Bloat] 메뉴를 선택합니다.

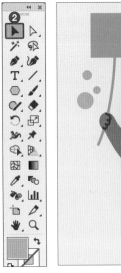

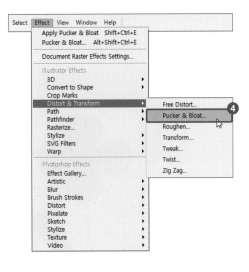

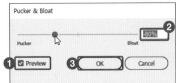

02 ❶ [Pucker & Bloat] 대화상자에서 [Preview]에 체크합니다. ❷ 슬라이더바를 [Pucker] 쪽으로 드래그하여 -80%로 설정하고 ❸ [OK]를 클릭합니다.

03 ❶ Shift 를 누른 채 노란색 원들을 모두 클릭하여 함께 선택합니다. ❷ [Effect]-[Apply Pucker & Bloat] 메뉴를 선택합니다. 앞서 적용했던 이펙트가 그대로 적용됩니다.

방금 전에 적용한 이펙트 다시 적용하기

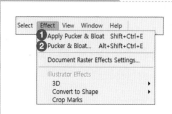

오브젝트에 이펙트를 적용하고 나면 [Effect] 메뉴에 방금 전 적용했던 이펙트가 나타납니다. ① 첫 번째 메뉴를 선택하면 방금 전에 사용한 이펙트가 그대로 다시 적용됩니다. ② 두 번째 메뉴를 선택하면 방금 전에 사용한 이펙트가 적용되면서 옵션 대화상자가 다시 나타납니다. 같은 이펙트를 반복해서 적용해야 할 때 매우 유용합니다.

🖌️ Pucker & Bloat 이펙트로 네잎클로버 만들기

04 이번에는 네잎클로버를 만들어보겠습니다. ① 선택 도구▶로 녹색 사각형을 클릭하여 선택합니다. ② [Effect]-[Pucker & Bloat] 메뉴를 선택합니다.

05 ①[Pucker & Bloat] 대화상자에서 [Preview]에 체크합니다. ② 슬라이더바를 [Bloat] 쪽으로 드래그하여 90%로 설정하고 ③[OK]를 클릭합니다. 네잎클로버가 만들어졌습니다.

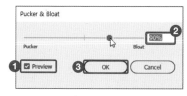

Pucker & Bloat 이펙트로 꽃과 사자 갈기 만들기

06 ❶ 분홍색 원을 클릭하여 선택하고 ❷ [Effect]-[Pucker & Bloat] 메뉴를 선택합니다. ❸ [Pucker & Bloat] 대화상자에서 [Bloat] 쪽으로 드래그하여 **25%**로 설정하고 ❹ [OK]를 클릭합니다.

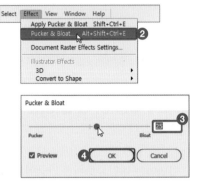

07 ❶ 사자 머리의 갈색 원을 클릭하여 선택하고 ❷ [Object]-[Path]-[Add Anchor Points] 메뉴를 선택합니다. 고정점이 추가됩니다. ❸ [Object]-[Path]-[Add Anchor Points] 메뉴를 한 번 더 선택합니다. 고정점이 한 번 더 추가됩니다.

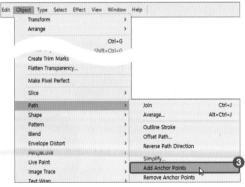

고정점이 안 보인다면 직접 선택 도구 ▷로 선택합니다.

08 ❶ [Effect]−[Pucker & Bloat] 메뉴를 선택합니다. ❷ [Pucker & Bloat] 대화상자에서 [Bloat] 쪽으로 아주 살짝만 드래그해서 **6%**로 설정하고 ❸ [OK]를 클릭합니다. 꽃과 사자 갈기가 완성되었습니다.

 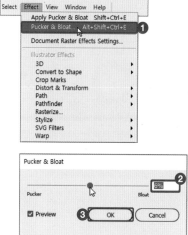

 ## 자유 변형 도구로 이미지 찌그러뜨리기

09 그림자를 만들고 찌그러진 모양으로 수정해보겠습니다. ❶ Ctrl + A 를 눌러 전체 선택합니다. ❷ [Object]−[Expand Appearance] 메뉴를 선택하여 완전한 패스로 처리합니다.

10 전체 선택되어 있는 상태에서 **①** Alt 를 누른 채 오른쪽으로 드래그하여 복제합니다. **②** [Properties]-
[Pathfinder] 패널에서 합치기 ▣를 클릭합니다. **③** 다시 아트보드의 사자 위로 드래그하여 옮깁니다.

11 바운딩 박스를 조절하여 높이를 줄입니다.

12 복제한 오브젝트가 선택된 상태로 ❶ 자유 변형 도구 를 클릭합니다. 자유 변형 도구와 관련된 도구들이 별도의 패널로 나타납니다. ❷ 자유 왜곡 도구 를 클릭하고 ❸ 왼쪽 상단의 모서리를 오른쪽 아래로 살짝 드래그합니다. ❹ 오른쪽 상단의 모서리도 오른쪽 아래로 살짝 드래그하여 오브젝트를 찌그러뜨립니다. 한번에 원하는 모양으로 찌그러지지 않는다면 여러 번 드래그하여 그림자 모양으로 만듭니다.

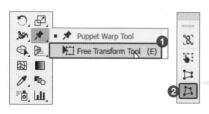

작은 도구바가 나타나지 않아요! 아트보드 위에 있는 패스를 선택하고 자유 변형 도구 를 클릭해야 작은 도구바가 나타납니다.

13 ❶ [Properties]-[Appearance] 패널에서 [칠]을 클릭하고 ❷ 밝은 회갈색을 선택합니다. ❸ `Ctrl` + `Shift` + `[` 를 눌러 레이어를 맨 아래로 이동합니다. 그림자가 완성되었습니다.

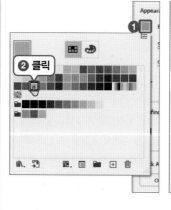

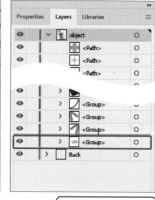

03

지그재그 선으로
라벨 디자인하기

Zig Zag 이펙트로 매끄러운 도형 외곽선 변형하기

☑ **CC 모든 버전**
□ **CC 2024 버전**

준비 파일 **활용/Chapter 03/지그재그 라벨 디자인.ai**
완성 파일 **활용/Chapter 03/지그재그 라벨 디자인_완성.ai**

AFTER

이 예제를 따라 하면

지그재그(Zig Zag) 이펙트는 매끄러운 외곽선을 지그재그 형태로 바꾸는 효과입니다. 지그재그의 스타일과 효과의 정도를 수치로 조절할 수 있어 매우 디테일하게 외곽선을 수정할 수 있습니다. 이번 실습에서는 지그재그 이펙트로 다양한 느낌의 라벨을 디자인해보겠습니다.

BEFORE

▪ 오브젝트에 Zig Zag 이펙트를 적용할 수 있습니다.

▪ 뾰족한 느낌의 외곽선을 표현할 수 있습니다.

▪ 부드러운 느낌의 외곽선을 표현할 수 있습니다.

Zig Zag 이펙트로 원형의 외곽선과 직선 변형하기

01 ❶ Ctrl + O 를 눌러 **지그재그 라벨 디자인.ai** 파일을 불러옵니다. ❷ 선택 도구 ▶를 클릭한 후 ❸ 주황색 원을 클릭하여 선택합니다. ❹ [Effect]−[Distort & Transform]−[Zig Zag] 메뉴를 선택합니다.

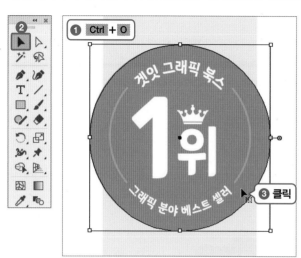
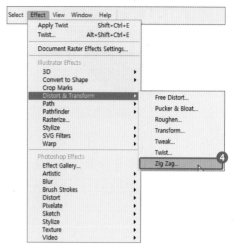

02 ❶ [Zig Zag] 대화상자에서 [Size]에 **4px**, ❷ [Ridges per segment]에 **17**을 입력하고 ❸ [OK]를 클릭합니다. 외곽선이 뾰족한 지그재그 선으로 바뀝니다.

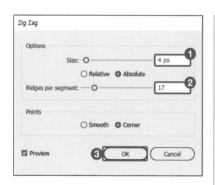

03 ❶파란색 원을 클릭하여 선택합니다. ❷[Effect]-[Zig Zag] 메뉴를 선택합니다.

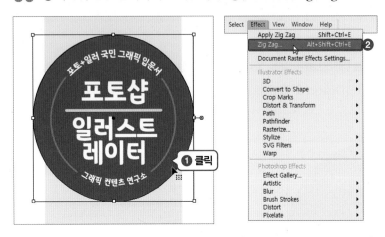

04 ❶[Zig Zag] 대화상자에서 [Size]에 **4px**, ❷[Ridges per segment]에 **5**를 입력하고 ❸[Smooth]를 선택한 후 ❹[OK]를 클릭합니다. 외곽선이 곡선으로 된 지그재그 선으로 바뀝니다.

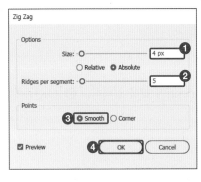

05 ❶선택 도구▶로 노란색 선을 클릭합니다. ❷[Effect]-[Zig Zag] 메뉴를 선택합니다.

06 ❶[Zig Zag] 대화상자에서 [Size]에 **2px,** ❷[Ridges per segment]에 **10**을 입력하고 ❸[OK]를 클릭합니다. 구불구불한 지그재그 선으로 바뀝니다.

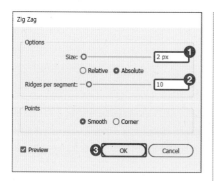

07 ❶선택 도구▶로 회색 원을 클릭하여 선택합니다. ❷[Effect]-[Zig Zag] 메뉴를 선택합니다.

08 ❶[Zig Zag] 대화상자에서 [Size]에 **70px**, ❷[Ridges per segment]에 **50**을 입력하고 ❸[Corner]를 선택한 후 ❹[OK]를 클릭합니다. 후광이 비치는 것처럼 표현됩니다.

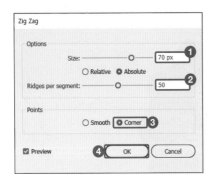

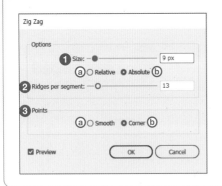

 Twist 이펙트로 연기 모양 만들기

09 선택 도구▶로 커피 잔 위의 타원 세 개를 클릭해 선택합니다. 그룹으로 묶여 있어서 한 개만 클릭해도 세 개가 모두 선택됩니다.

10 ❶[Effect]-[Distort & Transform]-[Twist] 메뉴를 선택합니다. ❷[Twist] 대화상자에서 [Angle]에 50°를 입력하고 ❸[OK]를 클릭합니다. 타원이 연기 모양으로 수정되었습니다.

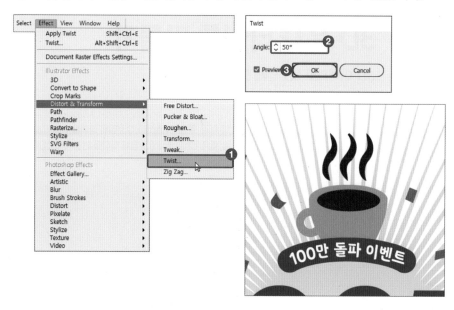

11 ❶ Ctrl + A 를 눌러 오브젝트를 모두 선택한 다음 ❷[Object]-[Expand Appearance] 메뉴를 선택하여 패스로 처리합니다.

입체감이 느껴지는
3D 문자 타이틀 만들기

3D 이펙트로 3D 입체 도형 만들기

☑ **CC 모든 버전**
☐ **CC 2024 버전**

준비 파일 활용/Chapter 03/입체 타이틀 만들기.ai
완성 파일 활용/Chapter 03/입체 타이틀 만들기_완성.ai

AFTER

이 예제를 따라 하면

일러스트레이터에는 단순한 면을 입체로 만들 수 있는 3D 이펙트가 있습니다. 일반적으로 3D 오브젝트를 만들려면 맥스(Max) 또는 라이노 3D(Rhino 3D)와 같은 3D 전문 프로그램을 써야 한다고 생각합니다. 그러나 일러스트레이터에는 벡터 방식으로 3D를 만드는 최소한의 기능이 모여 있어서 3D 입체 도형을 만들 때 매우 효율적입니다. 이번 실습에서는 3D 이펙트로 3D 입체 도형을 만들어보겠습니다.

BEFORE

▪ 문자를 3D 도형으로 만들 수 있습니다.

문자를 3D 입체 타이틀로 만들기

01 ❶ Ctrl + O 를 눌러 **입체 타이틀 만들기.ai** 파일을 불러옵니다. ❷ 선택 도구 ▶ 로 'CANDY'를 클릭하고 ❸ [Effect]–[3D and Materials]–[3D (Classic)]–[Extrude & Bevel (Classic)] 메뉴를 선택합니다.

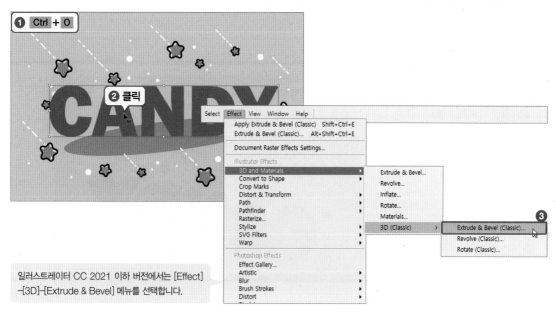

일러스트레이터 CC 2021 이하 버전에서는 [Effect]–[3D]–[Extrude & Bevel] 메뉴를 선택합니다.

02 ❶ [3D Extrude & Bevel Options (Classic)] 대화상자에서 [Preview]에 체크하고 ❷ 3D 큐브를 드래그하여 다음과 같은 각도로 수정합니다. ❸ [Extrude Depth]에 **70pt**를 입력하고 ❹ [OK]를 클릭합니다. 텍스트가 3D 입체 도형으로 변경됩니다.

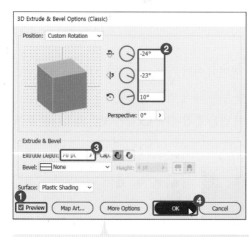

옵션을 변경해도 아트보드에 있는 텍스트가 3D 입체 도형으로 변경되지 않는다면 [Preview]의 체크를 해제했다가 다시 체크합니다.

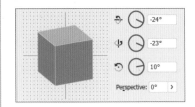

3D 큐브를 드래그하면 각도가 변경되고, 3D 큐브 오른쪽에 있는 값도 함께 변경됩니다. 값은 각각 X, Y, Z축입니다. 값을 직접 입력하거나 원 모양 안의 선을 드래그해도 3D 큐브를 수정할 수 있습니다.

03 텍스트가 선택된 상태에서 ❶ [Object]–[Expand Appearance] 메뉴를 선택하여 패스로 처리합니다. ❷ Ctrl + Shift + G 를 두 번 눌러 그룹을 완전히 해제합니다.

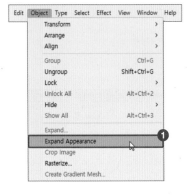

04 3D 이펙트를 적용하고 나면 텍스트 입체 도형의 윗면과 옆면이 여러 개로 나뉩니다. 나뉜 면을 합쳐보겠습니다. ❶ 선택 도구▶로 'C'의 윗면을 클릭하고 ❷ Shift 를 누른 채 옆면을 클릭하여 함께 선택합니다. ❸ [Properties]–[Pathfinder] 패널에서 합치기█를 클릭하여 면을 합칩니다. ❹ 같은 방법으로 다른 부분의 면도 합쳐봅니다.

05 패스로 나뉜 면을 선택하고 ❶ [Properties]-[Appearance] 패널에서 [획]은 검은색으로 설정합니다. ❷ [Stroke]를 클릭하고 ❸ [weight]를 **3pt**로 설정한 후 ❹ [Corner]는 ▣를 클릭합니다. ❺ [칠]은 자유롭게 마음에 드는 색으로 설정합니다.

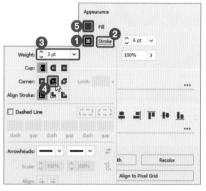

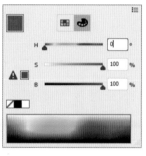

기능 꼼꼼 익히기 ✏️ **[3D Extrude & Bevel Options] 대화상자 알아보기**

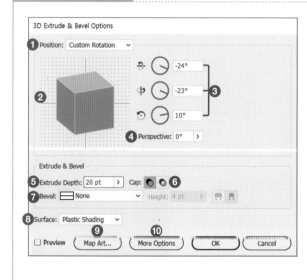

❶ **Position** | 3D 방향을 설정할 수 있습니다.

❷ **3D 큐브** | 3D 큐브를 직접 돌려 3D 방향을 설정할 수 있습니다.

❸ **X, Y, Z** | 각각 X, Y, Z축을 의미합니다.

❹ **Perspective** | 원근감의 정도를 나타냅니다.

❺ **Extrude Depth** | 3D 도형의 두께를 설정합니다.

❻ **Cap** | 오브젝트의 내부를 채울 것인지, 비울 것인지 선택할 수 있습니다.

❼ **Bevel** | 두께의 모양을 선택할 수 있습니다.

❽ **Surface** | 표면 처리 방법을 설정할 수 있습니다.

❾ **Map Art** | 3D 오브젝트에 매핑을 적용할 수 있습니다.

❿ **More Options** | 조명을 조절할 수 있는 옵션이 나타납니다.

풍선처럼 부푼 듯한
3D 입체 타이틀 만들기

[3D and Materials] 패널을 활용해 3D 입체 도형 만들기

☑ **CC 모든 버전**
☐ CC 2024 버전

준비 파일 활용/Chapter 03/부푼 입체 타이틀 만들기.ai
완성 파일 활용/Chapter 03/부푼 입체 타이틀 만들기_완성.ai

AFTER

이 예제를 따라 하면

일러스트레이터에는 평면 오브젝트를 3D 입체 오브젝트로 만들어주는 기능이 있습니다. CC 2022 버전부터는 렌더링 기능이 강화되어 더욱 자연스러운 재질과 조명을 적용할 수 있습니다. 이번 실습에서는 [3D and Materials] 패널을 활용해 3D 입체 도형을 만들어보겠습니다.

BEFORE

▪ [3D and Materials] 패널을 활용해 3D 입체 도형을 만들 수 있습니다.

볼륨감 있는 3D 입체 타이틀 만들기

01 ① Ctrl + O 를 눌러 **부푼 입체 타이틀 만들기.ai** 파일을 불러옵니다. ② 선택 도구 ▶ 로 ③ 'HAPPY'를 클릭하고 ④ [Window]–[3D and Materials] 메뉴를 선택합니다. ⑤ [3D and Materials] 패널에서 [Inflate] ● 를 클릭합니다.

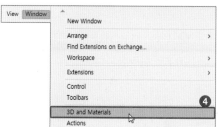

3D and Materials는 컴퓨터 사양에 따라 기능이 잘 적용되지 않거나, 예제 파일을 아예 불러오지 못할 수도 있습니다. 최소 VRAM 4GB 이상에서 학습하길 권장하며, 최소 권장 시스템 사양은 어도비 홈페이지(https://helpx.adobe.com/illustrator/system-requirements.html)를 참고합니다.

[Effect]–[3D and Materials]–[Inflate] 메뉴를 선택해도 동일한 입체 효과가 적용되며 [3D and Materials] 패널이 화면에 나타납니다.

풍선처럼 부푼 듯한 볼륨감을 주는 3D 입체 효과는 일러스트레이터 CC 2022 이상 버전부터 제공되는 신기능입니다. CC 2021 이하 버전을 사용하고 있다면 456쪽을 참고해 3D 이펙트를 적용합니다.

02 ① 텍스트 중앙에 나타난 원 모양 핸들을 직접 드래그하거나 ② [3D and Materials] 패널에서 X, Y, Z 축의 값을 입력해 각도를 조절합니다. ③ [Depth]는 **10px**, ④ [Volume]은 **100%**로 설정합니다.

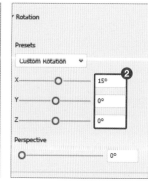

핸들로 3D 효과 수정하기

[3D and Materials] 패널을 활용해 3D 효과를 적용하면 오브젝트에 X, Y, Z축을 조작할 수 있는 원 모양 핸들이 나타납니다. 하나씩 자세히 살펴보겠습니다.

❶ X축 선을 드래그하면 위아래 방향으로 회전할 수 있습니다.

❷ Y축 선을 드래그하면 좌우 방향으로 회전할 수 있습니다.

❸ 가운데 원을 드래그하면 X, Y, Z축을 자유롭게 조절할 수 있습니다.

▲ X축 조절

▲ Y축 조절

▲ X, Y, Z축 조절

03 ❶[3D and Materials] 패널 상단의 [Materials]를 클릭합니다. ❷[Base Materials]에서 [Default]가 선택되었는지 확인한 후 ❸하단의 [Roughness]는 0.05, [Metallic]은 0.7로 설정합니다.

04 ❶ [3D and Materials] 패널 상단의 [Lighting]을 클릭합니다. ❷ 옵션값을 다음과 같이 설정합니다. ❸ ▦를 클릭하여 렌더링을 진행합니다. ❹ 하단의 [Shadows]를 활성화하고 ❺ [Distance from Object] 는 0%, ❻ [Shadow Bounds]는 50%로 설정합니다. 풍선처럼 부푼 듯한 모양의 3D 입체 타이틀이 완성 되었습니다.

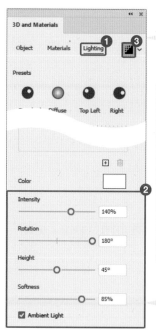

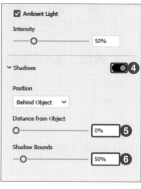

컴퓨터가 다운되거나 느려져서 옵션을 조절하기 어렵다면 ▦의 선택을 해제한 후에 옵션을 조절합니다. 모든 옵션을 다 적용하고 나서 마지막으로 ▦을 클릭해 렌더링합니다.

3D 효과가 적용된 텍스트를 선택하고 [Object]–[Expand Appearance] 메뉴를 선택하면 비트맵 이미지 로 변환되어 일러스트레이터의 버전이 달라도 오류 없이 파일을 열 수 있습니다. 그러나 한 번 비트맵으로 변 환된 이미지는 다시 벡터로 되돌릴 수 없으니 주의해야 합니다.

기능 꼼꼼 익히기 ✎ **3D 오브젝트에 아트워크를 매핑하기**

예제 소스로 제공하는 준비 파일(활용/Chapter 03/3D 오브젝트에 아트워크를 매핑하기.ai)을 열어 간단히 실습해도 좋습니다. 완성 파일(활용/Chapter 03/3D 오브젝트에 아트워크를 매핑하기_완성.ai)에서 매핑된 아트워크를 확인할 수 있습니다.

❶ 아트보드 위에 있는 그래픽을 [3D and Materials] 패널 안으로 드래그합니다. [3D Materials] – [Materials]– [Graphics] 탭이 활성화되고 그래픽으로 등록됩니다.

그래픽을 선택하고 ⊡를 클릭해도 등록이 됩니다. ⊡를 클릭하면 등록이 취 소됩니다.

❷ 3D 오브젝트를 선택하고 ❸ 등록된 그래픽을 클릭합니다.

❹ 하단의 [Scale]에서 크기를 조절합니다. ❺ [Rotation]에서 각도를 조절합니다. ❻ 3D 컵에 적용된 그래픽을 드래그하면 위치가 수정됩니다.

아트보드 위의 그래픽은 삭제해도 됩니다.

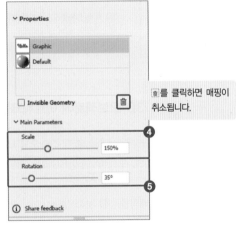

🗑를 클릭하면 매핑이 취소됩니다.

[3D and Materials] 패널의 [Object] 옵션을 살펴보겠습니다.

❶ **Object** | 3D 오브젝트의 두께를 설정하는 항목이 나타납니다.

❷ **3D Type** | 입체 오브젝트의 유형을 선택할 수 있습니다.

ⓐ **Plane** | 어떤 면도 추가하지 않고 오로지 오브젝트 자체에만 3D 투시를 적용합니다.

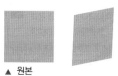

▲ 원본

ⓑ **Extrude** | 오브젝트의 면에 두께를 적용해 입체 도형을 만듭니다.

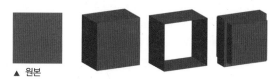

▲ 원본

ⓒ **Revolve** | 세로축을 기준으로 회전해 입체로 만듭니다.

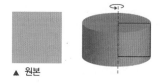

▲ 원본

ⓓ **Inflate** | 풍선처럼 부푼 듯한 모양의 입체 도형을 만듭니다.

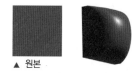

▲ 원본

❸ **Depth** | 3D 오브젝트의 두께를 설정합니다.

❹ **Twist** | 3D 오브젝트를 비틀 수 있습니다.

❺ **Taper** | 3D 오브젝트의 끝을 점점 가늘게 변형할 수 있습니다.

❻ **Cap** | 오브젝트 내부를 채울 것인지, 비울 것인지 선택할 수 있습니다.

❼ **Bevel** | [Extrude]를 선택했을 때만 설정할 수 있으며, 두께의 모양을 선택할 수 있습니다.

❽ **Rotation** | X, Y, Z축으로 회전할 수 있습니다. 숫자를 입력해 회전할 수도 있고, [Presets]에서 프리셋을 선택해 원하는 각도를 적용할 수도 있습니다.

❾ **Perspective** | 원근감을 조절할 수 있습니다.

❿ **Expand as wireframes** | 3D 오브젝트를 선택하고 버튼을 클릭하면 라인으로만 변환됩니다.

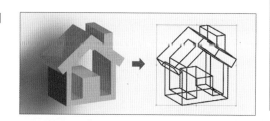

⓫ Export 3D object | 3D 파일 형식인 OBJ, GLTF, USDA로 저장할 수 있습니다. 3D 오브젝트를 선택하고 버튼을 클릭하면 [Asset Export] 패널에 3D 오브젝트가 등록됩니다. ⓐ 파일 형식을 선택하고 ⓑ [Export]를 클릭하면 저장됩니다.

기능 꼼꼼 익히기 ✐ **[3D and Materials] 패널의 [Materials] 옵션 살펴보기**

[3D and Materials] 패널의 [Materials] 옵션을 살펴보겠습니다.

❶ Materials | 3D 오브젝트의 재질을 설정하는 항목이 나타납니다.

❷ Materials, Graphics | 질감과 매핑을 선택할 수 있습니다.

❸ Base Materials | 3D 효과를 적용하면 자동으로 적용되는 기본 재질이며 플라스틱 느낌입니다.

❹ Adobe Substance Materials | 어도비에서 제공하는 42개의 재질을 적용할 수 있습니다.

❺ Substance 3D assets | 더 다양한 재질이나 3D 모형을 찾을 수 있습니다. 클릭하면 Adobe Substance assets로 연결되며 유료 또는 무료로 제공됩니다.

❻ Substance 3D community assets | Adobe Substance community로 연결됩니다. 전 세계의 사람과 재질이나 모형을 공유할 수 있습니다.

❼ Add new materials | 재질을 추가할 수 있습니다.

❽ Delete material | 추가한 재질을 삭제할 수 있습니다.

❾ Properties | 적용한 재질의 세부 옵션을 수정할 수 있습니다.

[3D and Materials] 패널의 [Lighting] 옵션을 살펴보겠습니다.

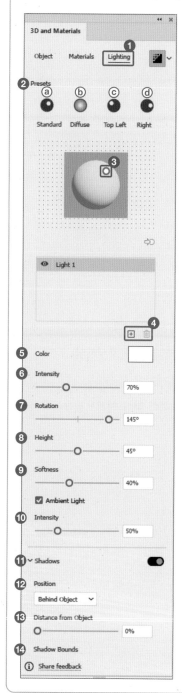

❶ **Lighting** | 3D 오브젝트에 조명을 적용하는 항목이 나타납니다.

❷ **Presets** | 3D 오브젝트에 적용되는 조명의 위치를 선택할 수 있습니다.

　ⓐ **Standard** | 조명이 오른쪽 위에 적용됩니다.

　ⓑ **Diffuse** | 조명이 정중앙에서 확산되는 방식으로 적용됩니다.

　ⓒ **Top Left** | 조명이 왼쪽 위에 적용됩니다.

　ⓓ **Right** | 조명이 오른쪽 중앙에 적용됩니다.

❸ 직접 드래그하여 조명의 위치를 수정할 수 있습니다.

❹ 조명을 추가/삭제할 수 있습니다.

❺ **Color** | 조명의 색상을 선택할 수 있습니다.

❻ **Intensity** | 조명의 밝기를 조절할 수 있습니다.

❼ **Rotation** | −180°∼180° 사이의 값으로 조명의 초점을 회전시킬 수 있습니다.

❽ **Height** | 조명을 오브젝트에 더 가까이 가져가게 할 수 있습니다. 조명이 낮으면 그림자가 짧아지고 높으면 길어집니다.

❾ **Softness** | 빛이 확산되는 정도를 조절할 수 있습니다.

❿ **Intensity** | 공간 안에 있는 전체 조명의 강도를 조절합니다.

⓫ **Shadows** | 활성화하면 그림자가 나타납니다.

⓬ **Position** | 그림자를 오브젝트의 뒤 또는 아래에 배치할 수 있습니다.

⓭ **Distance from Object** | 오브젝트와 그림자 사이의 거리를 조절합니다.

⓮ **Shadow Bounds** | 그림자의 영역을 조절합니다.

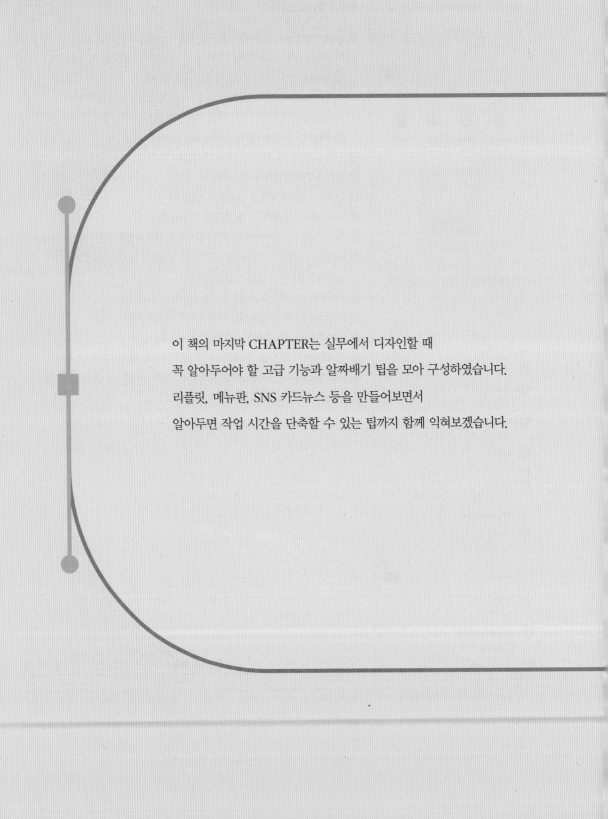

이 책의 마지막 CHAPTER는 실무에서 디자인할 때
꼭 알아두어야 할 고급 기능과 알짜배기 팁을 모아 구성하였습니다.
리플릿, 메뉴판, SNS 카드뉴스 등을 만들어보면서
알아두면 작업 시간을 단축할 수 있는 팁까지 함께 익혀보겠습니다.

CHAPTER 04

알짜배기 디자인,
실전 프로젝트

LESSON 01

재미있는 모양의 글상자로 리플릿 디자인하기

글상자로 2단 리플릿 디자인하기

☑ **CC 모든 버전**
☐ **CC 2024 버전**

준비 파일 활용/Chapter 04/리플릿 디자인.ai, 리플릿 텍스트1~2.txt
완성 파일 활용/Chapter 04/리플릿 디자인_완성.ai

AFTER

이 예제를 따라 하면

일러스트레이터에서는 다양한 모양으로 글상자를 만들 수 있어서 문단을 자유롭게 편집하고 디자인할 수 있습니다. 이번 실습에서는 재미있는 모양의 글상자를 만들고 여러 글상자를 연결하여 리플릿을 만들어보겠습니다.

BEFORE

- 임의의 오브젝트를 글상자로 바꿀 수 있습니다
- 오브젝트를 연결하여 긴 문단이 이어지도록 입력할 수 있습니다.
- [Text Wrap]로 문단 안에 이미지를 넣을 수 있습니다.

문단이 있는 리플릿 디자인하기

01 글상자를 이용하여 리플릿의 표지를 디자인해보겠습니다. ❶ `Ctrl` + `O` 를 눌러 **리플릿 디자인.ai** 파일을 불러옵니다. ❷ 도구바에서 영역 문자 도구 T 를 클릭합니다. ❸ 자루 모양의 흰색 면을 `Ctrl` 을 누른 채 클릭하여 선택한 후 ❹ 외곽선 부분을 클릭합니다. 면이 사라지면서 기본 텍스트가 채워지고, 일반 오브젝트가 글상자로 변경됩니다.

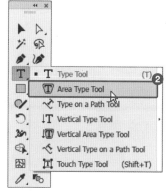

❶ `Ctrl` + `O`

❸ `Ctrl` + 클릭

❹ 클릭

02 글상자에 입력할 문구를 복사해보겠습니다. ❶ 일러스트레이터에서 나와 **리플릿 텍스트1.txt** 파일을 엽니다. ❷ `Ctrl` + `A` 를 누른 다음 ❸ `Ctrl` + `C` 를 눌러 전체 복사합니다.

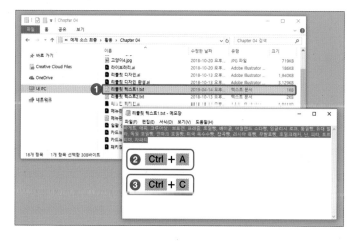

❷ `Ctrl` + `A`

❸ `Ctrl` + `C`

03 다시 일러스트레이터로 돌아옵니다. ❶글상자 안에 있는 글자에 마우스 포인터를 올리면 마우스 포인터의 모양이 I 으로 바뀝니다. 이때 클릭하면 커서가 깜빡거리며 글자를 입력할 수 있는 상태가 됩니다. ❷ Ctrl + A 를 눌러 전체 선택한 후 ❸ Ctrl + V 를 눌러 복사한 글자를 붙여 넣습니다.

04 ❶ Ctrl + A 를 눌러 전체 선택한 다음 ❷[Properties]–[Appearance] 패널에서 [칠]을 흰색으로 설정합니다. ❸[Properties]–[Character] 패널에서 글꼴은 **나눔고딕**, 크기는 **10pt**, 행간은 **14pt**로 설정합니다. ❹[Properties]–[Paragraph] 패널에서 가운데 정렬 을 클릭합니다. ❺ Ctrl 을 누른 채 아트보드의 빈 곳을 클릭하여 선택을 해제합니다.

글상자 끝에 ⊞ 표시가 나타나면 글상자의 크기보다 글자가 더 많아 넘친다는 뜻입니다. 이때는 글자의 크기를 줄이거나 글자 수를 줄여야 합니다.

기능 꼼꼼 익히기 ✐ **[Paragraph] 패널 알아보기**

[Paragraph] 패널은 문단을 정렬하는 패널입니다. 글자를 선택하면 [Properties] 패널 하단에 [Paragraph] 패널이 나타납니다. [Window]–[Type]–[Paragraph] 메뉴를 선택하면 [Paragraph] 패널을 플로팅할 수 있습니다.

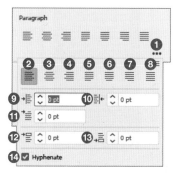

❶ **더 보기** | 클릭하면 더 많은 옵션을 선택할 수 있습니다.

❷ **왼쪽 정렬** | 문단을 왼쪽으로 정렬합니다.

❸ **가운데 정렬** | 문단을 가운데로 정렬합니다.

❹ **오른쪽 정렬** | 문단을 오른쪽으로 정렬합니다.

❺ **양쪽 정렬과 끝줄은 왼쪽 정렬** | 양쪽 정렬하고 마지막 줄은 왼쪽 정렬합니다.

❻ **양쪽 정렬과 끝줄은 가운데 정렬** | 양쪽 정렬하고 마지막 줄은 가운데 정렬합니다.

❼ **양쪽 정렬과 끝줄은 오른쪽 정렬** | 양쪽 정렬하고 마지막 줄은 오른쪽 정렬합니다.

❽ **양쪽 정렬** | 문단을 양쪽 틀에 맞게 정렬합니다.

❾ **왼쪽 들여쓰기** | 왼쪽을 들여쓰기해서 수치만큼 공백을 남깁니다.

❿ **오른쪽 들여쓰기** | 오른쪽을 들여쓰기해서 수치만큼 공백을 남깁니다.

⓫ **첫줄 들여쓰기** | 첫 번째 줄의 문장만 들여쓰기합니다.

⓬ **문장 앞에 여백 주기** | Enter 를 한 번 누르고 글자를 입력하면 맨 앞줄은 여백이 생기고, 이 여백의 크기를 조절할 수 있습니다.

⓭ **문장 뒤에 여백 주기** | 문장 뒤의 여백의 크기를 조절할 수 있습니다.

⓮ **Hyphenate** | 단어가 아랫줄로 넘어갈 때 자동으로 하이픈을 표시합니다.

05 여러 글상자를 만들고 연결해보겠습니다. Ctrl 을 누른 채 흰색 사각형 두 개를 드래그하여 함께 선택합니다. 배경은 잠겨 있어서 선택되지 않습니다.

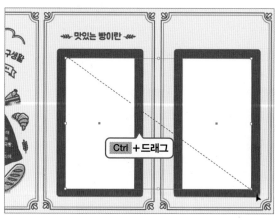

06 ❶영역 문자 도구로 첫 번째 사각형의 외곽선을 클릭합니다. 글상자로 바뀝니다. ❷두 번째 사각형의 외곽선을 클릭합니다. 모두 글상자로 바뀝니다.

07 ❶도구바에서 선택 도구를 클릭하고 ❷글상자 두 개를 드래그하여 함께 선택합니다.

08 ❶첫 번째 사각형에서 오른쪽 아래에 있는□을 클릭하고 ❷두 번째 사각형에서 왼쪽 위에 있는□에 마우스 포인터를 올리면 마우스 포인터의 모양이로 바뀝니다. 이때 클릭하면 두 사각형 사이에 빨간색 사선으로 연결 표시가 나타납니다. 두 글상자가 연결되었습니다.

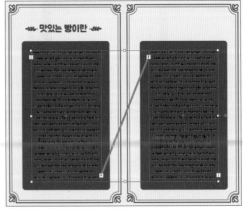

09 글상자에 입력할 문구를 복사해보겠습니다. ❶ 일러스트레이터에서 나와 **리플릿 텍스트2.txt** 파일을 엽니다. ❷ Ctrl + A 를 누른 다음 ❸ Ctrl + C 를 눌러 전체 복사합니다.

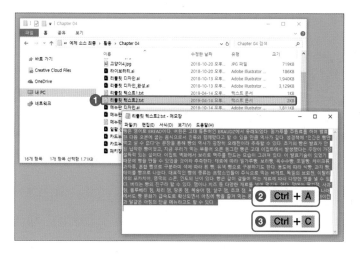

10 다시 일러스트레이터로 돌아옵니다. ❶ 문자 도구 T 를 클릭하고 ❷ 글상자 안에 있는 글자에 마우스 포인터를 올리면 마우스 포인터의 모양이 I 으로 바뀝니다. 이때 클릭하면 커서가 깜빡거리며 글자를 입력할 수 있는 상태가 됩니다. ❸ Ctrl + A 를 누른 후 ❹ Ctrl + V 를 눌러 복사한 글자를 붙여 넣습니다.

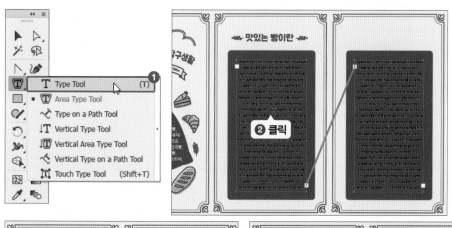

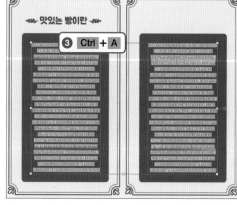

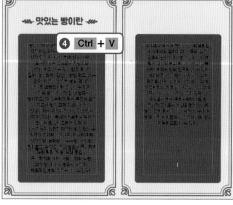

11 ❶ Ctrl + A 를 눌러 전체 선택한 다음 ❷ [Properties]–[Appearance] 패널에서 [칠]을 흰색으로 설정합니다. ❸ [Properties]–[Character] 패널에서 글꼴은 **나눔고딕**, 크기는 **9pt**, 행간은 **16pt**로 설정합니다. ❹ [Paragraph] 패널에서 왼쪽 정렬▤을 클릭합니다. ❺ Ctrl 을 누른 채 아트보드의 빈 곳을 클릭하여 선택을 해제합니다.

12 이번에는 글상자에 그림 오브젝트를 삽입해보겠습니다. ❶도구바에서 선택 도구▶를 클릭합니다. ❷ 아트보드 오른쪽에 있는 식빵과 프레즐 오브젝트를 드래그하여 글상자 위로 옮깁니다.

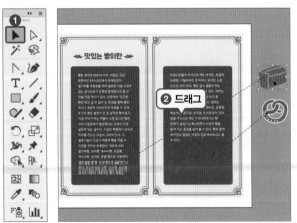

13 빵 오브젝트 아래에 겹쳐서 안 보이는 글자를 보이게 수정해보겠습니다. ❶ 선택 도구 ▶로 글상자와 빵 오브젝트를 전체 드래그하여 모두 선택합니다. ❷ [Object]-[Text Wrap]-[Make] 메뉴를 선택합니다. ❸ 경고 대화상자가 나타나면 [OK]를 클릭합니다. 빵 오브젝트 아래에 가려졌던 글자들이 보이게 수정되었습니다.

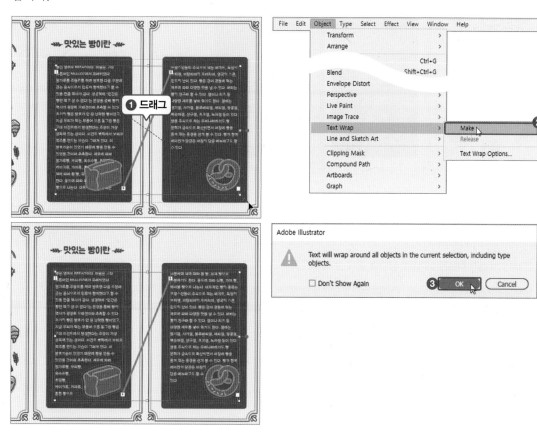

14 빵 오브젝트와 글자 사이의 여백을 수정해보겠습니다. ❶ 선택 도구 ▶로 아트보드의 빈 곳을 클릭해 선택을 해제합니다. ❷ ❸ Shift 를 누른 채 빵 오브젝트 두 개를 차례로 클릭하여 함께 선택하고 ❹ [Object]-[Text Wrap]-[Text Wrap Options] 메뉴를 선택합니다.

15 ❶[Text Wrap Options] 대화상자에서 [Offset]에 **9pt**를 입력하고 ❷[OK]를 클릭합니다. 빵 오브젝트와 글자 사이에 9pt의 여백을 두고 배치됩니다. 리플릿이 완성되었습니다.

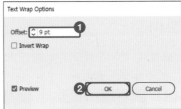

[Text Wrap] 취소하기

[Text Wrap]가 적용된 이미지와 글자를 함께 선택하고 [Object]–[Text Wrap]–[Release] 메뉴를 선택합니다.

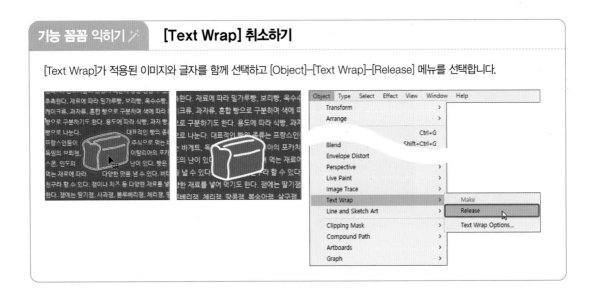

문단을 세로로 바꾸기

문단을 선택하고 [Type Orientation]–[Vertical] 메뉴를 선택합니다.

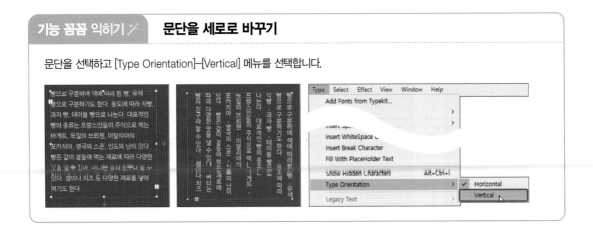

기능 꼼꼼 익히기 ✏️ 글자 찾아 바꾸기

문단에서 글자를 찾아 바꿔보겠습니다. ❶ [Edit]–[Find and Replace] 메뉴를 선택합니다. [Find and Replace] 대화상자
가 나타나면 ❷ [Find]에 **초코**를 입력하고 ❸ [Find]를 클릭합니다. 문단에서 '초코'라는 단어를 찾습니다.

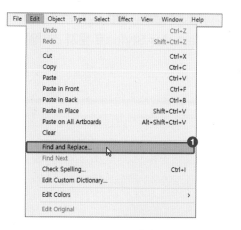

❹ [Replace With]에 **초콜릿**을 입력합니다. ❺ [Replace]를 클릭하면 글자가 교체되고 ❻ [Replace & Find]를 클릭하면
교체한 후 다른 '초코'를 찾습니다. ❼ [Replace All]을 클릭하면 문단 안에 있는 모든 '초코'가 모두 '초콜릿'으로 바뀝니다.

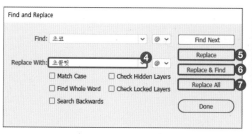

기능 꼼꼼 익히기 ✏️ 프린트 영역 표시 없애기

아트보드 외곽에 프린트 영역을 표시하는 검은색 점
선이 나타날 때가 있습니다. 작업할 때 불필요하다면
[View]–[Hide Print Tiling] 메뉴를 선택하여 표시를 해
제합니다.

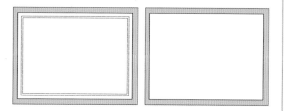

문자 스타일로
메뉴판 쉽게 만들기

Character Styles로 문자 스타일 지정하고 사용하기

☑ **CC 모든 버전**
☐ **CC 2024 버전**

준비 파일 활용/Chapter 04/메뉴판 만들기.ai
완성 파일 활용/Chapter 04/메뉴판 만들기_완성.ai

A F T E R

B E F O R E

이 예제를 따라 하면

일러스트레이터에서는 [Character Styles]를 이용해 문자 스타일을 지정하고 사용할 수 있습니다. 이번 실습에서는 문자 스타일을 지정하여 손쉽게 메뉴판을 만들어보겠습니다.

- [Character Styles]로 문자 스타일을 지정할 수 있습니다.

문자 스타일 활용하여 메뉴판 만들기

01 ❶ Ctrl + O 를 눌러 **메뉴판 만들기.ai** 파일을 불러옵니다. ❷ [Window]-[Type]-[Character Styles] 메뉴를 선택하여 [Character Styles] 패널을 꺼냅니다.

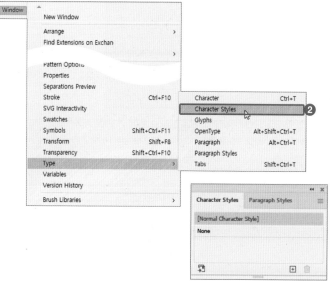

02 ❶ 문자 도구 T로 ❷ 'Americano'만 드래그하여 선택합니다. ❸ [Properties]-[Character] 패널에서 글꼴은 Arial, 스타일은 Bold ❹ 크기는 **18pt**로 설정합니다.

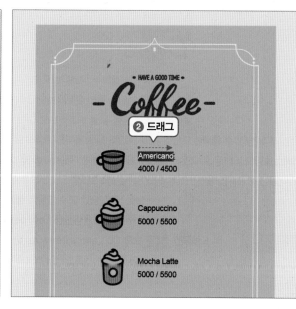

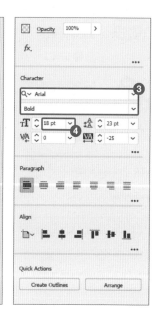

03 'Americano'가 선택된 상태로 ❶ [Character Styles] 패널의 새로 만들기▣를 클릭합니다. ❷ 새로 생성된 스타일의 이름 부분을 더블클릭하고 ❸ coffee를 입력한 후 ❹ [Enter] 를 누릅니다. 'Americano'에 적용된 글꼴, 크기 등이 새 스타일로 등록되었습니다.

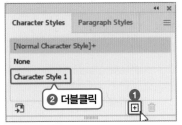
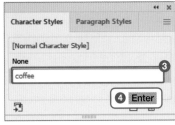
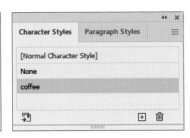

04 ❶ 문자 도구▣로 'Cappuccino'를 드래그하고 ❷ [Character Styles] 패널에서 [coffee]를 선택합니다. 문자의 속성이 자동으로 변경됩니다. 같은 방법으로 나머지 커피 이름도 드래그한 후 [Character Styles] 패널에서 [coffee]를 선택하여 문자 속성을 모두 변경합니다.

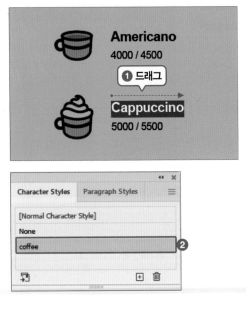

05 ❶ 문자 도구 T로 '4000 / 4500'을 드래그한 후 ❷ [Properties]–[Appearance] 패널에서 [칠]을 클릭해 ❸ 초록색으로 설정합니다. ❹ 글꼴은 Arial, ❺ 크기는 18pt로 설정합니다.

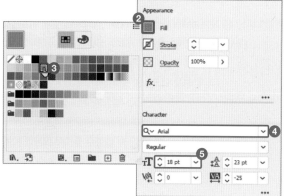

06 '4000 / 4500'이 선택된 상태로 ❶ [Character Styles] 패널의 새로 만들기 ⊞를 클릭합니다. ❷ 새로 생성된 스타일의 이름 부분을 더블클릭하고 ❸ price를 입력한 후 ❹ Enter 를 누릅니다. '4000 / 4500'이 적용된 글꼴, 크기 등이 새 스타일로 등록되었습니다.

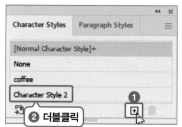
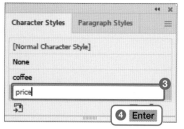
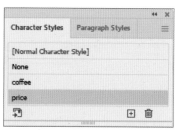

07 같은 방법으로 다른 가격 부분도 드래그한 후 [Character Styles] 패널에서 [price]를 선택하여 문자 속성을 모두 변경합니다.

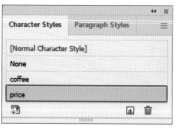

08 등록한 스타일을 수정해보겠습니다. ❶ Ctrl 을 누른 채 아트보드의 빈 곳을 클릭하여 선택을 모두 해제합니다. ❷ [Character Styles] 패널에서 [price] 이름 옆부분의 빈 곳을 더블클릭해 [Character Style Options] 대화상자를 불러옵니다.

09 [Character Style Options] 대화상자가 나타나면 ❶ [Basic Character Formats]를 클릭하고 ❷ [Font Style]은 [Bold], ❸ [Size]는 **14pt**로 설정합니다. ❹ [Character Color]를 선택하고 ❺ 마음에 드는 색을 선택한 후 ❻ [OK]를 클릭합니다. [price] 스타일을 적용한 가격 텍스트의 스타일이 모두 수정되었습니다.

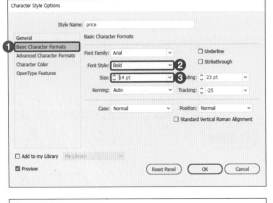

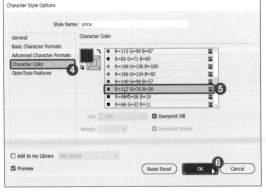

기능 꼼꼼 익히기 📌 **특수문자 입력하기**

특수문자를 입력해보겠습니다. 사용 방법은 워드 프로그램과 동일합니다. ❶ [Type]–[Glyphs] 메뉴를 선택해서 [Glyphs] 패널을 꺼냅니다. ❷ 문자 도구 T 를 클릭하고 ❸ 아트보드 위를 클릭합니다. ❹ [Glyphs] 패널에서 마음에 드는 특수문자를 더블클릭하면 ❺ 원하는 특수문자를 입력할 수 있습니다.

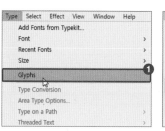

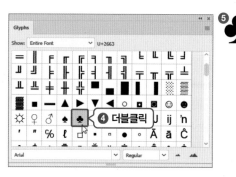

[Glyphs] 패널에서 글꼴을 바꾸면 특수문자의 종류도 바뀝니다. 글꼴마다 지원하는 특수문자가 다르기 때문입니다. 하나씩 확인하며 제공하는 특수문자의 종류를 확인해보세요.

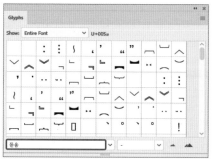

▲ [돋움]을 선택했을 때

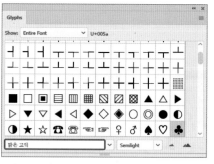

▲ [맑은 고딕]을 선택했을 때

기능 꼼꼼 익히기 📌 **자동 맞춤법 검사 기능 알아보기**

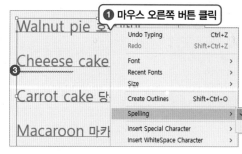

❶ 텍스트를 선택하고 마우스 오른쪽 버튼을 클릭합니다. ❷ [Spelling]–[Auto Spell Check] 메뉴에 체크되어 있다면 자동 맞춤법 검사 기능이 활성화된 상태입니다. ❸ 오탈자에는 빨간색 선이 표시됩니다. 자동 맞춤법 검사 기능을 해제하려면 다시 마우스 오른쪽 버튼을 클릭하고 [Spelling]–[Auto Spell Check] 메뉴를 선택하여 체크를 해제합니다. ❹

[Check Spelling]을 선택하면 [Check Spelling] 대화상자가 나타나며, 오탈자에 대한 올바른 단어를 추천받거나 한번에 교체하는 것 능늘 할 수 있습니다. 자동 맞춤법 검사 기능은 냉어를 포함해 50개가 넘는 언어를 시원하시만, 안국어를 포암한 동아시아 언어는 지원하지 않습니다.

글상자의 문단을 세로로 정렬할 수 있는 [Area Type] 패널을 살펴보겠습니다. 글상자 안에 여백이 있다면 글상자의 문단을 세로로도 정렬할 수 있습니다.

① Align top | 글상자의 문단을 위쪽으로 정렬합니다.

② Align Center | 글상자의 문단을 가운데로 정렬합니다.

③ Align bottom | 글상자의 문단을 아래쪽으로 정렬합니다.

④ Vertically Justify | 글상자의 문단을 글상자 전체에 맞춰 정렬합니다.

⑤ 글상자의 크기, 줄, 열, 여백 등 여러 옵션을 수치로 조절할 수 있습니다.

> 글상자의 문단을 세로로 정렬하는 기능은 CC 2021 버전부터 제공된 신기능입니다. 이 기능을 활용해 세로로 위쪽, 가운데, 아래쪽, 전체 정렬을 할 수 있습니다.

① Ctrl + O 를 눌러 **글상자 문단 세로 정렬**.ai 파일을 불러옵니다. **②** 선택 도구▶를 클릭하고 **③** 문단을 클릭합니다. **④** [Properties]–[Area Type] 패널의 ▤을 클릭합니다. 글상자의 문단이 아래쪽으로 정렬됩니다.

어도비 폰트(Adobe Fonts)는 정품 구독자라면 추가 요금 없이 수천 개의 글꼴을 자유롭게 사용할 수 있는 기능입니다. 어도비 폰트(https://fonts.adobe.com)에 접속하여 원하는 글꼴을 활성화해두면 다운로드 및 설치하는 과정 없이 일러스트레이터에서 바로 사용할 수 있어 편리합니다. 지금부터 어도비 폰트에 접속하여 원하는 글꼴을 사용해보겠습니다.

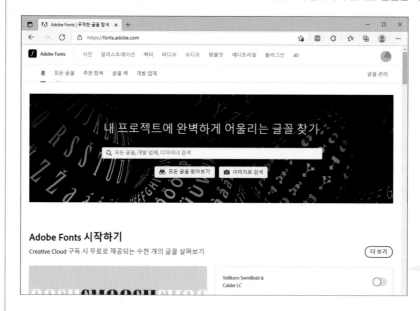

어도비 폰트는 일러스트레이터 CC 2019 버전부터 사용할 수 있습니다.

어도비 폰트는 무료로 사용할 수 있나요?

어도비 폰트의 글꼴은 정품 구독자라면 개인적, 상업적으로 자유롭게 사용할 수 있지만 제한 사항은 있습니다. 이를테면 글꼴 소프트웨어 파일을 변경하거나 판매하는 등의 행위는 불가합니다. 그러므로 어도비 폰트의 글꼴을 사용하기 전에 반드시 어도비 공식 홈페이지(https://helpx.adobe.com/kr/fonts/using/font-licensing.html)에서 라이선스의 범위를 확인해야 합니다.

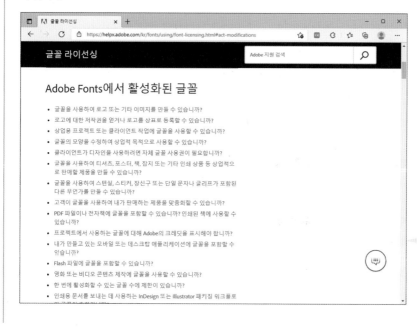

어도비 폰트는 상업적으로 자유롭게 이용할 수 있지만 사용 범위가 정해져 있습니다. 라이선스 범위를 반드시 잘 확인해야 하고, 특히 상품 구독 기간이 끝났다면 라이선스 범위를 다시 확인해야 합니다.

01 어도비 폰트(https://fonts.adobe.com/fonts)에 접속한 후 로그인합니다. ❶ 왼쪽 메뉴에서 원하는 글꼴의 종류를 고릅니다. 여기서는 [브러시 펜]을 클릭합니다. ❷ 오른쪽 글꼴 목록에서 마음에 드는 글꼴을 클릭합니다.

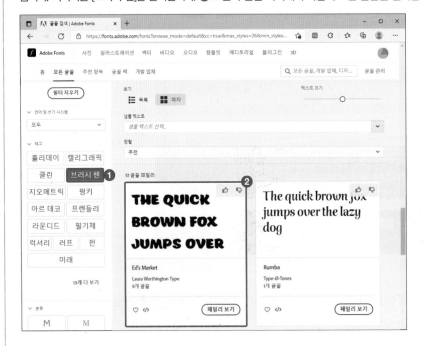

02 사용하려는 글꼴의 [글꼴 활성화]를 클릭해 활성화합니다.

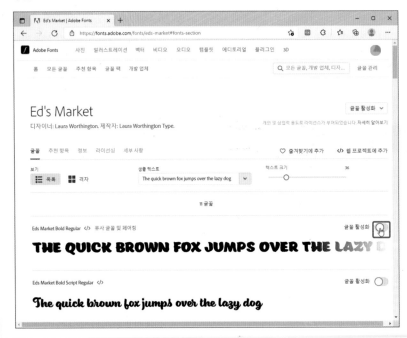

03 스크롤바를 내리면 하단에 글꼴 제작자 소개와 라이선스에 대한 정보가 있습니다. 사용 범위를 확인합니다.

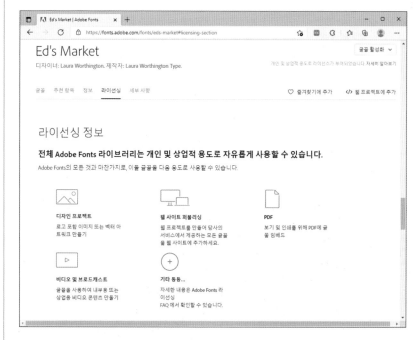

04 일러스트레이터를 실행하고 ❶ 문자 도구 [T]를 클릭한 후 ❷ 텍스트를 입력합니다. ❸ [Character] 패널에서 [⌄]을 클릭해 글꼴 목록을 열고 ❹[☁]을 클릭합니다. 어도비 폰트에서 활성화해둔 글꼴만 나타납니다. ❺ 새로 등록한 글꼴을 선택해 적용합니다.

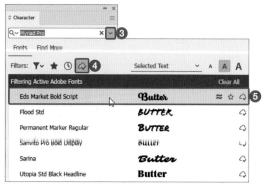

LESSON 03

사진으로
SNS 카드뉴스 만들기

일러스트레이터에서 사진 편집하고
[Libraries] 패널과 패키징 활용하기

☑ **CC 모든 버전**
☐ **CC 2024 버전**

준비 파일 활용/Chapter 04/카드뉴스 만들기.ai, 고양이1~4.jpg, 라이브러리.ai, 패키징.ai
완성 파일 활용/Chapter 04/카드뉴스 만들기_완성.ai

AFTER

이 예제를 따라 하면

이번 실습에서는 사진을 불러와서 카드뉴스를 만들어봅니다. [Trim View]로 아트보드 외곽의 불필요한 면을 정리해보고, 프레젠테이션 모드도 활용해봅니다. 마지막으로 다른 사람과 파일을 공유하는 방법과 패키징하여 파일 관리하는 방법도 익혀보면서 일러스트레이터로 작업한 파일을 실무에 활용할 수 있는 팁도 함께 배워보겠습니다.

- 이미지를 불러와 링크를 걸어 관리할 수 있습니다.
- JPEG 파일로 저장 시의 재단 상태를 [Trim View]로 볼 수 있습니다.
- 일러스트레이터에서 프레젠테이션 모드를 활용할 수 있습니다
- [Libraries] 패널로 디자인 요소를 관리할 수 있습니다.
- 패키징하여 파일을 관리할 수 있습니다.

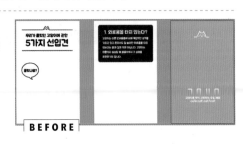

BEFORE

사진 파일을 링크 걸어 불러오기

01 사진 파일을 불러오고 편집하여 카드뉴스 세 장을 만들어보겠습니다. **Ctrl** + **O** 를 눌러 **카드뉴스 만들기.ai** 파일을 불러옵니다.

02 먼저 링크를 걸지 않은 기본 설정으로 사진 파일을 불러오겠습니다. ❶ [File]−[Place] 메뉴를 선택하여 [Place] 대화상자를 불러옵니다. ❷ **고양이1.jpg** 파일을 선택하고 ❸ [Link]의 체크를 해제한 후 ❹ [Place]를 클릭합니다. ❺ 첫 번째 아트보드 위를 클릭하고 이미지를 가운데로 드래그하여 옮깁니다.

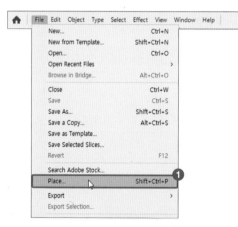
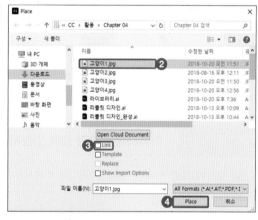

03 이번에는 링크를 걸어 사진 파일을 불러오겠습니다. ❶ [File]-[Place] 메뉴를 선택하여 [Place] 대화 상자를 불러옵니다. ❷ **고양이2.jpg** 파일을 선택하고 ❸ [Link]에 체크한 후 ❹ [Place]를 클릭합니다. ❺ 두 번째 아트보드 위를 클릭하고 이미지를 가운데로 드래그하여 옮깁니다. ❻ [Window]-[Links] 메뉴를 선택하여 [Links] 패널이 나타나면 링크 목록에서 불러온 이미지 두 개를 확인할 수 있습니다.

기능 꼼꼼 익히기 ✏ **이미지에 링크가 걸려 있는지 확인하는 방법**

링크가 걸려 있는 이미지를 선택하면 이미지 가운데에 X 표시가 나타납니다. [Links] 패널에서는 목록에 🔗표시가 있으면 링크가 걸려 있는 것입니다.

▲ 링크가 걸려 있는 이미지   ▲ 링크가 걸려 있지 않은 이미지

04 일러스트레이터에서 나와 그림판에서 **고양이2.jpg** 파일을 엽니다. ❶ 텍스트[A]를 클릭하고 ❷ 적당한 위치를 클릭해 **ZZZ**...를 입력합니다. ❸ 저장[💾]을 클릭한 후 ❹ 닫기[✕]를 클릭하여 그림판을 닫습니다.

05 다시 일러스트레이터로 돌아옵니다. **고양이2.jpg** 이미지를 지금 업데이트할 것인지 묻는 대화상자에서 [Yes]를 클릭합니다. 이미지가 수정됩니다. 이처럼 링크가 걸려 있는 이미지는 원본 파일을 수정하면 일러스트레이터에서도 이미지가 수정됩니다.

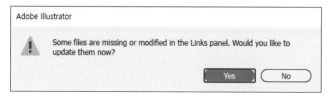

원본 이미지를 수정했는데 일러스트레이터에서 이미지가 수정되지 않아요! 경고 대화상자가 나타나지 않고 이미지도 수정되지 않는 경우가 있습니다. 이때는 [Links] 패널에서 수정한 이미지를 선택하고 Update Link [🔄]를 클릭해 수동으로 수정을 반영합니다.

06 링크된 이미지를 다른 이미지로 바꿔보겠습니다. ❶ [Links] 패널에서 [고양이2.jpg]를 선택하고 ❷ ▣를 클릭합니다. ❸ [Place] 대화상자에서 **고양이3.jpg** 파일을 선택하고 ❹ [Link]에 체크한 다음 ❺ [Place]를 클릭합니다. 이미지가 변경됩니다.

07 링크를 해제해보겠습니다. ❶ 링크가 걸려 있는 이미지를 클릭하여 선택하고 ❷ [Properties]-[Quick Actions] 패널에서 [Embed]를 클릭합니다. 이미지에 걸려 있던 링크가 해제됩니다.

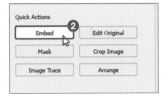

링크(Link)란 연결이라는 뜻으로, 일러스트레이터에서는 아트보드 내의 이미지와 이미지 파일이 저장된 위치를 연결한다는 의미로 쓰입니다. 이미지를 링크 걸어 불러오면 이미지 원본 파일과 일러스트레이터에서 작업 중인 이미지가 서로 연결된 상태가 됩니다. 따라서 이미지 원본 파일을 수정하면 일러스트레이터에서 작업 중인 이미지도 함께 수정됩니다.

링크를 거는 이유

❶ 원본 파일을 따로 관리하기 위함입니다. 원본 파일을 수정하면 일러스트레이터의 링크가 걸린 이미지도 함께 수정되어 편리합니다. 그러나 링크가 걸려 있지 않은 이미지는 원본 파일을 수정한 후 이미지를 다시 불러와야 하므로 작업이 번거로워집니다.

❷ 일러스트레이터 파일(.ai)의 용량을 줄이기 위함입니다. 일러스트레이터 파일에 이미지가 많으면 용량이 기하급수적으로 늘어나는데, 이미지에 링크를 걸면 일러스트레이터 파일의 용량에는 변화가 없습니다.

링크를 걸었을 때의 주의할 점

일러스트레이터 파일을 다른 컴퓨터로 옮기려면 링크가 걸린 이미지도 함께 옮기거나 링크를 해제한 후 옮겨야 합니다. 일러스트레이터 파일만 옮기면 링크가 걸려 있는 이미지의 경로가 바뀌어 이미지가 유실됩니다.

[Links] 패널 자세히 살펴보기

❶ **List** | 이미지 목록을 표시합니다.

❷ **Show Link Info** ▶ | 목록에서 이미지를 선택한 후 클릭하면 이미지의 자세한 정보가 나타납니다.

❸ **Relink from CC Libraries** 📷 | [CC Libraries]에 등록되어 있는 이미지로 다시 링크를 걸 수 있습니다.

❹ **Relink** 🔗 | 다른 이미지로 다시 링크를 걸 수 있습니다.

❺ **Go To Link** 🔳 | 목록에서 이미지를 선택한 후 클릭하면 해당 이미지로 화면이 옮겨집니다.

❻ **Update Link** 🔄 | 이미지를 업데이트할 수 있습니다.

❼ **Edit Original** ✎ | 이미지를 수정할 수 있습니다. 기본 프로그램인 그림판으로 연결됩니다.

❽ **Options** ▤ | 링크에 관련된 옵션을 선택할 수 있습니다.

08 ❶ 선택 도구 ▶로 첫 번째 이미지와 두 번째 이미지를 Shift 를 누른 채 클릭하여 함께 선택합니다. ❷ Ctrl + Shift + [를 눌러 레이어를 맨 아래로 이동합니다.

❶ Shift +클릭

❷ Ctrl + Shift + [

🖌 **일러스트레이터에서 비트맵 이미지 자르기**

---

09 ❶[File]-[Place] 메뉴를 선택하여 [Place] 대화상자를 불러온 후 **고양이4.jpg** 파일을 선택합니다. ❷ [Link]의 체크를 해제하고 ❸[Place]를 클릭합니다. ❹ 세 번째 아트보드 위를 클릭하고 이미지를 드래그하여 가운데로 옮깁니다.

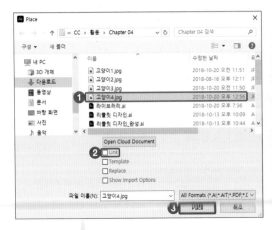

링크가 걸려 있는 이미지는 자를 수 없습니다. 링크가 걸려 있다면 [Properties]-[Quick Actions] 패널에서 [Embed]를 클릭하여 링크를 해제합니다.

10 ❶ 불러온 이미지를 클릭하여 선택하고 ❷ [Properties]-[Quick Actions] 패널에서 [Crop Image] 를 클릭합니다. 이미지 외곽에 이미지를 자를 수 있는 핸들이 나타납니다.

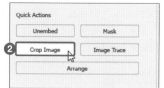

[Crop Image]는 일러스트레이터 CC 2017 버전부터 제공된 신기능입니다. 이전 버전이 라면 [Crop Image] 기능이 없으므로 포토샵이나 다른 편집 프로그램에서 이미지를 자른 후에 일러스트레이터로 다시 불러와야 합니다.

11 ❶ 모서리에 있는 핸들을 안쪽으로 드래그하여 크기를 조절합니다. ❷ 자르기 상자를 가운데로 드래그 하여 고양이가 잘 보이게 조절합니다.

핸들을 드래그하는 동안 Shift 를 누르면 가로세로 비율이 유지되면서 조절되고, Alt 를 누르면 이미지의 중앙을 기 준으로 조절됩니다.

12 ❶ [Properties]–[Quick Actions] 패널에서 [Apply]를 클릭하거나 Enter 를 누릅니다. ❷ 가운데로 드래그하여 옮 깁니다. 카드뉴스 디자인이 완성되었습 니다.

Trim View로 재단 미리 보기

13 만든 카드뉴스를 SNS에 업로드하려면 JPEG 파일로 저장해야 합니다. 저장할 때 아트보드 외곽에 있 는 불필요한 부분을 자른 채로 저장할 것입니다. 즉, 아트보드 크기대로 재단합니다. 재단하기 전에 재단된 상태를 미리 보겠습니다. [View]–[Trim View] 메뉴를 선택합니다. 아트보드 외곽에 있는 면은 보이지 않 게 됩니다.

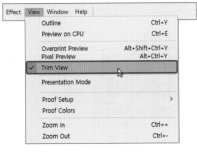

[Trim View]는 아트보드 외곽에 있는 픽스를 보이지 않 게 하는 기능입니다. 보이지만 않을 뿐 삭제된 것은 아 닙니다. 재단 미리 보기를 해제하려면 [View]–[Trim View] 메뉴를 다시 선택하여 체크를 해제하면 됩니다.

14 JPEG 파일로 저장해보겠습니다. ❶ [File]–[Export]–[Export As]를 선택하여 [Export] 대화상자가 나타나면 저장할 파일의 이름을 입력하고 ❷ [JPEG (*.JPG)]를 선택합니다. ❸ [Use Artboards]에 체크하고 ❹ [Export]를 클릭합니다. ❺ [JPEG Options] 대화상자가 나타나면 [Quality]에 **10**을 입력하고 ❻ [OK]를 클릭합니다. JPEG 파일로 저장되었습니다.

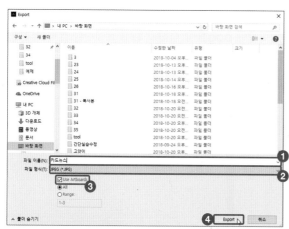

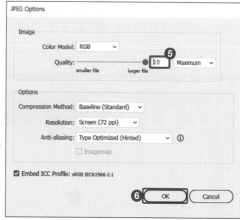

[Use Artboards]에 체크했으므로 아트보드의 크기로 저장됩니다. [Use Artboards]에 대한 더 자세한 내용은 365쪽을 참고하세요.

🖌 일러스트레이터에서 프레젠테이션 모드로 보기

15 [View]–[Presentation Mode] 메뉴를 선택합니다. 일러스트레이터의 화면이 사라지고 프레젠테이션 모드로 들어갑니다. ▶를 누르면 다음 화면으로 이동하고, ◀를 누르면 이전 화면으로 이동합니다. ESC 를 누르면 프레젠테이션 모드가 종료됩니다.

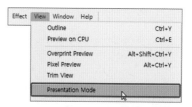

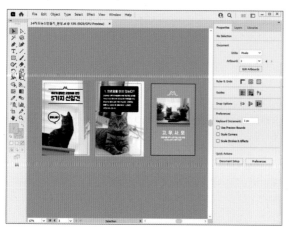

[Libraries] 패널로 디자인 요소 관리하기

16 [Libraries] 패널로 디자인 요소를 관리해보겠습니다. ❶ 일러스트레이터를 실행하고 Ctrl + O 를 눌러 **라이브러리.ai** 파일을 불러옵니다. ❷ 화면 오른쪽에 있는 [Libraries] 패널을 클릭합니다. ❸ [Create new library]를 클릭합니다. ❹ [NEW LIBRARY] 입력란에 **dog**를 입력하고 ❺ [Create]를 클릭합니다. DOG 라이브러리가 생성됩니다.

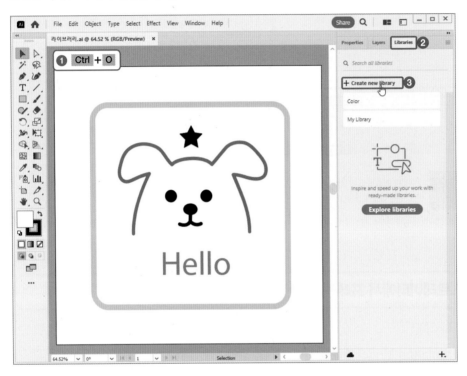

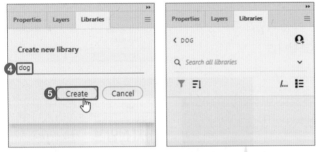

그림을 그릴 때 자주 사용하는 물감을 팔레트에 짜놓고 사용하는 것처럼 일러스트레이터에서도 자주 사용하는 색과 글꼴, 오브젝트를 [Libraries] 패널에 등록해두고 필요할 때마다 꺼내 사용하고 다른 사람과 공유할 수 있습니다. [Libraries] 패널이 보이지 않는다면 [Window]-[Libraries] 메뉴를 선택합니다. [Libraries] 패널은 크리에이티브 클라우드에 로그인해야 사용할 수 있습니다.

17 문자의 속성을 등록해보겠습니다. ❶ 선택 도구▶로 'Hello'를 클릭하여 선택합니다. ❷ [Libraries] 패널에서 ⊞을 클릭하고 ❸ [Text fill color]를 선택합니다. 문자 속성 중 색이 라이브러리로 등록됩니다.

18 이번에는 오브젝트의 속성을 등록해보겠습니다. ❶ 선택 도구▶로 눈을 클릭합니다. 눈, 코, 입이 그룹으로 묶여 있어서 함께 선택됩니다. ❷ [Libraries] 패널에서 ⊞을 클릭하고 ❸ [Graphic]을 선택합니다. [Libraries] 패널에 눈, 코, 입 오브젝트가 라이브러리로 등록됩니다.

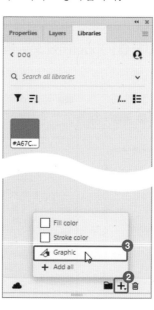

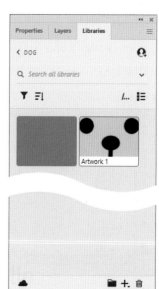

19 [Libraries] 패널에 등록된 요소를 사용해보겠습니다. ❶ 선택 도구 ▶로 별을 클릭하고 ❷ [Libraries] 패널의 [Colors]에서 갈색을 선택합니다. 검은색이었던 별이 갈색으로 수정됩니다.

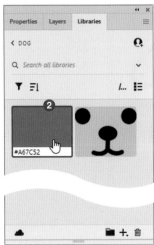

🖌 **패키징으로 파일 관리하기**

20 파일을 패키징하여 관리해보겠습니다. ❶ Ctrl + O 를 눌러 **패키징.ai** 파일을 불러옵니다. ❷ [File]– [Package] 메뉴를 선택합니다. ❸ [Package] 대화상자에서 [Location]에 저장할 위치를 지정하고 ❹ [Folder name]에 **닭**을 입력합니다. ❺ [Options]에 모두 체크되어 있는지 확인하고 ❻ [Package]를 클릭합니다.

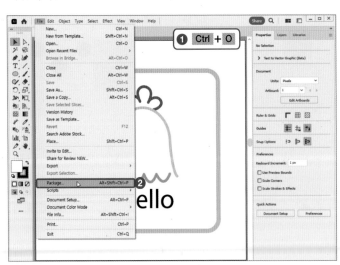

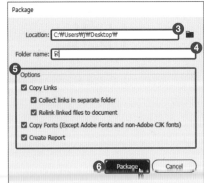

> 패키징이란 일러스트레이터에서 작업한 파일의 글꼴, 컬러 모드, 이미지 정보와 같은 세부 정보를 별도의 파일로 저장하는 기능입니다. 여러 사람과 협업하여 작업하다 보면 파일을 공유해야 할 일이 생깁니다. 파일에 대한 정보를 함께 저장하면 협업 작업 시 소통에 도움이 됩니다.

21 다음과 같이 글꼴 저작권에 대한 경고 대화상자가 나타납니다. 파일에 문자가 포함되어 있는 경우 패키징하면 문자에 사용된 글꼴 파일도 함께 저장됩니다. 대부분의 글꼴은 공식적으로 재배포가 금지되어 있으므로 해당 글꼴의 저작권을 반드시 확인하도록 합니다. ❶ 유념하고 [OK]를 클릭합니다. ❷ 패키징 완료 대화상자가 나타나면 [Show Package]를 클릭합니다.

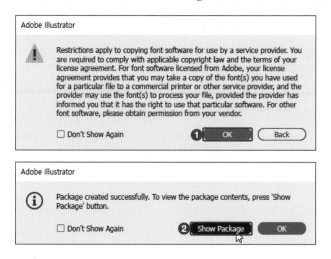

무료 템플릿으로 디자인하기

Adobe Stock에서 템플릿 다운로드하기

어도비에서는 사용자의 편의를 위해 템플릿을 제공합니다. UI 디자인, 모바일 디자인, 명함, 잡지, 포스터 등 매우 다양한 분야의 템플릿이 수시로 업데이트되고 있습니다. 이번 실습에서는 포스터 템플릿을 무료로 다운로드하여 디자인해보겠습니다.

간단 실습 **어도비에서 제공하는 템플릿 다운로드하기**

01 ❶ Ctrl + N 을 눌러 [New Document] 대화상자를 불러옵니다. ❷ [Print] 탭을 클릭합니다. 스크롤 바를 내리면 다양한 편집 디자인 템플릿을 확인할 수 있습니다. ❸ 마음에 드는 포스터 템플릿을 클릭하고 ❹ [Download]를 클릭합니다. 템플릿이 다운로드됩니다. ❺ [Open]을 클릭합니다.

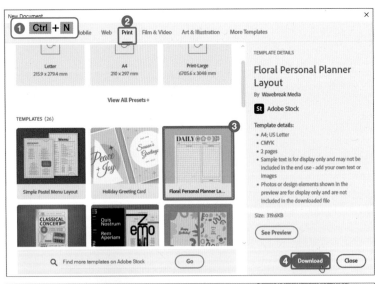

[New Document] 대화상자에서 템플 릿을 선택하면 선택한 템플릿에서 제공 하는 요소와 제공하지 않는 요소에 대한 설명이 오른쪽에 나타납니다. 대부분 글 꼴과 사진 파일(비트맵 이미지)은 제공하 지 않습니다. 그래서 템플릿을 다운로드 하면 글꼴은 다른 글꼴로 교체하거나 설 치해야 하고 사진이 있는 부분은 비어 있 습니다.

02 템플릿이 열리면 자유롭게 변경하여 포스터를 디자인해봅니다.

아트보드가 여러 개일 때 오브젝트 일괄 선택하기

준비 파일 **활용/Chapter 04/일괄 선택하기**.ai

아트보드가 여러 개일 때 같은 오브젝트를 일괄 선택할 수 있으면 시간을 단축할 수 있습니다. 여러 아트보드에 있는 같은 오브젝트를 한번에 선택하여 편집해보겠습니다.

01 ❶ Ctrl + O 를 눌러 **일괄 선택하기**.ai 파일을 불러옵니다. ❷ 선택 도구▶를 클릭한 후 ❸ 사람 아이콘을 클릭하여 선택합니다. ❹ [Properties]-[Quick Actions] 패널에서 [Start Global Edit]를 클릭합니다. 같은 모양의 아이콘이 모두 함께 선택됩니다.

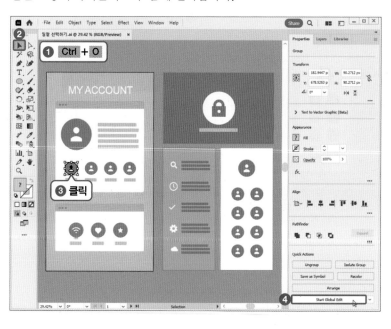

오브젝트 일괄 선택 및 편집 기능은 일러스트레이터 CC 2019 버전부터 제공된 신기능입니다.

02 ❶ [Properties]-[Quick Actions] 패널에서 [Recolor]를 클릭합니다. [Recolor Artwork] 패널이 나타납니다. ❷ 초록색 색상원을 파란색 쪽으로 드래그해 이동합니다. ❸ 아트보드의 빈 곳을 클릭합니다. 색이 일괄 수정되었습니다.

색상 수정이 되지 않는다면 [Recolor Artwork] 패널의 [Reset]을 클릭하고 다시 색상 원을 드래그합니다.

[Start Global Edit]는 같은 모양의 오브젝트를 함께 선택하는 기능입니다. ⊡을 클릭하면 옵션을 설정할 수 있습니다.

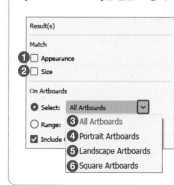

❶ **Appearance** | 속성이 같은 것만 함께 선택됩니다. 여기서 말하는 속성이란 선의 두께와 색을 모두 포함합니다.

❷ **Size** | 크기가 같은 것만 함께 선택이 됩니다.

❸ **All Artboards** | 선택 범위를 모든 아트보드로 설정합니다.

❹ **Portrait Artboards** | 선택 범위를 세로가 긴 아트보드로 설정합니다.

❺ **Landscape Artboards** | 선택 범위를 가로가 긴 아트보드로 설정합니다.

❻ **Square Artboards** | 선택 범위를 정사각형 아트보드로 설정합니다.

일러스트레이터 **실속 단축키**

파일 관련

Ctrl + **N** 새 파일 만들기	**Ctrl** + **Shift** + **N** 템플릿 불러오기
Ctrl + **O** 파일 불러오기	**Ctrl** + **Alt** + **O** 어도비 브릿지로 불러오기
Ctrl + **W** 파일 닫기	**Ctrl** + **Alt** + **W** 열린 파일 모두 닫기
Ctrl + **S** 파일 저장하기	**Ctrl** + **Shift** + **S** 다른 이름으로 저장하기
Ctrl + **Alt** + **S** 복사본으로 저장하기	**Ctrl** + **Shift** + **Alt** + **S** 웹용 파일로 저장하기
F12 마지막 저장한 곳으로 돌아가기	**Ctrl** + **P** 프린트하기
Ctrl + **Alt** + **P** 문서 설정하기	**Ctrl** + **Shift** + **Alt** + **I** 파일 정보 보기
Ctrl + **K** 환경 설정 불러오기	**Ctrl** + **Q** 일러스트레이터 종료하기

편집 관련

Ctrl + **Z** 명령 취소하기	**Ctrl** + **Shift** + **Z** 취소한 명령 복귀하기
Ctrl + **X** 오리기	**Ctrl** + **C** / **Ctrl** + **V** 복사하기/붙여넣기
Ctrl + **Shift** + **V** 제자리에 붙여넣기	**Ctrl** + **Shift** + **Alt** + **V** 모든 아트보드에 붙여넣기
Ctrl + **F** 앞에 붙여넣기	**Ctrl** + **B** 뒤에 붙여넣기
Ctrl + **A** 전체 선택하기	**Ctrl** + **Shift** + **A** 전체 선택 해제하기
Ctrl + **Alt** + **A** 선택되어 있는 아트보드의 오브젝트만 전체 선택하기	
Ctrl + **Shift** + **K** 색상 설정하기	**Ctrl** + **Shift** + **Alt** + **K** 단축키 만들기
Ctrl + **I** 맞춤법 검사하기	

문자 관련

Ctrl + **Shift** + **O** 글자 속성 없애고 아웃라인 만들기	
Ctrl + **Shift** + **R** 오른쪽 정렬	**Ctrl** + **Shift** + **L** 왼쪽 정렬
Ctrl + **Shift** + **C** 가운데 정렬	**Ctrl** + **Shift** + **〉** 글자 크기 키우기
Ctrl + **Shift** + **〈** 글자 크기 줄이기	

오브젝트 관련

Ctrl + **D** 명령 반복하기	**Ctrl** + **Shift** + **]** 제일 앞으로 가져오기
Ctrl + **]** 한 단계 앞으로 가져오기	**Ctrl** + **[** 한 단계 뒤로 보내기
Ctrl + **Shift** + **[** 제일 뒤로 보내기	**Ctrl** + **G** 그룹으로 묶기
Ctrl + **Shift** + **G** 그룹 해제하기	**Ctrl** + **2** 레이어 잠그기
Ctrl + **Alt** + **2** 레이어의 잠금 모두 해제하기	**Ctrl** + **3** 선택한 오브젝트 숨기기
Ctrl + **Alt** + **3** 숨긴 오브젝트 나타나게 하기	
Ctrl + **Shift** + **Alt** + **3** 선택한 오브젝트만 남기고 모두 숨기기	
Ctrl + **J** 패스 닫기	**Ctrl** + **7** 클리핑 마스크 만들기
Ctrl + **Alt** + **7** 클리핑 마스크 해제하기	**Ctrl** + **8** 컴파운드 패스 만들기
Ctrl + **Shift** + **Alt** + **8** 컴파운드 패스 해제하기	**Ctrl** + **Alt** + **B** 블렌드 만들기
Ctrl + **Shift** + **Alt** + **B** 블렌드 삭제하기	**Ctrl** + **Shift** + **X** 라이브 페인트 환경 만들기
Ctrl + **Shift** + **E** 마지막 필터 적용하기	
Ctrl + **Shift** + **Alt** + **E** 마지막으로 적용한 필터의 옵션 대화상자 열기	

보기 관련

Ctrl + **+** / **Ctrl** + **−** 확대하기/축소하기	**Ctrl** + **0** 창 크기에 맞게 보기
Ctrl + **Alt** + **0** 여러 개의 아트보드 모두 보기	**Ctrl** + **1** 실제 크기로 보기
SpaceBar + **드래그** 화면 옮기기	**Ctrl** + **Y** 아웃라인 보기/숨기기
Ctrl + **Alt** + **Y** 픽셀 프리뷰 보기	**Ctrl** + **H** 패스 보기/숨기기
Ctrl + **R** 눈금자 보기/숨기기	**Ctrl** + **Shift** + **B** 바운딩 박스 보기/숨기기
Ctrl + **Shift** + **D** 아트보드를 투명으로 보기/흰색으로 보기	
Ctrl + **;** 안내선 보이기/감추기	**Ctrl** + **Alt** + **;** 안내선 잠그기/풀기
Ctrl + **5** 선택한 패스로 안내선 만들기	**Ctrl** + **Alt** + **5** 안내선 해제하기
Ctrl + **"** 격자 보이기/가리기	**Ctrl** + **Shift** + **"** 격자선에 정확하게 맞추기
Ctrl + **Shift** + **I** 원근감 격자 보기/숨기기	

※ macOS 사용자는 **Ctrl** 을 **command** 로, **Alt** 를 **option** 으로 바꿔서 사용합니다. 이름만 다를 뿐 기능은 같습니다.